英雄 hideo

日本語書記史原論

Fundamental Studies in the History
of the Writing of the Japanese Language

［補訂版］

新装版

◉本書は二〇〇〇年に刊行した『日本語書記史原論　補訂版』を新装し、
新たに「新装版後記」を収録したものです。

目次

お読みになるまえに

【順序】ⓐ専門分野のかたは、総説／第六章／第七章の順序でお読みになり、あとは、関心に応じてお読みください。ⓑそれ以外のかたは、なるべく、総説から順を追ってお読みください。

【引用文献】ⓐ引用文献は各章の末尾にあげます。同一の章に、同一筆者による複数の引用文献がある場合には、引用文献欄を「小松英雄②」の形式で示し、本論中の引用箇所には（↓小松②）の形式で示します。ⓑすでに学界の常識になっている事柄に関しては、原則として典拠を省略します。

【索引／よみ】ⓐこの領域に精通していない読者のために、用語索引／書名索引／人名索引とも、振り仮名を多めに加えます。翻訳された術語には、用語索引の項目に原語を示し、原語の意味でその用語を使用します。

【概観】本書の全体像が一望できるように、簡潔にまとめた「各章の要点」を以下に示します。要点であって要約ではありません。

【補注】段落の末尾に付した㊟の符号は、その部分に対する補注があることを表わします。補注は横書で巻末（本文と索引との間）にまとめ、それぞれの項の最初に、★018の形式で、対応するページを示します。

各章の要点

総説　日本語書記史と日本語史研究

表音文字は語の綴りを形成することによって機能を発揮し、語の綴りは書記テクストに組み込まれることによって機能を発揮する。表語文字についても原理は共通である。書記は情報の蓄蔵であり、言語は情報を蓄蔵する媒体である。書記テクストに反映された言語は歪んだ鏡像であるから、鏡像を適切に補正しなければ言語資料にならない。補正のためには、それぞれのテクストが作成された目的を見極める必要がある。以上の趣旨を実例に基づいて提示する。既知の事実に新しい解釈を加える。

第一章　仮名文の発達

平安時代になると、ⓐ事柄の公式な記録に漢字文、ⓑ日常的な事柄の非公式な記録に片仮名文、ⓒ美的内容の表現に仮名文という三つの書記様式が三位一体で機能するようになった。本章では、仮名文に主眼を置いて、そのような機能分担が成立した経緯について考察する。

第二章　仮名文テクストの文字遣

次章のための予備的考察。主として、青谿書屋本『土左日記』のテクストにおける漢字／仮名の遣い分けの原理を、個別例の検討をつうじて解明する。

第三章　藤原定家の文字遣

前章を承ける。①仮名文学作品の定家自筆証本テクストは、写し継がれることを前提にして整定されたものであり、漢字／仮名の遣い分けや、基本字体／補助字体の遣い分けなど、誤読／誤写を生じないための工夫が隅々まで徹底している。②『下官集』は、家学を継承する人たちが定家の整定した証本テクストを使用する場合にあらかじめ心得ておくべき知識をまとめた凡例／解説である。

第四章　定家仮名遣の軌跡

前章を承ける。藤原定家は証本テクストを整定するために文字遣を定めて実行したが、仮名の綴りに関しては、社会慣習として固定していた綴りを優先して採用している。定家仮名遣とよばれた行阿の『仮名文字遣』は、『下官集』の「嫌文字事」の条項を大幅に増補したものであるが、遣い分けるべき仮名の種類を四十七種に限定して仮名正書法の規範を提示したものであり、仮名遣の嚆矢である。

第五章　きしかた考

古典文法では、回想の助動詞キがカ変動詞の未然形に後接するとされているが、平安中期の仮名文学作品には「こしかた」が少なく、「きしかた」が多用されている。「こしかた」は〈地点〉を指し、「きしかた」は〈過去〉を指すという指摘があるが、それに対して、「きしかた」はキニシカタに音便を生じたキンジカタを表わしているという解釈が提出された。本章では、書記テクストを言語資料として扱う場合の基本的方法の誤りを指摘して、その論考を全面的に否定し、新たな解釈を提示する。コシカタ／キシカタは意味の分化に応じて形成された名詞のダブレットであり、接続関係を記述する対象からは除外される。

第六章　日本語書記史からみた法隆寺金堂薬師仏光背銘

総説に提示した方法の実践例。表題に示した銘文のテクストを解析の対象とする。この銘文は、事実上、敬語史の最古の資料として重視されてきたが、短絡的に言語資料とみなされて恣意的に解釈されたために、日本語の敬語史は出発点を誤ることになった。本章では、尊敬語／謙譲語の一次的機能がダレガ／ダレニの関係表示にあることを明らかにし、敬語史に新たな観点を導入する。また、語句配列の順序や文字の大きさにすべて意味があることをも指摘する。

第七章　書記テクストの包括的解析

総説に提示した方法の実践例。『讃岐国司解端書』は草仮名文献として知られており、楷書体の借字から極草体の仮名が発達する過渡的段階にある草仮名であるとか、男子の草仮名であるとか説明されてきた。また、音便の使用や助詞ナモの使用など、断片的事実が指摘されてきた。本章の趣旨は、つぎの二項に要約される。ⓐ書記はコヘレント（coherent）なテクストとして包括的に解析すべきである。ⓑ書記テクストは、書く立場よりも読む立場をより重視して解析すべきである。

第八章　匂字考

漢和字典で国字とされている「匂」字は、文字構成の原理が不透明である。本章では、この文字が形成されてから現在に至る経緯について、以下の帰結を導く。ⓐ類義語のニホフ／カホル（カヲル）が共通の漢字と結び付き、書き分け／読み分けができない状態が生じたために、「韵」字から聴覚要因を除いた「匀」字を形成してニホフに当て、また、意味の類似と微妙な相違とを象徴した「匂」字を形成してカホルに当てることによって混乱が解消された。ⓑ雅語のカホルが中国の漢字との結び付きを求めたことによって「匂」字が使用されなくなり、それまで「匀」字で表わされていたニホフに、それが当てられるようになった。

日本語書記史原論

総説　日本語書記史と日本語史研究

鏡像補正の方法

0　導言

書記とは、文字で記された、情報の記録である（→Gaur）。日本語書記史とは、日本語を記録の媒体とする書記の、その歴史である。

本章では、書記テクストを日本語史研究の資料として利用する場合、どのような点に留意すべきかについて——すなわち、裏返して表現するなら、どのように利用してはならないかについて——、筆者の考えを概略的に提示する。

この総説では、抽象的方法論ではなく、具体例の処理をつうじて、日本語史研究と日本語書記史とがどのように関わるかを考えるので、本論の各章で詳しく取り扱う事柄と部分的に重複する。時間軸にそった叙述を意図しないし、すべての時期をカヴァーしようとするものでもない。

学界周知の事実を従来と異なる観点から捉えなおす事例が多いので、細かい出典表示などは省略する。小論の筆者がかつて公表した見解を織り込んだり、表題に示した観点からそれらを修正する部分も少なくない。

1　漢字文化圏のなかの日本

0　狩猟や農耕などを営む小規模の原始社会なら、口頭言語による伝達だけで事たりるが、社会が複雑化すると、契約や規則、あるいは、部族の起源に関わる伝承など、あとで参照したり確認したりする必要のある事柄がたくさん出てくる。また、その場に居合わせない人たちに情報を伝達する必要も生じるようになる。しかし、口頭言語はあとに残らないから、大切な事柄に関して記憶が失われると復元できないし、食い違いが生じた場合に正確さを証明する手段もない。社会が成熟し、文化水準が高まると、そういう不都合を解消するために文字が形成され、書記が発達して、情報が記録されるようになる。

1　個々の事物に対応する素朴な絵文字や象形文字から出発して文字体系がしだいに発達し、複雑な内容の情報を自由に記録できる書記様式が成立するまでには長い年月が必要である。ただし、日本の場合には、独自の文字体系が形成される以前に漢字文化圏に組み込まれたために、そういう漸進的過程を経ることなく、すでに発達を遂げていた漢字と、中国語の構文に基づいて漢字を配列する中国語古典文とが導入された。八世紀初頭、中国によって公的に承認された日本という国名は、朝鮮／越南（ヴィエト・ナム）などと同様、この国が、かつて漢字文化圏の一員であった証拠として残された歴史の刻印である。

漢字文化圏は、中国語古典文を共通の伝達媒体として形成された。中国語古典文とは、四書五経や漢訳仏典などに使用されている書記様式をいう。ふつうには漢文とよばれているが、本書では、訓読の対象とされる場合に限って漢文という名称を使用する。

中国語古典文の素材となる漢字は、〈形＝字形〉〈音＝発音／語形〉〈義＝意味〉の三つの要素を総合的に表わす表語文字（logogram）である。

中国語は無数に近い地域方言の集合であるから、口頭言語による意志の疎通には大きな制約があるし、特定方言の音韻体系に忠実に対応する表音文字で綴った書記様式では、他の方言の話者に理解されにくい。しかし、表語文字を使用すれば、方言ごとに〈音〉が異なっても、〈形〉を手掛かりにして〈義〉を知ることができる。また、基本的な構文規則はどの地域方言にも共通しているから、方言差が伝達の決定的な支障にはならない。

統一国家としての中国の版図は歴史的に一定していないが、どの時期にも、中国語以外の言語を話す民族が少なくなかったし、周辺諸国の言語は中国語と構文規則を異にしている。しかし、漢字の字形と意味とを覚え、中国語古典文の構文規則をひととおり習得すれば、中国語が話せなくても——すなわち、個々の漢字にどのような〈音〉を結び付けても——、書記の内容を理解することができたし、理解される文章を書くこともできた。中国で漢字が表語文字として現今まで使いつづけられてきたのも、そして、すくなくとも近年までは、言語を異にする周辺諸国にまで根を下ろしていたのも、そういうメリットがあるからである。

アルファベットには多くの変種があるが、もとは一つであり、絵文字や象形文字から表語文字へ、さらに表音文字へという発達過程をたどってきた。それが文字の発達するモデルであるとしたら、漢字は早い時期に発達を中止した化石的な文字として位置づけられることになる。しかし、中国で発達した文字が、アルファベットと同じ過程を経て表音文字にまでなったとしたら、中国の支配的方言の習得を同時に義務づけないかぎり、周辺諸国はもとより、中国の国内でも、書記による情報伝達が不可能になったであろう。しかし、必要な情報を蓄蔵したり、伝達したりする手段である書記が、そういう方向をとって自滅することはありえない。自滅でなくても衰退がありうるとしたら、それをもたらすのは、書記の機能に関する洞察を欠いた言語政策である。

言語の進化は個人や集団の意志と無関係に進行するが、文字は人間が自由にコントロールできる道具であるから、あらゆる道具がそうであるように、いっそう便利に使えるように洗練される。中国で表語文字の漢字が発達し、それが表音文字に移行することなく、東アジアにおける共通の伝達手段として使いつづけられたのは当然である。

表語文字は、個々に意味を担っているのが基本である。しかし、単一の文字で記録されたり伝達されたりする情報量はわずかである。多少とも内容のある情報を記録して蓄蔵するには、制約的社会慣習（convention）に基づく一定の規則に従って文字を配列する必要がある。

文字の機能は、一定の順序に組み合わされることによって発揮される。制約的社会慣習（以下、煩雑を避けて「社会慣習」とよぶ）とは、それに従って行動することが不文律として要求されているところの、当該社会に定着した慣習である。書記について言うなら、特定の順序で組み合わされた表音文字の連鎖や表語文字の特定の字形が、どういう事物や概念を表わすかは社会慣習として定まっており、その慣習に従わなければ意図どおりの情報伝達が保証されない。端的に言うなら、「山」という字形でカワを指しても意図どおりには理解されない。右に制約的と冠したのはそういう意味である。

2　改めて定義しなおすなら、社会慣習に従って文字を組み合わせ、情報を記録して蓄蔵したものが書記である。簡単に言うなら、書記とは、文字を媒体とする情報の記録である。英語の writing に相当する概念であるが、的確に対応する既成の日本語は見あたらないし、確立された訳語もないので、書記という用語を使用する。もとより、日常的用法における書記の意味は排除される。

文字の機能は、社会慣習に従って組み合わされることによって発揮されるから、どのように組み合わせても確実な同定が保証されるように――すなわち、他の文字の字形と紛れることのないように――、全体の文字体系が形成される。

表音文字を配列する規則を支配するのは、当該社会で使用されている言語の音韻体系、および当該言語の語音配列則（phonotactics）である。表音文字で綴られた語や表語文字を配列する規則を支配するのは、当該言語の構文規則である。

表音文字の体系は当該言語の音韻体系に対応して形成される。対応のしかたは多少ともゆるやかであるから、個々の文字が、単一の音韻論的単位に規則的に対応するとは限らないが、音韻論的単位の数は有限であるから、表音文字の数も有限になる。それに対して、表語文字は、必要に応じて、特定の事物や概念に対応する文字が新鋳されるから、原理的には無限になる可能性がある。現に、大きな字書には何万もの漢字が採録されている。しかし、書記の目的は情報を蓄蔵したり伝達したりすることにあるから、書いた文字が読む側に理解されなければ意味がない。したがって、同時期の社会でふつうに通用する漢字の種類は、一定範囲に自然に限定される。

書記が発達する過程で、読み書きできる人たちのグループが形成される。いわゆる識字階級である。ちなみに、識字とは、漢字を念頭に置いた訳語である。識字階級は、主として、政治に関わる支配階級の人たちや、僧侶／学者などであるが、必ずしも別々の人物であることを意味しない。

識字階級の間で文字体系を運用する規則が経験的に蓄積され、それらの集合が社会慣習として定着する。日本の場合には、中国語古典文が導入されたが、識字階級は、やはり、右のような人たちに限定された。

3　前述したように、漢字文化圏に組み込まれる以前に、日本語に即した文字体系が形成された形跡はない。平田篤胤の『神字日文伝』（一八一九）に記載されている神代《じんだい》文字は、朝鮮半島の言語を写すために創製されたハングルをもじったものにすぎないし、ほかにも古代文字と称するものはあるが、俗説にすぎない。日本固有の文字が胎動しつつあったとしても、実用の段階に達する以前に漢字文化圏の一員に組み込まれたために痕跡を残していないのであろう。

個々の漢字は中国語の個々の概念に対応しており、中国語古典文は中国語の構文に基づいているから、日本における祭祀や政治、公的行事などを中国語古典文で記録することにはさまざまの障害があったはずである。漢字文化圏に組み込まれた初期の段階において、そういう事柄は、できるかぎり中国語の意味に近い漢字を当て、中国語古典文の規範に合致する形式で記録されたであろう。もとより、早い段階では外国人の参与があったと考えられる。しかし、中国語の規範に合わせようとしても合わせきれないところが残ったはずである。

たとえば、祭祀に不可欠のサカキは、中国にあるかどうかわからない。中国にあるとしたら、それに当てるべき漢字がなければならないが、日本固有の樹木だとしたら、本来の漢字を探すのは徒労である。いずれにせよ、実物と対比して確かめることはできなかった。また、地方から貢納された特産物を記録しておこうとしても、当てるべき文字が確定できないといった事態も生じたであろう。

中国の規範に合致する漢字を特定できなくても、とりあえず、事実を記録しておこうということなら、二つの選択肢があった。

一つは、日本の社会常識に基づいて、なにを指しているのか読み手が推知できる文字を新鋳して当てることであった。具体的には、『説文解字』にいうところの六書《りくしよ》の一つ、会意の原理に基づいて新しい文字を新鋳することである。樹木の一種なら木偏、魚の一種なら魚偏とし、その樹木や魚の特徴を表わす文字を旁の部分に配して日本語の樹木名や魚名に当てればよい。「榊」などはそういう事例の典型である。それらの文字は、日本の国内で、日本語話者に正確に理解されるためのものであるから、他の言語の話者に理解できないとか、誤解されるであろうとかいう配慮は不要であった。したがって、同じ字形で別の意味の漢字が中国にあったとしても、それらは、頻用度の低い漢字であるから、実用上の支障にならなかった。かなりあとの時期になるが、十世紀初頭の字書『新撰字鏡』の女部／艸部／魚部／鳥部／虫部などに付載された、「小学篇」を出典とする国字群はそういう工夫の跡をうかがわせる。ただし、収録されている国字を見ると、現今の感覚からも素直に理解できるものがある一方、どうしてその旁が選択されたのか説明のつきにくいものも少なくない。ともあれ、国字を集めた「小学篇」という字書が編纂されていることは、平安初期の人たちにとっても、すべての国字の意味が透明ではなかったことを示唆している。

漢字を用いて日本語を書き表わすもう一つの方法は、意味を捨象して音節単位の表音文字に転用し、表音的に表記することであった。六書の仮借《かしゃ》の原理に基づく用法である。中国の公的記録には、たとえば、『魏志倭人伝』にみえる「耶馬台国」「卑弥呼」などのように、周辺諸国の固有名詞を表音的に表記する方式が行なわれていたし、同じ方式は漢訳仏典の陀羅尼の表記などにも使用されていたから、それを応用すればよかった。

右の二つの方式のうち、前者は、それぞれの文字が社会的に認知されるまで、つねに誤解の可能性をはらんでいたから、使用上の制約が大きかったであろう。それに比べて、後者は、日本語の語形が直接に導き出せるところに大きな長所があった。ただし、複数の語をひとつづきに書くと、意味の切れ目が判別しにくくなるのが、実用上の大きな欠陥であった。

どちらの方式によるにせよ、それだけで日本語の一貫した文章を綴ることはできなかったので、人名などの単語を記したり、中国語古典文のなかに日本語をちりばめる程度にとどめざるをえなかった。

以上は、八世紀の書記テクストやそれ以前の金石文などをもとにした推定であるが、そういう段階を経たと考えなければ文献時代にはつながらない。

2　文字／表記から書記へ

0　書記とは、社会慣習に従って文字を組み合わせ、情報を記録して蓄蔵したものであるという定義を前節に示しておいた。個人的な覚え書きも文字による情報の記録であるから書記テクストには相違ないが、一般的に言えば、当該社会の他のメンバーによって読まれたり利用されたりすることを前提にして書きとどめられるのが書記としてのふつうのありかたである。

書記は、読まれるため／読ませるための記録であるから、識字階級の人たちなら、だれでも間違いなく読み取れるものでなければならない。本書全体にわたる論述の基礎として、そういう当然の事柄を確認しておきたい。

1　伝統的国語史研究には文字／表記という名称で分類されている領域がある。少数の例外を無視して一般化するなら、その領域の研究に共通する問題点は、研究の対象としている資料が情報を蓄蔵しておく手段として書かれた書記テクストであるという、当然の事実について明確な認識がまったく欠如していたり、きわめて薄弱であったりすることである。目前のテクストが、どういう目的で記されたものであるかを考えることなく、言語資料として短絡的に処理されてきたのは、そのためである。

自称／他称で文字史研究と称されている領域にも右と同じ問題がある。それは、文字が書記の素材であること、そして、社会慣習に従って組み合わせることによって機能を発揮するものであることについての認識が欠如していたり、あるいは、きわめて薄弱であったりすることである。個々の仮名／片仮名の発達過程が詳細に跡づけられているにもかかわらず、それぞれの書記テクストにおける仮名や片仮名の相互弁別可能性がどのように保持されているかについて、ほとんど関心が寄せられていないのはそのためである。

必要な情報が必要なときに取り出せるように、文字を媒体にして蓄蔵したものが書記テクストであるから、読んで理解されることを前提にして書かれている。したがって、書記に要求される最優先の条件は、正確かつ迅速な読み取りが可能なことである。そのために、どの言語のどの書記様式も、より正確で、より迅速な読み取りを可能にする方向で洗練されている。この原理は、事実の忠実な記録だけでなく、文学作品などにも、ひとしく当てはまる。ここにいう正確な読み取りとは、記録した人物が意図したとおりに理解できることである。正確さのありかたは、テクストの目的によってさまざまである。

2　書記についての正しい認識が欠如していたために、伝統的国語史研究では、書記テクストを、それぞれの時期の言語の記録であるとみなし、言語を復元しようとつとめてきた。

『土左日記』のテクストに「ししこ（かほよかりき）」とあるのは〈死んでしまった子〉を意味するシンジコであり、「しし」はシニシの撥音便シンジの撥音の無表記であると説明されてきた。仮名文テクストに頻出する「あめり／ななり」なども同様である（→第五章）。

促音便を含む語形は平安時代の仮名文テクストに原則として使用されていないようであるが、訓読文献や片仮名文のテクストの「ヨテ／モテ」などは促音の無表記と説明されている。

撥音や促音に対応する仮名がなかったので、それらの音に相当する部分が表記されていないという説明が正しいとしたら、テクストのどこに促音や撥音が潜在しているかわからないから――比喩的にいうなら、どこに落とし穴があるかわからないので――、仮名文や片仮名文のテクストは安心して読むことができなかったはずである。かりにその説明のとおりであったなら、撥音や促音に文字を当てなくても理解できたのなぜであるか、その理由を明らかにすることが課題でなければならないはずである。現今、簡単な手紙を書く場合にも、相手がそれをどのように理解するかを配慮しながら書くという、当然の事実が忘れられている。知らない漢字を抜いて書いたりしたら、読み解けるはずがない。

仮名も片仮名も音節文字として分類されているが、それは、現実の運用において、音節と文字とが一対一に対応することを意味しない。個々の仮名が個々の音節を表わしているのではなく、「あめり／なり」という文字連鎖をアンメリ／ナンナリという語形に対応させ、「ヨテ／モテ」という文字連鎖をヨッテ／モッテという語形に対応させているとみなすべきである。

『古事記』の撰録者は、もとになった日本語の文章を復元できるように、特定の漢字と、日本語の特定の語を一対一に対応させてテクストを書いたという非現実的な思い込みに取り憑かれたりするのは、書記が社会慣習に基づいて記録され、また、読み取られるものであるという基本認識を欠いたまま、対象を文字／表記の資料として処理しているからである。

ほかの可能性を考慮せずに、予断に基づいてテクスト所用の文字を機械的に処理すれば、期待どおりの現象が浮かび上がってくるが、その現象は見せかけにすぎない。

右に言及した『古事記』の用字の処理では、撰録者が、たとえば、「鳴」字をナクに当て、ナルには当てていないという用字方針が導かれており、一字一訓の原理に基づいて漢字と和訓との対応を集成した「訓漢字表」までが公表されている（↓小林②③）。

「鳴」字が、ナク／ナルの両方に当てられていても、文脈が与えられれば、事実上、判断に迷うことはない。だからこそ、現在でもそのように使用されている。『古事記』の場合にも原理は同じである。

国語学／日本語学の概説書などでは、漢字の音／訓について説明する場合、多音／多訓の事例が好んで選択され、日本における漢字の用法の複雑さが強調される傾向がある。「生」字がその典型であるが、これほどまでに多音／多訓の漢字をいくつ指摘できるかは疑問である。キジョウユという語を知らなければ「生醤油」は読めないが、その語を知っていればほかに読みようがない。日本語にナマショウユ／イキショウユ／ショウジョウユなどという語はないからである。

先に語があって、それに対応する表記があるという当然の関係が、しばしば、逆転して把握されている。そのために、所与の語が漢字でどのように表記されるかではなく、漢字表記の語や個々の漢字をどう読むかが問題とされ、漢字表記の煩雑さが強調されることになる。

大切なのは、どう書いてどう読むかではなく、どういう語形がどう書かれるかである。人名や地名を知らなければ、漢字の字面で判断することはできない。

漢音／呉音／唐音という三つの字音体系を観念的に想定すれば、どの漢字にも三つずつ音《おん》があることになるが、日常的レヴェルでは、古来、一音／一訓の漢字が大部分である。右に言及した『古事記』の訓漢字という幻想は、一字多訓という前提のもとに考えられているが、「神」はカミであり、「人」はヒトでしかありえない。ナク／ナル／ナスなどは、文脈に依存する一字多訓であるから、事実上、訓み分けは問題にならなかった。漢字と日本語との対応関係のありかたは、上代でも現代でも基本的に同じであると考えてよい。

多大の労力を費やして作成された『古事記』の「訓漢字表」は、書記の本質についての認識なしに書記テクストを処理すべきでないことを我々に教えている。最小の努力で最大の効果をという経済原則は、書記史研究にも当てはまる。

以下に提示する小論の筆者の立場や主張は、右のような文字／表記の研究に対する、そして、従来の国語史研究一般に対するアンチテーゼにほかならない。

3　書記の自律性

0　書記とは、文字を一定の規則に基づいて組み合わせ、情報を記録したものである。組み合わせの規則を背後で支えているのは当該言語の音韻体系であり、語音配列則であり、構文規則である。比喩的に言うなら、それらの体系は書記テクストの骨格に相当する。骨格は表面から見えないが、全体を支えている。

言語は発話として顕現され、瞬間に消滅するから、過去の言語を直接に観察することはできない。しかし、書記テクストの形で視覚化された言語の骨格は残存する。

肉体は滅びても骨格は残る。ただし、残された骨格は生物体の輪郭を示唆するにとどまり、皮膚や肉の状態まではわからない。なによりも生命が失われている。生命をもたなければ生物体ではない。

残された骨格と同じように、書記テクストは言語そのものではない。発話として実現された言語は動態の一様相であるが、書記テクストに留められた言語は静態化された形骸である。形骸を形骸として分析しても言語の実態は解明できない。書記としての価値は、必要な情報が正確に記録されていることであるから、言語資料としての価値とは連動しない。同様に、文学作品としての価値と言語資料としての価値も連動しないが、国学の伝統を継承する伝統的国語史研究で、それらを当然のように連動させてきたことは反省されなければならない。

静態化された形骸から言語の動態を復元できる限界は、所与の書記テクストの作成された目的によってさまざまである。

三次元の円錐を二次元に投影すると、光を当てる角度によって、円形にもなり、楕円形にもなり、三角形にもなる。書記テクストを資料とする言語研究にとって、その事実は示唆的である。書記テクストは、作成された目的の違いによって、同一の言語の異なる側面を投影するが、どの書記テクストにも当該言語の全体像が投影されることはない。

1　特定の時期の特定の言語を再構するには、同時期の多くの書記テクストから導かれる事実を的確に総合しなければならない。書記テクストによる言語研究は、抽象的に言うなら、円形／楕円形／三角形の映像を総合して円錐を導く作業にたとえられるが、幸運に恵まれて長年月を生き延びてきた書記テクストは、日本語史の資料としてみると、あまりにもムラが多く、しばしば、大切な側面を見せていない。円錐の比喩を延長するなら、円形や楕円形の映像だけが残されていて、三角形の映像が欠落している。古生物学や考古学なども、状況は同じであろう。骨格の一部や足跡など、断片的資料を総合して恐龍の体形を可能なかぎり再構し、生態にまで迫るには、多方面にわたる豊富な知識が要求されるはずである。書記テクストを資料とする日本語史研究に要求されるのは、言語運用の汎時的類型についての認識であり、そして、どういう種類の書記テクストに言語のどういう側面がどのように反映されるかについての知識である。

2　日本語史研究の立場からは、すべての書記テクストが言語資料とみなされる。しかし、それらの書記テクストが作成された目的は日本語を記録しておくことではなく、日本語を媒体にして特定の情報を記録しておくことにあったという事実を明確に認識してかかるべきである。なかには、日本語に関する断片的事実を記録した書記テクストもあるが、そういう事例については、日本語のどのような事実を、どのような目的で、どのように記録したものであるかを十分に見きわめる必要がある。日本語の実態を忠実に記録しておこうという意図のもとに書き留められた書記テクストなど、事実上、皆無であるから、書記テクストに記録されている日本語が、記録した人物の立場や目的によって、どのように色づけられているかを見極める必要がある。

3　『新撰字鏡』の標出字に散発的に添えられた和訓は借字で表記されている。借字とは、日本語の音節文字に転用された漢字である（→第六章）。和訓を表記した借字には、上代仮名遣のコの甲乙が「偶然とは思はれない程度に正確」に書き分けられている。この字書の編纂された十世紀初頭の中央語で、コの甲乙に対応する音の対立は解消されていたと推定されるから、それらの和訓は、この字書が依拠したところの私記の類から引用されたと推定されている（→有坂）。ただし、候補に擬せられる複数の典籍は指摘できるものの、個々の和訓の出典は特定できないので、多くの留保が必要である。したがって、それらの和訓が十世紀初頭の日本語の諸様相を反映しているとはみなしがたいし、どこまで遡るべきかも確定できない。ただし、音韻史の資料として不安定であるという評価とは無関係に、『新撰字鏡』の編纂者が、それらの和訓を、同時代的に有用であると判断して引用していることを重視すべきである。和訓だけを抄出した享和本『新撰字鏡』の同時代的価値も、そういう観点から査定されなければならない。

この字書の和訓を過去の日本語の資料として利用しようとする場合には、まず、撰者による序文をよく検討しなければならないが、難解な文章であるだけに、すみずみまでは読み解かれていない。

十世紀中葉に編纂された源順撰『和名類聚抄』の和訓も、ともすると安易に利用されがちであるが、書名に「和名」とあるにもかかわらず、和名の添えられていない項目が少なくないことに注目すべきである。この辞書の場合にも、日本語史の資料として利用するまえに、序文の内容を丹念に検討する必要がある。文飾はあるものの、『新撰字鏡』の序文と違って、このほうには、編纂の動機も目的も明確に記されている。

4　いわゆるキリシタン資料のローマ字テクストは、口語資料などとよばれ、しばしば、当時におけるナマの日本語の記録であるかのように利用されているが、天草版『平家物語』（一五九二年刊）と『エソポの寓話集』（一五九三年刊）との二つのテクストを比較すると、たとえば、つぎのような相違が顕著に認められる。『平家物語』にも『エソポの寓話集』にも、オ列長音の開合の表記が規範に合わない事例があるが、前者のほうにずっと多い（→亀井①②）、また、前者のテクストでは、原則として名詞と助詞との間にスペースが置かれているのに対して、後者では名詞と助詞とがひとつづきに綴られている。

右に指摘した事実については複数の解釈がありうるであろうが、非現実的な可能性を除外するなら、ひとまず検討の対象になるのは、つぎの三つである。ただし、日本人が介在したことは除外して考える。

①二つのテクストは編纂者が異なり、日本語の習熟度に差があった。

②編纂者が同じであっても日本語の習熟度がその期間に向上した。

③右のような相違は、両者の編纂目的の相違を反映している。

常識的に判断すれば、①②の可能性は、いずれも成り立ちそうにみえるが、確実に裏付ける証拠もなく、また、完全に否定する証拠もないから、水掛け論にしかならない。以下、③の可能性について検討する。

英国図書館蔵『平家物語』『エソポの寓話集』『金句集』はその順序で合綴されており、通しページになっている。前二者には、それぞれ独立のタイトルページがあり、「読誦《どくじゅ》の人に（ni）対して書す」（平家物語）「読誦の人へ（YE）対して書す」（エソポの寓話集）と題された別々の内容の序文が付されている。そのあとに『金句集』があるが、タイトルページはなく、「四書／七書《しっしょ》などのうちより抜き出《い》だし、金句集となすものなり／おほかた、それそれに注するものなり」と最初に記されている。以下に取り上げる特徴については、おおむね『エソポの寓話集』と同じである。

『平家物語』のタイトルページには、「日本《にほん》のことばとヒストリアを習い知らんと欲する人のために、世話に和らげたる平家の物語」と記されており、『エソポの寓話集』の序文には、この物語が、ことば稽古に役立つばかりでなく、説教の材料にも適している旨が記されている。すなわち、第一段階に相当する『平家物語』では、まず、日本語と日本の歴史とについての知識を身につけ、第二段階に相当する『エソポの寓話集』では、宣教師としての実務に役立つ実践的知識の習得をつうじて、さらに日本語の力を洗練しようということである。換言するなら、『平家物語』は日本語／日本文化に関する初級学習書として、また、『エソポの寓話集』は宣教師としての活動にそなえた上級学習書として編纂されたものである。もとより、初級といっても相対的であって、白紙の状態のための入門書ではない。

初級学習書では、個々の意味単位を捉えやすいように助詞が名詞から切り離されており、上級学習書では、自然な日本語として、名詞と助詞とがひとまとまりに綴られている。開合について言えば、十六世紀末の京都における基底的な口頭言語では開合の区別が失われていたために、初級学習書にその実態の一端が示されているのに対して、上級学習書には規範的な語形が優先されている。宣教師が説教に使用する日本語は上品でなければならなかったからである。

『平家物語』に「読誦の人に｜対して書す」とあり、『エソポの寓話集』に「読誦の人へ｜対して書す」とあるのも意図的である。基底言語では助詞ニが多用されており、京都の上品なことばづかいには助詞エが多用されていたからである。タイトルページの国名が、前者ではふつうの語形でニホン（NIFON）と記され、後者では固い語形でニッポン（Nippon）と記されているのも、計算された使い分けである㊟。

『平家物語』と『エソポの寓話集』とが初級／上級の関係として編纂されたものであるとしたら、その順序で合綴され、通しページになっているのは当然である。日本語史研究の領域では、それぞれが独立のテクストとして扱われてきたが、『金句集』を含む三つのテクストは一貫して編纂されており、そういう立場から、さまざまの配慮が行き届いている。ただし、日本語学習書としてのそういう細かい配慮が、それぞれのテクストの日本語を多少とも不自然にしていることをも看過すべきではない。

右に指摘した事実が確実なら、①②の可能性が成立する余地はない。

『平家物語』と『エソポの寓話集』とを互いに無関係に取り扱ったのでは、右に指摘した諸事実の相関は浮かび上がってこないし、日本語学習書としての工夫も見えないから、日本語史研究の資料として適正に利用することはできない㊟。

5　当然のことを確認しておくなら、一般に、正統の研究であるためには、つぎの三つの条件が充足される必要がある。

①研究の目的が明確であること。

②研究の目的に適合する対象が資料として選定されていること。

③設定された問題を解決するための適切な方法が策定されていること。

これまでに蓄積された国語史研究の成果が、言語史研究や書記史研究の成果としてどれほどの価値を持ちうるかについて適正に査定し、今後の方向を見定めるためには、これまでに得られた国語史研究の成果を右の観点から濾過する必要がある。

書記テクストに認められる細かい事象についての調査報告が、論文の形式をとっておびただしく公表されているが、俗な表現をとるなら、〈だからどうした?〉と尋ねられて、〈ともかく、こういう事実がある〉としか答えようがないとしたら——すなわち、その成果を日本語史の流れに的確に定位してその価値を査定できないとしたら——、正統の研究成果とはみなしがたい。当然ながら、日本語史研究の一次的目的は、日本語のたどってきた歴史を一貫した流れとして把握することだからである。もとより、言語史とはどういうものか、言語史研究はどうあるべきかについての明確な認識をもつことが前提になる。

6　「水／追」などの字音仮名遣はスヰ／ツヰとされてきた。契沖の『和字正濫抄』以来、和語については、平安初期までの書記テクストに仮名遣の証拠が求められてきたが、字音仮名遣は『韻鏡』の体系に基づく演繹であり、「水／追」などは『韻鏡』で合口に配されているからである。しかし、平安初期の訓読テクストで、それらの文字の音注がスイ／ツイとなっていることが指摘され、古くは、合口でなく開口であったと修正された。文献上の確実な証拠に基づいてヰ［wi］が否定され、イ［i］であったことが証明されたことになる。現今では、古語辞典の類でもスイ／ツイと表記されている。さきに、細かい事象に関する調査報告とよんだのは、このような事柄である。ただし、細かいとは、この場合、巨視的観点が欠如しているという意味であるから、同一の事柄でも、捉えかたによって、細かくもなるし大きくもなる。

論より証拠ということで、洗いざらい持ち出しても、どういうことを証明するための証拠であるか不明では評価のしようがない。同一の事象についてさまざまの解釈がありうる以上、証拠らしきものには論が付随しなければならない（→付章）。

平安初期の訓読テクストでは、これらの文字の音注がスイ／ツイになっているが、平安末期にはスヰ／ツヰに移行している。仮名表記がこのように移行したことを音韻変化の反映として説明することはできないから、論より証拠ということなら、平安初期のスイ／ツイと同様に、平安末期のスヰ／ツヰもまた重要な証拠である。平安初期／平安末期の二つの証拠を天秤にかけるなら、合口の文字が、平安初期のテクストに、あたかも開口であったかのようにスイ／ツイと表記されている理由こそが、解明すべき問題である。

概略的に言うなら、日本字音化した「水／追」の語形は tswi ／ twi であったと推定される。そういう構造の字音を片仮名でそのまま写すことはできないので、近似的に表記する工夫が必要であった。

中国字音は単音節であり、日本字音もその特徴を基本的に継承したが、tswi ／ twi などの音節を一つの仮名で置き換えることはできないから、二つの仮名で表記された。これらの字音の場合は、［wi］を［ui］に置き換え、tsu-i ／ tu-i という切りかたでスイ／ツイと表記された。ただし、それは、表記上の工夫であって、表記に合わせて字音の語形まで変えたわけではない。

それまでスイ／ツイと表記されていた字音の表記は、平安末期になると、語頭子音に片仮名ス／ツを当て、［wi］に片仮名ヰを当てる転写方式に転換された。それが、スヰ／ツヰである。この表記のほうが合口の特徴を顕現できたからであろう。たとえば、「春／屯」など、臻摂合口の歯音／舌音字の日本字音は平安中期まで仮名で表記されることがなかったが、平安末期になると、スヰン／シヰン、ツヰン／チヰンなどと表記されるようになっている。最初の仮名は子音だけに当てられているから、片仮名表記が違うだけで語形は同じである。

以上から明らかなように、スイ／ツイからスヰ／ツヰへの移行は音韻変化や語形変化を反映するものではないから、ア行音とかワ行音とかいう用語で説明すべき現象ではない。和語の場合、片仮名を子音だけに当てる必要はなかったし、そういう慣習もなかったために、平安初期には漢字音の転写にもそのような方式を発達させていなかったにすぎない。要するに、スイ／ツイからスヰ／ツヰへの移行は、日本漢字音史の問題ではなく、漢字音の仮名転写の問題であり、韻学との関わりの歴史である。そういう意味で、日本字音史の研究成果もまた、書記史の観点から濾過や再評価が必要である。

書記テクストに見いだされる事実についての、右に指摘したたぐいの未消化な調査報告は、正統の研究成果として評価しがたい。

7　書記は一次的に情報の蓄蔵であるという基本認識が従来の国語史研究には欠如していた。そのために、所与の書記テクストがどういう目的のもとに作成されたかを見極めることなしに――、すなわち、どういう目的のもとにどういう情報を記録したテクストであるかを考えることなしに、すべての書記テクストに日本語が忠実に記録されているとみなして――、研究の対象にされてきた。その結果、営々と蓄積されてきた研究成果には、伝達の媒体として運用される言語の基本的なありかたに矛盾する帰結を導いているものが珍しくない。極言するなら、従来の国語史研究には、目的がなくて対象だけがあり、方法がなくて処理の手順だけがあった。

日本語史研究の今後の課題は、右のような現状認識のもとに、書記についての理論を確立し、これまでに蓄積された膨大な研究成果を濾過することにより、書記の理論に矛盾しない合理的説明を加えて日本語史の把握を洗練することである。日本語の書記に関する研究も、書記テクストを資料とする研究も、ともに原点に立ち戻って再出発する必要がある。

8　言語共同体における伝達の媒体として運用される言語の実態を解明し、また、言語変化の機構および言語変化の具体的過程を解明するうえで、もっとも重要な資料は臨床的観察の可能な現代の諸方言である。書記テクストから得られた雑然たる知見をフルイにかけ、その結果を現代諸方言の研究から得られた知見と総合しなければ、過去の言語の実態にも、また、過去に生じた言語変化の進行過程にも迫ることはできない。アクセント史研究など一部の領域を例外として、書記テクストと現代諸方言との総合が軽視されてきたことは深刻に反省されなければならない。

方言という語は中国語からの借用であり、本来は特定の地方に固有の語句や表現などをさす語であった。地方とは、中央に対する地方である。日本語としても、田舎言葉という意味で、しばしば、軽蔑や卑下の含みをともなって使用される。専門的研究ではそのような評価がいっさい排除されるが、国語学の一分野としての方言研究の対象は、最近まで、もっぱら、地域方言に限られてきたし、現今でも、それが主流である。

日常語としての方言は、文字どおり〈地方言語〉を意味するが、言語学の一分野としての方言学は、英語で言えばdialectologyに相当する語の翻訳であり、dialectには、地域／地方という概念が含まれていない。ここに言う方言とは、地域方言だけでなく、同一地域に共存する社会方言をも包摂する概念である。定義するなら、同一言語内に同時期に共存する諸変異が方言である。

9　書記テクスト万能主義から脱却することが日本語史研究にとっての急務であるが、それとともに必要なのは、言語資料としての書記テクストの価値を適切に限定して再認識することである。現代諸方言は、過去の特定の時期における言語現象を解明したり、過去に生じた諸変化を時間軸上に定位したりすることには役立たないから、そういう面に関しては書記テクストが不可欠の資料になる。

右の観点からするならば、当面の課題は、つぎの三点に絞られる。

①国語史研究の領域において得られた有意的達成の多くを、日本語書記史についての正当な認識のもとに再評価すること。
②前項の再評価に基づいて、過去の日本語に関する研究成果を補正すること。
③補正された結果に基づいて、日本語史研究の基盤を点検しなおすこと。

10　伝統的な国語史研究では、その語句が、そのテクストに、その形に記載されているから、その時期に、そういう語形をもっていた、というたぐいの短絡的帰結が導かれている場合が多い。前節で取り上げたスイ／ツイなどは、そういう事例の典型である。書記テクストにみえる事実が理論によって濾過されたり補強されたりすることなしに、ナマで提示されている。要するに、書記と言語との同一視である。たとえば、①平安時代の日本語には漢文訓読の言語と和文の言語とがあったとか、②ミソカニは和文語で、ヒソカニは漢文訓読語であったとか、③中世には日本語が言文二途に分かれたとか、そういうたぐいの、書記テクストに密着しすぎた皮相な説明がふつうになされている。

日本語史研究を正しい軌道に乗せるためには、つぎの三点を満たすことが前提条件になる。

①書記と言語との同一視に基づいて短絡的に導かれた帰結を、書記の本質についての基本認識と言語運用のありかたとの二点から再検討すること。

②書記を根拠にして当該時期の言語を論じるには一定の限界があるという認識を共通理解にすること。

③書記論／書記史を言語研究／言語史研究から独立した自律的領域として確立し、改めて両者の関係のありかたを確認すること。

書記の機能は情報を記録して蓄蔵することにあり、言語を記録することが目的でないとしたら、書記に基づいて過去の言語の諸様相を明らかにするためには、書記研究の方法に基づく適切な処理を経なければならない。

11　国語史研究に、文字／表記とよばれる領域があることについては前述したが、(→第2節)、表記という用語は、書記と言語との間に高度の可逆性があることを前提にしている。すなわち、言語を文字で置き換えたのが書記テクストであるから、書記テクストに基いて言語が復元できるという認識である。比喩的にいうなら、水と氷との関係として把握されている。しかし、書記テクストに凍結されているのは情報であり、情報を凍結するための媒体が言語であるとしたら、書記テクストと言語との関係に水と氷との比喩は当てはまらない。

書記テクストに記録された内容が、文学作品など、直接に言語表現に関わる情報でないかぎり、択一的に復元可能な形で特定の語形や特定の構文を記録しておくことは、書記に要求される条件ではない。言語に関わる情報についても批判的処理が必要であることについては後述する（→第4節以下）。

文字／表記という概念が通用しているのは、文字で言語を表記するという基本認識が定着しているからである。以下には、書記と言語との同一視を排除して、特定の文字または特定の文字連鎖が特定の音や特定の語形と明白に対応している場合に限って表記という用語を使用する。

仮名や片仮名で記載された語句は、語形と文字連鎖との対応関係が社会慣習として成立しているから、表記という用語を使用して支障はない。音節と文字との規則的対応の閾値を超えていても——たとえば、平安末期の書記テクストに〈故〉に相当する語が「ゆへ／ユへ」と記載されていても、語形と綴りとの対応関係は明白である。漢字についても、それと同じ基準が適用できる。

書記は、読んで理解されることを前提にして記録されるものであるから、書記テクストに要求される第一の条件は、意図されたとおりの理解が可能なように記録されていることである。

意図どおりの理解が保証されるなら、そのつぎに要求される条件は、効率的な読み取りが可能なように記録されていることである。

正確かつ迅速な読み取りが十分に可能であるという前提で、実用的立場からつぎに要求されるのは、文字や書記様式の覚えやすさ／書きやすさである。一般に、習得に時間を要する書記様式ほど効率よく運用することができる。すなわち、覚えやすさ／書きやすさと読み取りの効率とは反比例の関係にある。したがって、読み取りの効率をどこまで犠牲にして覚えやすさ／書きやすさが図られるかは、その書記様式を、どのような社会階層の人たちが使用するかによって決定される。書記が一部のエリートのためであった時期よりも、識字率100%を指向する現今のほうが、全体の水準はずっと低い。

書記は、読んで理解されるための記録であるから、書記テクストを研究対象としたり、書記テクストを言語資料として利用する場合には、まず、読む側の立場から、書記テクストに認められる諸現象を捉えるべきであるが、従来は、もっぱら、書く側の立場から捉えられ、恣意的解釈が加えられてきた。前述した撥音／促音の無表記などはその適例である。

本末転倒に陥った最大の原因は、書記テクストの字面を日本語の表記とみなしたからである。表記とは、所与の語句を文字で置き換えることであるから、書く側の立場から書記テクストを捉えることになりやすい。

『古事記』の「訓漢字表」については前述したが、妄想にとらわれて表の作成に取りかかるまえに、八世紀に『古事記』のテクストを読んだ人たちが、それぞれの漢字に、撰録者の定めた日本語を引き当てて読む手掛かりがあったかどうかを考えてみるべきであった。もし、撰録者の意図したとおりに読めたとするなら、その対応関係が、すでに社会的に確立されていたか、さもなければ、事実上、ほかの引き当てがありえなかったからだと考えるべきである。もし、撰録者が、社会慣習と無関係に漢字と和語との対応関係を定めたなら、結果は撰録者の一人相撲に終わったであろうが、そもそも、そのようなテクストは作成されるはずがない。それは、『古事記』に限らず、書記テクスト一般に当てはまる基本原理である。

4　漢字文

1　七世紀初期の『法隆寺金堂薬師仏光背銘』は、わずか五行／九十字の銘文であるが、まとまった内容を漢字文で記した最初期の文献の一つである。この銘文のテクストは第六章で詳細に検討するので、どの文字をどのように読むべきかはその部分に譲り、ここでは、ひととおり字面を追って、どういう事柄が書いてあるかを推察しておけばよい。訓読する必要はない。

池辺大宮治天下天皇大御身労賜時歳
次丙午年召於大王天皇与太子而誓願賜我大
御病太平欲坐故将造寺薬師像作仕奉詔然
当時崩賜造不堪者小治田大宮治天下大王天
皇及東宮聖王大命受賜而歳次丁卯年仕奉

本書にいう漢字文とは、日本語に基づいた書記テクストを作成する目的で、日本語話者によって、日本語話者のために工夫された書記様式である。漢字文の構文は中国語古典文を模しているから、その基本を身につけていれば、漢字文による記録の内容が理解できる。ただし、もとになった日本語の文章が復元できるようには配慮されていない。

故用明天皇が「大御身労賜時」、すなわち、御病気におなりになったとき、推古天皇と聖徳太子とをお呼びになって、「我大御病太平欲坐〜」と誓願なさったというのがこの銘文の前段である。

「我大御病太平欲坐〜」が故天皇のことばの引用であるとしたら、故天皇は、自分の病気を「大御病」とよび、治りたい／治したいという意向を、「太平欲坐」、すなわち、〈お治りになりたい／お治しになりたい〉と表現していることになる。こういう類型の表現は、天皇が、みずからの高い地位を意識して使用したものであるという解釈のもとに、一部の研究者は自敬表現とよんでいる。現代語の感覚からすると、自己の状態や自己の行為について尊敬語を使用するのはきわめて不自然に感じられるが、類例も少なからず指摘されている。学界の完全な共通理解になっているとは言いがたいが、自敬表現の研究を主題とした専書もある（↓西田）。

一般論としては自敬表現の存在を認める立場をとる人たちの間でも、個々の事例を自敬表現と認めるべきかどうかはしばしば一定しないが、この「我大御病太平欲坐〜」は、自敬表現の典型の一つとされている。

「我大御病太平欲坐〜」についての右のような理解は、二つの誤解に基づいている。すなわち、その一つは、「我大御病太平欲坐〜」を故天皇のことばの引用とみなすことであり、もう一つは、いわゆる尊敬語が、対象となる人物に対する敬意を表明する語として規定されていることである。第一の誤解の背景には、表記という根強い概念がある。

「我大御病太平欲坐〜」という一節の最初に「我」とあるために、現代の書記様式の感覚を無意識に投影すると、「大御病」以下を天皇のことばの引用として読んでしまいがちであるが、この銘文は、造寺造像の経緯をそれに携わった立場で記録したものであるから、「我」以下は、天皇が二人に伝えた事柄の内容であって、話したことばの忠実な記録ではない。いわゆる尊敬語や謙譲語の機能は、対象となる人物に対して敬意を表明したり、対象となる人物に対して謙遜する態度を表明することではなく、ダレガ／ダレニの関係を限定することにある。この文脈では、表現主体が天皇であることを明示するために、「大御病」とか「欲坐」とかいう表現が、選択の余地なく使用されている。逆に言うなら、そのように表現しないと、表現主体が天皇以外の人物として理解された――あるいは、理解される可能性があった――、ということである。このテクストでは、他の尊敬語や謙譲語も、すべて、同じ原理に基づいて使用されている。

この銘文は最初期の漢字文であるが、記録された内容は正確に理解できる。したがって、書記として未発達でもなく、また、不完全でもない。

2 『古事記』のテクストも、漢字文で叙述されている。ただし、歌謡や訓注は、日本語の語句や表現をその

まま記録する必要があったために借字で表記されている。前項の銘文とは比較にならないほどの豊富な内容が、系統的に叙述されている点において、本格的な漢字文テクストの嚆矢である。

『古事記』の序文には、用字の基本方針について述べた、つぎの一節がある。「誦習」されていたとおりの日本語を文字に置き換えて、整然たる文章に整えるのは難しいという前置きのあとに、問題点が指摘され、対応策が述べられている。

上古之時、言意並朴、敷文構句、於字即難、已因訓述者、詞不逮心、全以音連者、事趣更長、是以今或一句之中、交用音訓、或一事之内、全以訓録、即辞理叵見、以注明、意況易解、更非注、(略)

「上古之時、言意並朴、敷文構句、於字即難」とは、誦習された古代語は曖昧模糊として意味が取りにくく、きちんとした文章に整えて記録するのは困難だという意味である。

「已因訓述者、詞不逮心」とは、表意方式の漢字文だけで叙述すると、日本語の微妙な含みが消えてしまう、ということである。字義どおりに理解するなら、この表現は表意方式の欠陥を指摘しているようにみえるが、「已」(すべてヲ)という限定の裏には、あらゆる部分に日本語の含みを生かす必要はないという判断がある。その判断の背後には、漢字文で記録すれば、記録された情報を正確かつ迅速に把握できるという共通理解がある。表音方式によるテクストと違って、漢字文のテクストなら、特定の漢字や、漢字連鎖を念頭に置いて、斜めに目を通しながら必要箇所を検索することも可能である。

「已因訓述者、詞不逮心」という指摘もまた、漢字文のもつ致命的欠陥を指摘したものではなく、記録すべき事柄によっては、簡明直截な漢字文の長所を生かすことのできない場合があるという趣旨である。

この文献のテクストでは、歌謡が「全以音連」という方式で——すなわち、表音方式で——、記録されている。それは、日本語の韻文の生命は日本語の〈心〉であり、散文に言い換えて内容だけ理解しても無意味だからである。訓注の場合も、日本語の語形がわからなければ記録として意味をなさないので、同じ方式によっている。

中国語古典文の構文類型と、助字「之」「於」の用法とを知っていれば、「天地初発之時於高天原成神名天御中主神」という冒頭の文字連鎖を、「天地初発之時、於高天原、成神名、天御中主神」と区切ることができる。漢文訓読の方法を適用してこの一節を日本語の文章に置き換えることは可能だったであろうが、平明な表現であるから、その手続きを踏むまでもなく内容が理解できたはずである。

「全以音連者、事趣更長」という表現も、表音方式なら日本語の繊細な含みを生かして記録できるという長所を認めたうえでの但し書きである。日本語で記録できるのはよいが、意味のまとまりに区切る手順がたいへんめんどうになるので、すべてを表音方式だけで記録することは実用にならないという意味である。

「天地初発之時於高天原成神名天御中主神」という漢字文と同じ内容を、「全以音連」の方式で表音的に記録したなら、これだけでもかなり長大な文字連鎖になる。個々の借字は意味を担っておらず、また、漢字文と違って、文字連鎖の途中に「之／於」のような構文指標もないから、全体の文字連鎖を個々の語句に分割し、内容を正確に把握することは著しく困難であり、手間がかかる。まして、『古事記』のテクストがすべてそういう方式で記録されたなら、正確な読み取りは気の遠くなるような作業になったであろう。書くことは容易であっても、読み解けなければ情報を蓄蔵した書記として価値がない。

表意方式にも表音方式にも、それぞれに長所の裏返しとして短所があり、どちらか一方の方式だけで『古事記』の全文を一貫して記載すると不都合が生じるから、長短をあい補って、一つの句節に音訓を交用したり、ある部分を表音方式だけで綴ったりという臨機応変の方針をとるというのが、右の一節の趣旨である。

「詞不逮心」とか「事趣更長」とかいう事態を招かないように、『古事記』のテクストでは、表意／表音の二つの方式が巧みに交用されている。しかし、二つの書記様式は、撰録者にとって対等ではなかった。テクストの大部分を占めるのは事柄の叙述であり、漢字文で綴られていることに注目すべきである。借字による表音方式は補助的手段になっている。撰録者は、歌謡や訓注など、日本語として正確に復元できる必要のある部分だけを、いわば、やむをえず、表音方式で記載している。そのつもりで読みなおすなら、序文でも、「已因訓述者」が「全以音連者」に先行している。

『古事記』のテクストが漢字文で叙述されていることは、日本語の文章への復元可能性よりも、記録された事柄が正確で迅速に読み取れるようにという配慮が優先していることを意味している。撰録者は、「事趣更長」という理由から日本語による復元を断念したわけではなく、歌謡と訓注とを除いて、テクストが日本語の特定の表現に復元される必要はないと考えていたからである（↓亀井③）。

漢字文の構文は中国語古典文を模しているから、内容を理解するための便宜的手段として訓読することを妨げないが、漢字文を訓読して上代の日本語を復元しようとする試みは、方法として誤りである。そもそも、上代の漢字文を平安時代の訓読テクストをモデルにして訓読することは時代錯誤であり、そういう手段によって上代語が復元できるはずはない。

3　表現のレヴェルにおいて、「天地初発之時」という漢字文の解釈は一つしかありえない。しかし、この部分を和語だけで訓読するとしたら、アメツチに助詞ノを添えるべきかどうかを、また、トキに助詞ニを添えるべきかどうかを、決定すべき根拠がないし、「初発」の「初」についてもハジメテ／ハジメニという二つの訓読が可能である。訓読文を確定しようとすると、こういうたぐいの、どうでもよい事柄の選択について無用の神経を費やすことになる。

「発」字の訓読については、問題がさらに複雑である。すなわち、この文字によって代表される本来の意味領域を日本語との対応において分断し、そのうちの一つを選択して訓読することになるが、それ以外の他の訓を積極的に排除すべき理由がない。しかも、選択された訓は、漢字によって表わされる本来の意味領域と無関係に、訓読されたその和語が日本語としてもつ意味領域に拡大して理解される危険性が高い。換言するなら、本来の意味が狭められたうえで、異質の言語的風土で拡大されることになる。そのうえ、この場合は動詞句であるから、どういう助動詞を添えるべきかまでが問題になる。

複数の語句について、それぞれ、複数の訓読が可能であるとしたら、それらをどのように組み合わせるかによって、当然、全体の文意の理解に微妙な差が生じる。逆にいうなら、文意の理解の微妙な差に応じて訓読の選択が違ってくる。その違いに神経を使ったりすることは無意味である。

翻訳に関して右のような問題が生じるのは不可避であるが、異なる言語に翻訳する場合なら、そういうマイナスを補うに足るプラスがあるから、副作用として容認せざるをえない。しかし、漢字文を訓読する目的が、記録されている内容を撰録者の意図どおりに理解することであるとしたら、置き換えによってもたらされるプラスがまったくない。「天地初発之時」という字面を追うだけで、撰録者の意図した記録の内容は十分に理解できるのに、日本語の表現を引き当てていじり回すのは時間の浪費である。

本居宣長は、『古事記』のテクストを正しく訓読すれば、和語だけで叙述されたテクストが復元できるはずだという憶定のもとに全文の訓読を試みた。そういう努力の所産として多くの貴重な知見が得られたことは否定しがたい事実であるが、研究の基底にある憶定までを無批判に継承することは、錬金術と化学との混同にひとしい。

「天地初発之時」のあとに続く「於高天原成神名」の「天」字に、「訓高下天云阿麻、下效之」という訓注がある。「高天原」の「天原」をアマハラと訓むようにという趣旨の注記である。

「天」字に対応する和語にはアメ／アマの両形がある。アメは独立した語形であり、アマは複合語の前部成素となる語形であるから、「高天原」の「天」をアマと訓めという注記は、「高天原」を〈高い場所にある天原《あまはら》と理解すべし〉という指示にほかならない。もし、「天」がアメであれば、「高天原」は〈高い天にある原〉という構成になる（→小松②）。

4　『古事記』の撰録作業とは、具体的に言うなら、稗田の阿礼が「誦習」していたところの、必ずしも理解の行き届かない音連鎖が担っている意味を、「帝皇日継」や「先代旧辞」などとの対比においてすみずみまで確定し、一貫した脈絡の書記テクストとしてまとめあげることであった。「上古之時、言意並朴、敷文構句、於字即難」という序文のことばは、誦習されていた音連鎖の意味を確定し、それぞれの語句に適切な漢字を当てて一貫した文章にすることが、いかに困難な作業であるかを述べたものである。「言意並朴」という表現が、誦習されていた音連鎖のなかに、そのままでは意味不明のものがあったことを示唆しているとしたら、『古事記』のテクストには、撰録者自身による語構成分析の結果が少なからず含まれていると考えるべきである。

『日本書紀』には「高天原」が出てこない。また、『古事記』の「豊雲野神」に対応する『日本書紀』の神名は、本文に「豊斟渟尊」とあり、さらに、「一書曰」として、「豊国主尊」「豊組野尊」など八種の異伝が列挙されているが、それらのなかに、「豊雲野尊」は含まれていない。この事実は、口承された伝承の不確実さ／頼りなさを如実に物語っている。その不確実さ／頼りなさこそ、書記による記録として『古事記』が撰録された理由にほかならない。

「高天原」という文字連鎖が「高／天原」という構成であることを理解させるには、「天」に「阿麻」という訓注を添えておく必要があった。逆にいうなら、そういう訓注を添えておけば、「高／天原」という分析が保証された。「辞理匚見、以注明」とは、こういう処置をさしている。語構成さえ正確に理解されれば、タカアマハラであろうとタカアマノハラ／タカアマガハラであろうと、はたまた、タカマガハラであろうと、撰録者としては、どれでもかまわなかった。

注記によって「高天原」の語構成が示されていることは、とりもなおさず、誦習されていた語形がタカアマハラではなかったことを示唆している。もとはアメを含む語形であったか、さもなければ、「高天原」という文字連鎖に結び付きにくい語形だったのであろう。

5　『日本書紀』に言及したついでに、『古事記』と『日本書紀』との違いに関して簡単に言い添えておこう。それぞれの書名に明示されているように、『古事記』は漢字文で叙述された国内向けの記録であるのに対して、『日本書紀』は中国語古典文で叙述された、漢字文化圏向けの記録であり、国威発揚を目的としているから、史書としての体裁も整っており、正統の中国語古典文で叙述されている。

右のように捉えた場合、疑問として残るのは歌謡の部分である。なぜなら、日本語を表音的に表記したのでは、日本語を知らない人たちに理解できるはずがないからである。漢字文化圏の人たちにとっては、どのような文字が並んでいようと可読性（readability）がゼロであることが最初からわかっていながら、撰録者たちは、どうして、このように難しい文字を借字として選択したのであろうか。

『古事記』と『日本書紀』とに共通する歌謡を比較すると、前者には平易な借字が連ねられているのに比して、後者にはやたらに画数の多い、見慣れない借字が目立ち、全体として、いかにも厳めしい印象を受ける。前者が伝統的な呉音系字音に基づき、後者は当代の漢音系字音に基づくことが証明されており（→大野）、それはそれとして意味をもちうるにしても、いつの時期のどの地方の字音体系に基づこうと、日本語話者以外にとって可読性をもたないことに変わりはない。日常的でない文字を連ねて、日本語の韻文であることを視覚的に判別できるようにしたと説明してみても、歌謡の直前には「歌之曰」という断わりがあるし、歌謡の末尾も判別できるように書かれているから説得力がない。『古事記』では平易な借字を使っているが、漢字文による叙述と借字による歌謡とは簡単に識別できる。

巨視的には、歌謡をとばして読んでも史書としての内容を理解するうえで、さしたる影響はない。

言語と同様、書記もまた、具体的情報の伝達だけを目的とするとは限らない。相手が知るはずのない外国語を豊富に交えた会話で煙に巻くのと同じように、中国の教養階級にとってさえ難解な文字を交えて日本語を綴ることによって、日本語の権威づけをしようとした用字であるとすれば、伝達しようと意図されたのは、日本が高い文化をもつ国であり、中国語と十分に比肩しうるりっぱな言語が使用されているという抽象的情報である。仏典の随所に交えられた陀羅尼は、意味不明のままに、結果として、神秘性を感じさせる効果をもっていた。

5　仮名文

1　文字論／文字史とよばれている領域の自律性を認めることに小論の筆者は消極的である。個々の表音文字は情報の伝達力をもたず、社会慣習に基づく一定の文字連鎖の構成要素として組み込まれることによって特定の意味を担うことができるし、また、その文字連鎖は、書記を構成する要素として運用されることによって十全の機能を発揮できるからである。表音文字に限らず、漢字のような表語文字もまた、書記のなかで運用されなければ情報の伝達機能はきわめて低い。

事柄を記録する書記と、記録する手段としての文字とはレヴェルを異にしているから、文字論や文字史を研究領域として設定するとしたら、書記研究や書記史研究の下位に位置づけるべきである。

2 仮名文は、仮名と漢字とを補完的に併用する書記様式として成立した。中国語からの借用語のうち、CV以外の構造をもつ音節を含む語については仮名で書く習慣がなく、仮名文テクストでもそれらは漢字で表記された。異なる二つの文字体系の併用であるから、テクストを構成する個々の文字が、表意的用法の漢字であるのか、表音的用法の仮名であるのかを視覚的特徴の相違によって容易に識別できることが不可欠の条件であった。そのためには、漢字と非漢字とがそれぞれの特徴をもって画然と区別できることが必要であった。

平安初期に、借字を草体化することによって仮名が形成されたと説明されている。借字は楷書体であり、仮名は極草体である。両者の書体は、いわば両極に位置づけられるから、楷書体から行書体を経て草書体へ、そして、極草体へという漸移的発達過程を想定するのは当然のようでもある。この小論を執筆している時点における最新刊の、『日本語の歴史』と題する概説書にも、「平安時代、漢字は、万葉仮名を草体に書きくずした草仮名をへて平仮名となる」と説明されている（↓山口他）。「漢字は〜となる」という表現を字義どおりには理解しがたいが、「漢字」とは、楷書体というつもりであろうか。ちなみに、同書の他の部分には、「平安時代に入り、漢字から草仮名をへて平仮名・片仮名ができる」とも述べられている。草仮名が平仮名／片仮名に分化したという説明であるが、そのとおりであれば、草仮名という用語の定義が改めて問題になる。仮名や片仮名の発達過程が投げやりに扱われているという印象を拭いきれない（↓第七章）。

いずれにせよ、草体化の過程にある行書体の表音文字で記されたテクストは伝存していない。後述するように、草仮名文献とよばれる書記テクストを中間段階に位置づける考えかたが有力であるが、根拠薄弱である。そういう文献がすべて散佚してしまった可能性も、可能性のレヴェルにおいて否定はできないが、散佚したのではなく、そういう過程を経ていないから伝存しないのではないかという、もう一つの可能性についても検討すべきである。

3　現行の平仮名は、基本的に、平安時代以来の基準的な仮名字体を継承しているが、字源を容易に推定できないほどくずされているものがほとんどを占めている。仮名の字源に関する本格的研究は伴信友『仮名本末』（一八五〇）に始まり、訓読テクストの研究が盛んになってから、いちだんと精細になっているが、仮名「つ」の字源は、いまだに特定されていない。古い中国字音が日本語のツ┃の音節に結び付きそうな漢字を選び出し、その草体が「つ」の字体になると説明しても、引き当てに無理があるからである。

伝存する書記テクストを博捜し、古代の漢字やその字音に関する知見を駆使しても、仮名「つ」の字源が確定できないことは、日本語書記史にとって重要な意味をもっている。「つ」の字体は、借字で綴られた正倉院『万葉仮名文書（乙種）』（七六三年）にも使用されているから、少なくともこの仮名に関するかぎり、日本において、楷書体から行書体を経て草書体に至る漸移的過程を経ていない。また、借字と交えてこの書体が使用されていることは、草体化の動因が労力の節減だけではなかったことをも示唆している。

「つ」の仮名の字源が解明できないことは、日本語を表音的に記録できる書記様式を形成するために、日本語の音節構造に即した表音文字の体系を形成しようとする動きが、早い時期に始まっていたことを示唆している。極草体の仮名の体系が形成されたのは、字源が透明のままでは、表意的用法の漢字と併用することができなかったからである。

以上の原理は、片仮名文における漢字と片仮名との関係にも当てはまる。「つ」の仮名についての右の説明は、必要な変更を加えて、片仮名「ツ」についての説明にもなる。

4　楷書体／行書体／草書体という名称は書体の典型についての命名であって、それぞれの間に境界はない。草仮名とは草書体の仮名という意味であろう。すなわち、極草体にまでくずされる以前の、漢字の草書体と同じ書体の仮名ということである。

草仮名文献として一括されていても、テクストによって書体は一定していないし、一つのテクストのなかでも仮名によってさまざまであるが、概して言えば、字源が透明である。むしろ、定義は逆であって、ほとんどが字源の透明な仮名で記されたテクストが草仮名文献ということであろう。

草仮名文献の典型の一つとして知られる『秋萩帖』のテクストの場合にも、おおむね字源の透明な文字が連ねられているから、所与の文字が表音的に使用された仮名であるか、表意的に使用された漢字であるかを、視覚的特徴を手掛かりにして弁別することはできない。しいて言うなら、ほとんどが後者としての特徴をそなえている。『秋萩帖』で、字源の透明な書体を表音的に使用することが許容されているのは、それが歌集であり、内容のすべてが和歌だからである。和歌の語彙は和語だけであり、漢字で書く習慣になっていた漢語は自然に排除されていたので、どのような書体で書かれていようと、すべてが表音的用法の仮名であった。『綾地切』『十五番歌合』なども同様である。歌集であっても、詞書には漢語が使用される可能性があるので、それぞれの文字が、表意的用法であるか表音的用法であるかを視覚的特徴で識別できなければならなかったが、この歌集の和歌には詞書がない。伝紀貫之筆『自家集切』の伝存する部分には短い詞書があるが、漢語は含まれていない。

十一世紀の書写と推定される巻子本『古今和歌集』の仮名序では、上代の和歌が草仮名で記されているし、それと前後する時期に書写された高野切『古今和歌集』（第一種）では、巻十九の旋頭歌が、やはり、草仮名である。それらは、いずれも、古歌の雰囲気を出すための擬古的書体として機能している（→第七章）。

借字から仮名へ移行する過渡的段階が草仮名であるとしたら、『秋萩帖』や『自家集切』のたぐいは平安時代の極初期に位置づけるべきことになるが、巻子本『古今和歌集』や高野切『古今和歌集』（第一種）などの草仮名を勘案するなら、それらは、美的変異を求めた仮名書道の作品であり、平安時代の極初期に定位すべき文献ではない。どのテクストも、表意的用法の漢字と取り違える恐れのないことを前提にしていることに注目したい。以上の結果を総合するなら、草仮名とよばれているものの背後に、極草体の仮名があったことは確実である。『大師御病中言上草書』や『讃岐国司解端書（有年申文）』などに使用されているのも草仮名とされているが（→築島／中田／米田）、それらもまた、過渡期の仮名書体とはみなしがたい特徴をそなえている（→第七章）

5　『古今和歌集』に代表される平安初期の和歌には、視覚的に理解されることを前提にした複線構造の和歌が少なくない。複線構造とは、一つの仮名連鎖に複数の表現を重ね合わせた構造である。そういう作品のなかには、仮名が清濁の音節を書き分けない音節文字であることを積極的に利用したものも少なくない。

かかりひの　かけとなるみの　わひしきは　なかれてしたに　もゆるなりけり　［古今・恋一・五三〇］

「なかれてしたにもゆるなりけり」という仮名連鎖に、「流れて下に燃ゆるなりけり」と「泣かれて下に燃ゆるなりけり」とが重ね合わせられている。こういう重ね合わせを可能にしたのは、上代の借字のように「加／賀」を書き分ける方式と違って、新たに形成された表音文字の体系では、仮名「か」が、カ／ガのいずれをも表わしたからである。逆にとらえるなら、平安時代の和歌は、音声的かつ線条的に実現される言語としてではなく、清音と濁音とを区別しない仮名の連鎖として作られ、そして、読まれたものである。

新たに形成された文字体系に新たな表現の可能性を見いだしたのが平安時代の和歌であるとしたら、歌風の変遷としてだけ説明している文学史は根底から修正されなければならない。

仮名は和歌や和文など、美的表現を記録するために発達した文字体系であるから、文字そのものも美的印象を与えるように形成された。

当該文献の目的に応じて、それに適合した文体と、また、その文体と表裏をなす用語や語形の適切な選択と、そして、その情報を記録するのに適合した書記様式とがある。そのような観点からの解析や解釈こそ、書記研究にとっての中心課題である（↓小松③④）。

6 『土左日記』の日付は改行して漢字で書かれている。漢字文の日記の形式を踏襲したものである。どの伝本のテクストでも、日付が、目立って太く記されているのは、貫之自筆本を継承したものであろう。日記を記す目的は、後日の参照にそなえて事柄を記録しておくことであり、必要箇所を迅速に検索するには、こういう形式が効果的である。

この作品が、漢字文の日記を模して書かれたことは、日付の記載方式にも象徴的に顕現している。女性に仮託した作品ではあるが、その意味で『紫式部日記』『蜻蛉日記』『更級日記』などとは異質であり、語彙や語法にもそういう質的相違が端的に反映している。この作品が日記として書かれたことの意義を解明したうえで、内容や表現などについて検討するのが、書記史研究としてとるべき手順である。

『土左日記』の日付が漢字で記されている理由を明らかにするために、日付に使用されている「日」「月」の二字を、「願」「講師」「京」その他、漢字で書かれている他の諸語と一括し、それらに共通する漢字音の特徴を帰納して、拗音や入声韻尾を含むために仮名では書けなかったと説明したりするのは、書記の本質についての洞察が欠如しているからである（↓第二章）。

冒頭部分に、「しはすの、はつかあまりひとひのひ」と記されていることを理由に、この日記のすべての日付を、それにならって訓読している注釈書についても、右と同じ批判が当てはまる。

6　可読性の確保

1　言語は情報を記録する媒体であるから、結果的にその諸様相が書記に反映される。言語研究の立場からみるなら、書記には言語が副次的にしか反映されていないから、書記は言語の歪められた鏡像である。ただし、歪められていても言語の鏡像であることは否定しがたい事実である。

歪んだ形で書記に反映された鏡像を適切な方法で補正し、テクストの背後にある言語を可能な限界まで復元するには、まず、当該文献の作成された目的を把握することが先決である。鏡像が歪められているのは、その情報を記録する目的に適合するように歪めて利用されているからである。

書記にとって最優先の条件は、可読性を確保することである。単純な反比例ではないにしても、可読性を優先させた書記様式ほど言語の復元可能性は低減する傾向がある。

2　『古事記』が漢字文で叙述されているのは、視認性の高い漢字で綴られた漢字文が事柄を効率的に記録するのに適しており、また、可読性が高いからである。したがって、『古事記』が編纂された一次的目的は事柄を記録しておくことにあったとみなすべきである。歌謡が表音的方式で記録されているのは当然であるが、日本語への復元可能性を優先させた代償として、歌謡の可読性はきわめて低い。序文に「事趣更長」とあるのはそのことをさしている。例外は少なくないが、歌謡はいちおう音数律に従っており、字体の意図的な使い分けとともに、それが読み取りの手掛かりになっている（↓犬飼）。ただし、一例ながら、同定を助けるために『古事記』の歌謡に声注が加えられていることや（↓小松②）、平安時代になって、『日本書紀』の歌謡に声点が綿密に加えられていることは、借字による日本語の表記を読み解くことがいかに厄介な作業であったかを物語っている。前者の声注は撰録者による工夫であり、後者の声点は加点者による解釈の限定である。

3

言語芸術作品を記録する書記様式として発達した仮名文は、言語の復元可能性の高さにおいて漢字文の対極にあるが、書記としての基本的特性は共通しているから、歪められた鏡像であることに変わりはない。

中世以降に書写された仮名文テクストでは、尊敬の接頭辞オホム／オホン／オン／ミ、ゴ／ギョなどの大部分に「御」字が当てられており、声に出して読もうとすると選択に迷う場合が少なくない。「御」字は漢字文にも頻繁に使用されているが、漢字文には言語の復元可能性が要求されていないので、仮名文の場合とは問題のありかたが異なっている。

承暦本『金光明最勝王経音義』（一〇七九年）の、奥書のあとに添えられた一紙に、「御字訓、於保牟と云、美と云、随本所定也」と記されている。「随本所定也」とは、ミと訓むかオホムと訓むかは、権威あるテクストに基づくことになっているという意味である。この注意書きは、当時、テクストの個々の「御」字をどう訓むべきか、常識で判断できない状態にあったことを示唆している。「随本所定也」とあるのは、裏返せば、儀式など、改まった場で声に出して読む場合でもなければ、どちらでもよかったことを同時に意味している。そういう厳粛な場面では、もっぱら、オホム／ミが使用されたために、オン／オの可能性に言及されていないのであろう。

尊敬の接頭辞に当てた「御」字の用法は、上代の金石文以来、漢字文で発達したものであるから、「随本所定也」の「本」とは、仏典の訓読テクストではなく、仏教の儀式などに用いる漢字文テクストであろう。仮名文テクストの「御」字は、漢字文テクストの用法を導入したものであるから、事情は大同小異だったはずである。

仮名文テクストで、尊敬の接頭辞に「御」字を当てることには二つの効用があった。その一つは、「御」字に後接するのが、事実上、すべて名詞であるから、仮名の連続するなかにあって句節の切れ目を識別する指標になり、可読性を高める効果があったことである。ちょうど、ドイツ語の文章で大文字が名詞の指標になるようなものである。そして、もう一つの効用は、「御」字によって、当該の事物／事象／行為などが、どの人物に属しているかを把握しやすくすることである。毛筆の特性を生かした分かち書きが発達し、また、頻用される語の綴りが社会慣習として定着しても、仮名文の可読性を高めることには限界があったので、漢字文で使用されていた「御」字を導入して欠を補ったものであろう。語形の相違にかかわらず「御」字を当てることにしたのは、主題との関係で、仮名文テクストに尊敬の接頭辞が頻出することから自然に生まれた工夫であろう。

仮名文テクストに「御」字が多用されているのは、可読性が優先されたためである。オンであろうとオーであろうと、伝達される情報は実質的に等価であったし、作品の成立した時期の人たちなら、口頭言語を投影して読むことが可能であった。定家自筆の仮名文テクストなどでは、神仏や天皇に関わる語など、ミでなければならない場合には仮名表記にするという配慮が認められる。

右のように考えるなら、仮名文テクストの「御」字の語形をいちいち正確に復元しようとする努力は意味がない。経済の法則はここにも当てはまる。

7　鏡像補正の方法

1　春の七草の一つ、ホトケノザとは、現今のコオニタビラコ（タビラコ）であるという。〈名もなき草〉という程度ですませている日本語話者が片仮名表記のこの和名を見れば、反射的に〈小鬼／タビラコ〉と分析し、そういう語構成意識を反映させたアクセントで読むであろう。その場合の〈小鬼〉とは、〈大鬼〉に対する〈小鬼〉である。

語構成が｛コ＋オニタビラコ｝であることを、漢字を当てず、ハイフンなども使用せずに明示するには、たとえば、コオニタビラコ、という方式で、コの音節を高く発音すべきことを――いっそう正確には、コの直後にアクセントの滝を置いて発音すべきことを――示せばよい。そのとおりに発音すると言うより、発音してみると言ったほうが適切である。あとの部分の抑揚も表示すれば、コオニタビラコとなる。コオニタビラコ／コオニタビラコという抑揚表示は、語構成を明示する手段であって、口頭言語のアクセント表示ではない。

コオニタビラコの一次的語構成は〈小オニタビラコ〉であり、オニタビラコの語構成は〈オニ（鬼）＋タビラコ〉である。その語構成を右と同じ方式で表示すればオニタビラコとなる。したがって、コオニタビラコの語構成を二次的レヴェルまで表示すればコオニタビラコとなる。平安末期の方式で声点を加えれば「上平上平上平平」である。

時期と方処とを問わず、日本語のアクセントには中低型が安定しては存在しない。アクセント変化の過渡期に中低型をとる場合があっても、やがて、一語としての安定した型に移行する。それは、日本語の場合、単一の意味単位に複数の高い部分を含まないことによって、意味の切れ目が示されるからである。したがって、コオニタビラコというアクセント表示は――というよりも、抑揚表示は――、この植物名が三つの意味単位から成ることを示すことになる。

コオニタビラコは現代語であるから、コオニタビラコという不自然な抑揚表示が、口頭言語のアクセントではなく、語構成を表示したものであることがすぐにわかる。しかし、過去の書記テクストにこのような方式による抑揚表示が統一的に加えられていれば、現実の口頭言語と照応する手段がないので、〈複合語のアクセントは、各構成要素の単純な和として実現されていた〉という帰結が導かれかねないし、また、日本語に中低型のアクセント型が存在しないという法則的事実を前提にするなら、〈日本語には、まだ、複合語が存在しなかった〉とみなされることになる。仮に、複合名詞だけにそういう処理がなされていれば、〈当時の日本語には、まだ、複合名詞が形成されていなかった〉という帰結が導かれる。いずれにせよ、過去の文献資料の抑揚表示から、現代日本語と比較した場合の特徴的相違が幻影として浮かび上がってくる。

コオニタビラコという抑揚表示についても、また、「訓高下天云阿麻」という訓注についても、説明原理は同じであるから、鏡像補正の方法もまた基本的に共通している。それは、当時、「天」字にはアメ／アマの二つの訓があったので、この場合は後者に訓むべきことを指示しているとか、現代語の植物名コオニタビラコのアクセントが表示されているとかいう単純な理解をせずに、それぞれの注記が、どういう事実を示すために加えられたかを究明することである。抑揚表示について言うなら、それによって導かれるアクセントが、効率的に運用できる自然な語形であったかどうかを判断する言語感覚を麻痺させてはならない。あえて繰り返すなら、この事実もまた、当該文献の作成された目的を十分に見極めることの大切さを教えている。

2　日本語アクセント史の解明に確実な基盤を築いたのは、金田一春彦による一連の研究である。他の研究者たちによる、そのあとを承けた諸研究の成果を加えて、現在では、過去の日本語のアクセントの諸様相も、体系的変化の筋道も詳細に明らかになっている。そういう状況において、改めて必要とされるのは、これまでに導かれた諸成果が、はたして、過去の日本語アクセントの実態であるのか、それとも、書記に反映された言語の歪んだ鏡像であるのかを見極めることである。右に現代語コオニタビラコの例を持ち出したのは、そういう検証のための予備的検討である。

次項以下に検討の対象とするのは、古代日本語における複合動詞および接辞に関わる事柄である。

3　中世のある時期まで、日本語に複合動詞は存在しなかったというのが、おおむね、この領域の研究における共通理解になっている。その根拠は、以下に引用する金田一春彦①の指摘にある。以下、一部の表記を小論の筆者の責任において改め、また、言及の便のため、適宜に区分して引用する。

①現在、我々が《複合動詞》と呼んでいる一群の動詞がある。「率いる」「攻め取る」などはこれであって、これらは今でこそ全く一つの動詞と見るべきものであるが、語源的に見れば二つの動詞の集合であって、いずれ、古い時代には、二語の連続として用いられ、また、使う人も二語の連続として意識していたろうことは確実である。然らば、いつごろまで二語の連続だったのであろうということをアクセントの上から考えてみたいと思う。（略）

②これらの語（現代語のヒキイル／セメトルに相当する語 小松補）が「名義抄」でどうなっているかというと、「率いる」は上平上平型であり、「攻め取る」は平上平上型に表記されている。（略）「率いる」のアクセントは「引き」のアクセントと、「ゐる」のアクセントをそのまま接続させたものであり、「攻め取る」のアクセントは、「攻め」のアクセントと、「取る」のアクセントをそのまま接続させたものである。（略）「率いる」の当時のアクセントはヒキヰルとなり、「攻め取る」はセメトルとなる。つまり、両方とも二か所に高い部分がある。これは、「率いる」「攻め取る」ともに、当時まだ二語として意識されていたことを物語るものと考えられる。（略）

③古い時代には「咲きや初むらん」とか、「降りぞまされる」とかいうように、時に、中間に助詞の類を入れて用いられる。これも二つの動詞の結合がゆるかったことを表わすにちがいない。

④これらを総合すると、いわゆる複合動詞というものは、古代には明らかに二語の連続であったと考えられ、古代語の文典を編む場合には、二語として取扱うべきものと考えられる。

④通用の国文法で複合動詞と言われている「飛び上がる」「追ひやる」の類は、当時は完全な二つの動詞の連

続で、全体のアクセントは一つ一つの動詞のアクセントを並べたものに過ぎない。ここにいう「名義抄」とは、改編本系の観智院本『類聚名義抄』である。右の論考が公表された当時、原撰本系の図書寮本はまだ一般に知られていなかった。ただし、当面の課題にとっては、どちらのテクストも、事実上、等価である。③は①の傍証として言及されたものであろうが、仮名文テクストに使用された複合動詞のアクセントは、ほとんど証拠を求めがたい。なお、『四座講式』の墨譜に基づいて、鎌倉時代にも平安時代と同じ状態であったことが指摘されている（↓金田一②）。

4 上引の論考では、高い部分が二箇所にあれば複合語ではないという原理が、動かしがたい前提になっている。すなわち、それぞれの動詞が独立のアクセントをもっていたから、複合動詞ではなく、二つの動詞の連接であったというのが、右の主張の論拠になっている。

辞典を編纂したりする場合なら、複合動詞であるか、二つの動詞の単純な連接であるかによって扱いを違えなければならないから、個々の結合について、どちらとみなすべきか判断を迫られるかもしれないが、そうでもなければ、画然と区別する必要を感じることはないし、区別してみてもメリットがないから、実践的意義はきわめて希薄である。辞典の編纂者も、すべての見出し語に品詞表示をすることを鉄則としなければ、無用の判断を迫られたり、責任のもてない帰結を利用者に押しつけたりしないですむし、現実の運用に即した扱いができるであろう。

仮名文テクストで、連続した二つの動詞の間に係助詞が挿入されている場合があることは、③に指摘されているとおりであるが、それは、仮名文における係助詞の行動の一つとして説明すべきであって、「二つの動詞の結合がゆるかった」と一般化すべきではない。複合名詞と違って、結合が緩かろうときつかろうと、動詞には形態の特徴があるので、二つの動詞の切れ目は判然としており、表現の類型に従って中間に助詞を挿入することは容易であった。

二つの動詞の単純な連接なら、中間に助詞テを挿入しても、事実上、意味が変わらないはずであるが、「咲きそむ」「降りまされり」という結合の場合、それぞれに助詞テを挿入すると、「咲きてそむ」「降りてまされり」となり、もとの結合の表わす意味は破壊される。したがって、「咲きそむ」「降りまさる」は、二つの動詞の単純な連接ではない。そもそも、「咲きそむ」「降りまさる」のソム／マサルは動詞でなく補助動詞とみなすべきであるから、単純な連接と複合語との判別について論じる場合、引き合いに出すべき適切な事例ではない。後部成素が補助動詞であれば、当然ながら、前部成素の動詞との間に助詞テが挿入されることはありえない。それと同様の理由から、「うち言ふ」「かい撫づ」など、動詞起源の接頭辞が前部成素となっている語形も、この議論の対象から除外される。

5 ヒキヰルの構成は「引き／率る」である。「引く」も「率る」も単独で使用される動詞であるが、ヒキ／ヰルの間に助詞テを挿入すると、「引き(て)率る」、すなわち、〈引っぱって連れて行く〉となり、もとの結合の表わす意味が破壊される。したがって、その判定基準に基づけばヒキヰルは複合動詞であったとみなすべきことになる。この判定基準は、ほかの結合についても広く適用できそうである。

〈引っぱって連れて行く〉という意味に使用するなら「引きて率る」という結合になったであろうが、小論の筆者は、そういう用例があることを知らない。あえて言うなら、伝存する書記テクストを博捜しても見いだせそうもない。なぜなら、ヒキヰルという複合動詞が頻用されている状態において、そういう用法は生まれにくいからである。

上引の論考は、現代語の複合動詞「率いる」「攻め取る」などが、「古い時代には、二語の連続として用いられ、また、使う人も二語の連続として意識していたろうことは確実である」という前提で立論されている。しかし、二つの動詞の間に助詞テを挿入すると同じ意味には使用できないことを根拠にして「ひきゐる」は複合動詞であったとみなすなら帰結は逆になる。

古い時期の日本語に複合動詞は存在しなかったという先行論文の帰結に疑問をいだいて、右のように考えてみたが、改めて問いなおす必要があるのは、このような操作によって複合動詞であったこと、あるいは、なかったことが証明されたとしても、はたして、どれほどの意義があるかということである。十円硬貨のオモテのように見える側がウラであるという主張に疑問をいだき、その誤りを確実に証明できたとしても、貨幣として使用する場合、大切なのは貨幣の色や大きさであって、表裏などどうでもよい。先行研究に触発された考察に取りかかるまえに、肯定的であれ否定的であれ、導かれるはずの帰結がもちうる意義を査定すべきである。

一般に、導かれた帰結が互いに矛盾している場合には、どちらか一方が正しく、他方が誤りであるか、さもなければ、双方ともに正しくないことになるが、この場合には、現実に運用される言語として、どういうありかたが自然であるかが、正誤を判定する基準になる。

6　現代日本語の話者にとって動詞ヒキイルは不可分の一語である、すなわち、「引き／率る」でなしに「率《ひきゐ》る」である。したがって、もし、平安時代に二つの動詞の単純な連接であったとしたら、いつごろまで二語の連接だったのかが――すなわち、いつごろ複合動詞になったのかが――、改めて問題になる。もとより、その事情は個別的に解明されなければならない。

平安時代の日本語に、まだ、複合動詞が形成されていなかったという考えかたは、つぎの過程を理念的に前提している。すなわち、〈〜して、〜する〉という表現類型において特定の二つの動詞が連接し、その順序の連接で頻用されているうちに自然に融合して複合動詞が形成されるということである。その前提が正しいなら、現代語に至るまでのある時期に、連接する二つの動詞の意味が融合したことになる。

右のような過程を経て形成された複合動詞もありうるであろうが、すくなくとも、それだけが複合動詞の形成過程ではない。

ヒキヰルの場合について考えよう。

三巻本『色葉字類抄』では、「ヰル」の項に「将／誘／師／率／曳」の五字が示され、また、「ヒキヰル」の項に「率／師／羨／遵／洽」の五字が示されている。両項に共通しているのは「率／師」の二字である。なお、「師／帥」の字体には明確な区別がない。

右の事実に基づくなら、ヰル／ヒキヰルは、ほとんど同義に近い類義語であったと推定される。観智院本『類聚名義抄』では、これら二つの動詞について、漢字と和訓との対応関係が『色葉字類抄』の場合と一致していない。その事実は、ヰル／ヒキヰルの関係が微妙であったことを示唆している。

ヒキヰルの分布は訓読文体の書記テクストに偏在しているが、少数ながら、つぎのように、和文にも使用されている。三例ともに、〈引率して〉ではなく、〈つれだって／いっしょに〉という意味である。

むかし、をとこ、津の国にしる所ありけるに、兄、おとと、友だち、ひきゐて難波のかたにいきけり　［伊勢物語・六六段］

左大将式部の大輔、また、人びとひきゐて、さるべきかぎり参りたれば、［源氏・鈴虫］

若き下衆《げす》どもの汚げならぬ、そのわたりの家の女などひきゐて来て、五六人してこかせ　［枕草子・五月の御精進のほど］

動詞「居る／率る」は、同じ活用型に属し、終止形のアクセントも［上平］型であった。そのうえ、これら二つの動詞は紛らわしい文脈で使用されることが多かったから、同音衝突を解消する必要があった。具体的には、どちらか一方の動詞の母音を転換するとか、活用型を変えるとか、アクセント型を変えるとか、いくつかの選択肢がありえたが、その一つとして、使用頻度のより高い「居る」がそのままの語形を保持し、使用頻度のより低い「率る」のほうが語形を変えた可能性が考えられる。すなわち、「率る」に、それと意味の近い動詞「引く」を前接させて「引き率る」（ヒクという手段でヰル）を形成したということである。ヒクはミチビクのヒクと同じである。このような事情でヒキヰルが形成されたとすれば、「引きて率る」という結合が見いだせないのは当然である。たとえば、右に引用した『伊勢物語』の用例が、「兄、おとと、友だち、ゐて」とか、「左大将、式部の大輔、また、人びとゐて」とあったなら、「居て」という理解が十分に可能である。

7　上引の論文には、観智院本『類聚名義抄』から「セメトル」の例があげられている。「促」字の和訓であろう。高山寺本『類聚名義抄』には、ほかに、「酒」字にも同じ和訓がある。また、三巻本『色葉字類抄』には、セメトルの項目にそれら両字が示されている。ただし、声点はない。

右の二字は、「攻め取る」ではなく、本来、動物などを追い詰めて捕らえるという意味であり、『類聚名義抄』では、どちらの項目でも「セム」「セマル」が「セメトル」に先行している。動物を追い詰めるのは捕らえるためであるから、セムだけでも、追いつめて捕らえる意味になる、また、動物は追いつめなければ捕らえられないから、トルだけでも、同じ行動をさすことになる。要するに、動物が対象なら、セムでもトルでも〈捕捉する〉という意味になる。現代語で、〈トンボをとる／魚をとる〉と言うのと同じように、平安時代の口頭言語でも、ふつうにはそう言ったと想像されるが、漢文訓読や字書の和訓となると、トルが多義であるために同定が困難になるから、〈捕捉する〉という意味に限定しなければならない。そのために、事実上、同義であったセムと結び付けてセメトルとした蓋然性が高い。もとより、そういう結合も現実に使用されていたであろう。トルでなしにセムでもよかったが、セムもまた多義であったから、同じ処理が必要であった。表現を変えるなら、いろいろの取りかたやせめかたがあるなかで、〈セメルという手段でトル〉のがセメトルであった。

ヒキヰル／セメトルが右のような筋道で形成されたとすれば、それらは、いずれも、多義の動詞の意味を狭く限定して使用するために、類義語を重ねて形成された語形であり、その意味として使用されるかぎり二つの動詞は不可分であるから、複合動詞としての条件を満たしている。

8 改編本系『類聚名義抄』では、「ヒキヰル」「セメトル」という和訓に、それぞれ、[上平上平][平上平上]と声点が加えられている。前引の論考では、「両方とも二か所に高い部分がある」ことをもって、それらが、「当時まだ二語として意識されていたことを物語る」という帰結が導かれている。

声点が口頭言語のアクセントを表示したものだとすれば、右の主張を否定すべき理由はないが、前述したコオニタビラコの例をここで想起したい。

『類聚名義抄』の和訓の仮名に加えられた声点は、当時における京都方言のアクセントに基づいている。しかし、解明する必要があるのは、京都方言のアクセントを注記することによって、撰者がどういう事実を示そうとしたのかである。

和訓の仮名に声点を加えた一次的目的は、当該の漢字をそのように訓じることについて「師説」や「証拠」があることを明示するためであったが（↓小松①）、結果からみると、仮名表記が同じで、抑揚の異なる和訓を声点で区別したり、語構成を明らかにしたりすることによって、同定を確実にしている場合が少なくない。動詞の連続した和訓には後者の方法がとられている。したがって、二つの動詞の単純な和として声点が加えられていることは、語構成の表示が目的であって、そのように発音されていたことを必ずしも意味しない。

『類聚名義抄』では、標出項目が複数の漢字であっても、和訓は原則として単字を対象としているから、動詞の連続した和訓はきわめて少ない。そういうなかにあって、単字に動詞の連続した和訓が添えられている場合には、そのままで不可分の語形であったとみなして大過はない。三巻本『色葉字類抄』に動詞の連続した語形の項目があることは、そういう語形で検索されることを編纂者が予想していたことを意味している。

仮名文の物語や日記などには動詞連続の事例が無数に近いほどあるが、前部成素／後部成素の関係は多種多様である。典型的な複合動詞もあるし偶発的連接もあるが、それ以上に多いのは、どちらとも決めがたい事例である。同一の連続でも、文脈によって融合の度合いは流動的である。

平安時代の日本語に複合動詞が存在しなかったという帰結が事実だとすれば、それは、当時の日本語を運用するうえで、連接した二つの動詞の意味をそのまま生かして使用するほうが好都合であったとか、複合動詞を形成すると運用に支障を生じたとか、そういう体系上の理由があったからだと考えるべきである。また、あとの時期になって、連接した二つの動詞の意味が熟合したとすれば、複合を可能にする条件が形成されたとか、それまで複合を妨げていた条件が消失したとかという理由がなければならない。そういう理由が指摘できないとしたら、平安時代の日本語に複合動詞が存在しなかったという帰結のほうを疑うべきである。

右のような検討の手順を踏むことが、とりもなおさず、歪んだ鏡像の補正にほかならない。

9　『類聚名義抄』諸本や承暦本『金光明最勝王経音義』などをはじめとする字書／音義では、接頭辞オホ（大）に［平平］、コ（小）に［上］という声点が、後接する名詞の抑揚と関係なく、統一的に加えられている。

接尾辞についても同様である。その事実をもとにして、平安時代の日本語では、個々の接辞がそれぞれ固有のアクセントをもっていたとされている（↓金田一①）。この解釈もまた、声点によって、当時の規範的アクセントが表示されているという前提に支えられている。しかし、ここで再びコオニタビラコを想起したい。すなわち、声点が語のレヴェルではなく形態素のレヴェルで加えられており、それによって語構成が示されているとしたら、それらが独立のアクセントをもっていたと認定すべき根拠は失われる。

図書寮本『類聚名義抄』では、形容詞アヲシに［上上平］と声点があるが、語幹アヲをもつ複合語の和訓には、①「阿乎度（青砥の意、漢字省略）」のように、アヲの部分に［上上］と声点があるものと、②「アヲブチ（碧潭）」のように［平平］と声点があるものと、③一例だけ、どちらでもないものとがある。改編本系統には、前部成素アヲの複合語に声点の加えられている和訓がたくさん収録されているが、やはり、①②に分かれている。

複合語の第一音節の抑揚は、もとの語のそれに一致するという法則的事実が指摘され、いわゆる語源を解明するカギになるとされているが（↓金田一①）、右の二つの群のアヲが別起源であるとはみなしにくいし、運用上の理由から二つに分化したという説明も成り立ちそうにない。適切な説明は思い浮かばないが、こういう事例を例外としないですむような包括的説明原理を見いだす努力が必要である。

［平平］［上上］以外の声点が加えられているのは、「滄溟」の和訓「阿乎宇奈波良」である。一次的に加えられたとみられる声点は［平上平平平上］となっているが、「奈」には、筆を入れた角度の違いから判断して、もう一つの抑揚として添えられたらしい［上］の声点がある。そのほうをとれば［平上平上平上］である。いずれにせよ、一語としてのアクセントを表示したものではなく、複数の形態素に分析されている。ただし、アヲの部分は①型でもなく②型でもないことが不審である。『和名類聚抄』から引用された由緒ある和訓であり、正統の和訓であることを保証する声点が加えられているにもかかわらず、観智院本では、この項目が図書寮本に対応す

る位置よりずっとあとに移されているだけでなく、和訓だけを示して声点を加えていないのも異例である。右のように、疑問の多い和訓であるが、一つだけ明らかなのは、複合語に加えられた声点が口頭言語のアクセントを示しているとは言えないことである。

10　平安時代の日本語に、複合動詞が存在したか否か、また、接辞が固有のアクセントをもっていたか否かについての検討から得られた教訓は、つぎの二つである。

①書記テクストの記載は、記載された目的を究明したうえで解釈しなければならない。

②書記テクストに反映された言語の鏡像は、現実に運用される言語として、不自然さを含まないかどうかという観点から補正されなければならない。

8　結語

書記に反映された言語の鏡像を、書記の理論と、言語運用の基本的なありかたとの両面から補正して得られる過去の言語の諸様相は、伝達の媒体として無理なく運用できるものでなければならない。過去の日本語の諸様相が現代日本語と異なるのは当然であるにしても、それはそれとして合理的に説明できなければならない。換言するなら、情報伝達の媒体として機能する言語の基本原理に反する帰結が導かれた場合には再考が必要である。

国語史の概説書に妖怪が跳梁跋扈しているのは、歪んだ鏡像を言語の実像であると誤認しているからである。声点もまたその一つであった。書記に基づく言語史研究には、枯れ尾花を幽霊と誤認する危険が、あらゆるところに潜んでいる。現代に幽霊が存在しないと信じるなら、古代にも存在したはずはないと考えて、幻影の実態を究明すべきである。そのためには、書記／書記史についての理論と方法とを確立することが不可欠である。

［引用文献］

亀井　孝①「〈オ段の開合〉の混乱をめぐる一報告」（『亀井孝論文集3』吉川弘文館・一九八四年／原論文・一九六二年）
亀井　孝②「〈オ段の開合〉の混乱をめぐる一報告補訂」（『亀井孝論文集3』吉川弘文館・一九八四年／原論文・一九六三年）
亀井　孝③「古事記はよめるか──散文の部分における字訓およびいはゆる訓読の問題──」（『古事記大成』言語文字篇・一九五七年・平凡社／『亀井孝論文集』4・一九八五年・吉川弘文館）
有坂秀世「新撰字鏡におけるコの仮名の用法」（『国語音韻史の研究（増訂新版）』三省堂・一九五七年／原論文・一九三七年）
犬飼　隆『上代文字言語の研究』（一九九二年・笠間書院）
大野　晋『上代仮名遣の研究日本書紀の仮名を中心として』（岩波書店・一九五三年）
金田一春彦①「国語アクセント史の研究が何に役立つか」（『金田一京助博士古希記念言語・民俗論叢』（三省堂・一九五三年）
金田一春彦②『四座講式の研究』（三省堂・一九六四年）
小林芳規①「平安時代の平仮名文に用いられた表記様式」（Ⅰ／Ⅱ）（『国語学』第44／45集・一九六一年三月／六月）
小林芳規②「古事記の用字法と訓読の方法──訓注よりの考察──」（『文学』一九七一年十一月）
小林芳規③「古事記音訓表（上）」（『文学』一九七九年八月）
小松英雄①『日本声調史論考』（風間書房・一九七一年）
小松英雄②『国語史学基礎論』（笠間書院・一九七三年／増訂版・一九八六年）
小松英雄③『やまとうた』（一九九四年・講談社）
小松英雄④『仮名文の構文原理』（一九九七年・笠間書院）
築島　裕『仮名』（『日本語の世界』5・中央公論社・一九八一年）
西田直敏『「自敬表現」の歴史的研究』（和泉書院・一九九五年）
中田祝夫「有年申文」（『国語史資料集』国語学会編・武蔵野書院・一九七六年）
山口明穂／鈴木英夫／坂梨隆三／月本雅幸『日本語の歴史』（東京大学出版会・一九九七年）
米田雄介「平安時代の文化」（『古文書の語る文化史』2・筑摩書房・一九九一年）
Gaur, A.: A History of Writing. Scribner' Sons. 1984.

第一章　仮名文の発達

三つの書記様式の一つとして

0　導言

いわゆる漢字仮名交じり文が、事実上、現代日本語の唯一の書記様式である。本書を含めて、日本語による出版物は、ほとんど全部が漢字仮名交じり文で記されている。

日本語は、平仮名専用でも、片仮名専用でも、あるいはアルファベット専用でも書くことが可能である。現に、煩雑な漢字仮名交じり文をやめて、日本語の標準的書記様式を表音方式に切り替えようと熱心に主張する人たちもいる。ただし、一言語の書記様式は択一が原則であって、目的に応じて、いくつかの書記様式を遣い分けようという考えかたは、どの言語についてもないようにみえる。そういう意味において、漢字文／片仮名文／仮名文という三つの書記様式を発達させ、それぞれの特長を生かして使い分けていた平安時代以降における状態は、きわめて珍しいものであった。

珍しいと言えば、表意的用法の漢字と表音的用法の平仮名／片仮名とを補完的に交用する漢字仮名交じり文そのものが、たいへん珍しい書記様式である。このように珍しい書記様式が、どういう過程を経て成立し、定着したかを明らかにするためにも、右の三つの書記様式がどのようにして発達し、どのように使用されていたかを解明する必要がある。

1 片仮名の形成

0 上代の借字を母胎として、仮名／片仮名という二つの表音文字の体系が形成された。それぞれの文字体系が、どのような場で、どのような過程を経て発達したかに関しては、多くの研究によって詳細な跡づけがなされている。個々の文字やそれぞれの文字体系の発達史は、輪郭以上のものが明らかになっている。

国語史研究では、仮名や片仮名に関わる研究が文字史とか表記史とかよばれ、もっぱら、個々の文字の字源の解明や字体の変化など、外的側面に中心的関心が置かれてきた。そのために、語に組み込まれ、書記に組み込まれて運用される文字、という観点が欠如していた（↓総説）。生地《きじ》についての研究は、それが衣服として仕立てられることを念頭においてなされないかぎり、有意義な結果をもたらさない。

片仮名について言えば、仏典や漢籍のテクストの漢字に対応する和訓などを表音的に表記して行間に書き入れるために、字画の少ない借字が選択され、それらの借字の字画をさらに省略して形成されたと概略的には説明されている。字源となった漢字と、それをもとに形成された片仮名とを比較すると、確かに、そのようにみえるものが多い。しかし、個別的に検討するなら、たとえば、「ミ」や「チ」などは字画が削られていない。ただし、前者は斜めに傾斜し、後者は末画が左側に曲がっている。また、画数の少ない「左」や「佐」を字源とする片仮名は使用されなくなり、字画の多い「散」の最初の三画をとった「サ」が最終的に定着している。このような事実を例外として無視したり軽視したりせずに、それらを包摂して統一的に説明できる原理を見いだす努力が必要である。

1　漢字を表音文字に転用する場合、美的表現に関わらない実用的書記では、行間に書き入れるという制約がなくても、同定に混乱を生じないかぎり、なるべく字画の少ない文字が選ばれるのは当然である。このことは、たとえば、片仮名の発達する以前に編纂された『古事記』所用の借字の字体を通覧しただけでも明らかであり、先蹤として陀羅尼の音訳字がある。『古事記』と違って『日本書紀』の借字に、字画の多い希用の文字が少なからず使用されているのは、書名によって象徴されているように、漢字文化圏において日本の存在を明確にするための史書だからであろう（→総説）。したがって、片仮名の形成について考える場合に比較の対象になるのは、『日本書紀』ではなく『古事記』の借字である。ただし、この場合に大切なのは、簡略な字母の選択ではなく、極端すぎるともいうべき字画の簡略化である。

行間に書き入れる文字としては、字画が少ないほど都合がよかったから、簡略化は片仮名にとって無視できない条件だったであろう。ただし、多くの場合について、その説明が当てはまるとしても、簡略な字体が求められたことが、借字から片仮名が形成された、唯一の、あるいは、一次的動因であったと推断するのは早計である。なぜなら、前項に指摘した「ミ」や「チ」などの変形は、字画の簡略化と無関係だからである。

借字としての「千」は、そのままで、すでに、行間に書き入れる文字として十分に単純な字形であったから、末画を左に曲げれば、いっそう行間に書き込みやすかったとは考えがたい。同様に、「三」を斜めにすれば、書き込むのにいっそう適した字体になったとも考えがたい。

「之」は、漸移的過程を経て現行の「シ」の字体にまで移行したが、これも字画の簡略化ではない。

〈借字の片仮名化〉には、行間に書き入れるための字画の簡略化という以外に、なにか、もっと重要な動因があったに相違ない。

2　日本語を表音的に表記するための片仮名は、それ自体として独立の文字体系ではあったが、使用の場において、最初から中国語古典文の環境で、漢字と共存することを条件にして形成されたし、その後は、片仮名文で漢字と併用されることを条件として発達した。しかも、大切なのは、片仮名が漢字と共存したり併用されたりする関係にあったことは事実であるにしても、片仮名は漢字と対等の関係ではなく、漢字に従属する補助的文字体系として位置づけられていたことである。

漢字を母胎として、日本語を表記するための表音文字を形成し、中国語古典文の環境で補助的に使用するためには、漢字と容易に識別できる共通の外形的特徴をもたせることが必要であった。換言するなら、日本語を表記するための表音文字は、非漢字としての歴然たる特徴を共有していなければならなかった。その点において、要求される条件は仮名の場合と同じであった（→第3節）。

借字の字体を簡略化すれば、仏典のテクストなどの行間に書き込むのに便利になったことは事実である。しかし、もっと重要なのは、簡略化された字体が非漢字だったことである。漢字と乖離した字体を形成するためには、簡略化が、もっとも効果的な手段であった。「三」から「ミ」へ、「千」から「チ」へ、そして、「之」から「シ」への移行は、字体の非漢字化として説明が可能である。

「天」字の末画を省いた片仮名テは、第三画の始まりが第一画に付いていたが、片仮名チに相当する「千」の末画が左に曲がるのと平行して現行のような字体になっている。片仮名チの字体が「千」であった時期には、二つの仮名が衝突を起こさなかったが、その末画が左に曲がると、末画が上まで突き出た片仮名テと見分けにくくなったからである。因果関係は、むしろ逆であって、片仮名テの末画が上に突き出さない字体になったので、「千」の末画が左に曲がれるようになったのかもしれない。以上の説明は、それぞれの字体を紙に書いて理解していただきたい。

いずれにせよ、これらの片仮名の字体は、個別的ではなく、体系のなかで変化している。こういう観点から、現行の片仮名／平仮名の字体の形成過程をたどりなおす必要がある。

片仮名の字源の究明は近世にさかのぼるが、依然として確定できないものや、解釈が対立しているものが残されている。字源の解明は興味ある課題の一つに相違ないが、視点を転換するなら、発達の初期の文献に遡っても確定できないものがあるという事実は、それらの片仮名が、漢字の字体との乖離を、きわめて早い段階に達成していたことを意味している。小論の立場としては、むしろ、その事実がもつ意義に注目したい（→総説）。

「宇」字の冠を採った片仮名は、最初、偏平な字体であったが、しだいに末画が伸びて「ウ」に至っている。また、「礼」字の旁を採った片仮名は、最初、ほとんど直角に曲がっていたが、しだいに鋭角化して「レ」に至っている㊟。

右の諸例のように、漢字の一部分が切り離された段階では、文字として均衡のとれなかった多くの片仮名が、並行的に、独立した文字として均衡のとれた字体に移行することによって、非漢字の特性を共有する文字体系が形成された。どの片仮名の字体も並行的に移行したといっても、個々についてみれば遅速の差があるし、なかには、左上から右下への一画の斜線にまで極端に簡略化されたために連読符と紛らわしくなり、「キ」の字体に戻ったような事例もある。

漢字との乖離によって、別個の体系に属する文字としての弁別可能性を確立するためには、簡略化や、片仮名としての特徴をもつ字体への変形だけが選択可能な手段だったわけではない。古い時期の訓読テクストに、草体化、ないし、草体への切り替えの試みが、個別的に、あるいは、体系的に認められる理由は、そういう観点から説明可能である。右に言及した「之」の場合は、いったん草体化されたあとで、片仮名的特徴の字体へ方向を転換している。

3　片仮名は、行間に書き入れるための補助的文字体系であったが、形成された直接の動機がどうあろうと、結果として、日本語を表音的に表記できる文字体系が形成されたことになるし、片仮名の字体は漢字と乖離していたから、片仮名／漢字を交用する新しい書記様式として片仮名文が発達した。片仮名だけで綴られた断片的テクストも一部に存在するが、それらは、片仮名／漢字を交用する片仮名文における、漢字ゼロの場合とみなしてよい。和歌が仮名だけで書かれていた時期に、片仮名だけで書かれた和歌の落書きがなされていることを偶合とみなすべきではない。

2　仮名文の成立

1　片仮名が借字を簡略化して形成されたのに対し、仮名は楷書体の借字を草書体に転換して形成された。

平安初期に仮名の体系が成立した。そして、平安時代に、女性による仮名文学作品が多く生み出された。それら二つの事実を直接の因果関係で捉えることによって、以下のような短絡的説明がなされ、広く浸透している。①男性は漢字／漢文に親しんでいたが、女性は文字をもたなかった。②平安時代になって、日本語を日本語のままに表記できる仮名が成立した。③仮名は字体が平易であり、文字の種類も少ないので、女性にも容易に習得できた。④文字による表現手段を獲得した女性たちによって物語や日記などの仮名文学作品が生み出された。

右の俗説の主たる根拠は、「をとこもすなる日記といふものを、女もしてみむとてするなり」という『土左日記』冒頭の一節についての皮相な理解にあるようにみえる。

『古今和歌集』の仮名序を書くのに、「どうして、貫之は、二種類ある仮名文字のうち、平かなの方をとったのであろうか」、という疑問を提起して、つぎのように説明している『日本語史要説』がある（→渡辺）。

それは、片カナは、漢文訓読の場で生まれた事情から、漢字の補助記号であるのに対して、平かなは完全に漢字ばなれしていて、独立の文字体系としての実質を備えていた、という点である。女性は漢字を知らないはずなのだから、漢字を一字も交えずに、全文を平かなだけで書き通せるのである。漢字の補助記号であるか、漢字ばなれの独立の文字体系であるか、という差こそ、平かな片カナを分つ（略）、もっとも重要な差である（傍線小松）。

右の叙述の直前に『土佐日記』の冒頭が「をとこもすなるにきといふものを」と引用されているが、貫之自筆本で、「にき」でなしに「日記」と記されていたであろうことは疑う余地がない（→第3節）。また、『古今和歌集』の現存する伝本には「古今和歌集序」というタイトルがあり、仮名序の末尾近くには「なつけて古今和歌集といふ」とあることをも指摘しておく。

理念的議論を展開するまえに、事実確認が必要である。最大の問題は、右のように見え透いた誤りが一般社会の確固たる共通理解になっていることである。

片仮名は、中国語古典文のテクストの行間に書き込むために、楷書体の借字を簡略化して形成された表音文字で、それぞれの文字が独立性をもっており、直線的な字体が共通の特色である。片仮名と漢字とを交用する片仮名文は、日常的な事柄をインフォーマルに記録する書記様式で、用語も表現も美的表出と無関係であった。それに対して、仮名の体系が草書体で形成されたのは、語句の分かち書きを可能にする表音文字の体系が求められたためであった。語句を分かち書きにすれば日本語の散文を書くことが可能になるからである。

仮名文は、洗練された内容を洗練された用語で表現する書記様式であったから、器としての仮名にも、やはり、美しさが求められた。

仮名の成立と発達とを最大公約数的に説明すれば右のようになる。選りすぐった名歌を絢爛たる料紙に流麗な筆致の文字で書いた仮名書道の作品は、総合芸術の一環としての仮名の位置づけを端的に証明している。

2　仮名は女文字ともよばれている。しかし、後世のそういう名称を根拠にして、女性のために作られた平易な文字体系であったと決めてかかるべきではない。

『古今和歌集』に代表される平安初期の和歌は、仮名だけで書かれることを前提にして作られている。詠み人知らずの作品が古層に属するという通説に関しては根本から見直しが必要であるが、その当否にかかわらず、詠み人知らずを例外とすることなしに、仮名専用の原理は一貫している。「なかれて」に「流れて／泣かれて」を重ね合わせるような技法は、清濁を捨象した仮名によってはじめて可能であった（→序章）。仮名専用は和歌という書記文体の問題であって性別にかかわらないが、優雅な文体の物語や日記などの創作／享受が、男性より女性に好まれたことが女文字という名称を生んだのであろう。仮名消息も同様である㊟。

右に引用した『土左日記』の冒頭は、〈男性は日記というものを書くそうだが、女も書いてみようと考えて、書くのだ〉という意味に理解するのが一般のようである。しかし、そういう趣旨であるとしたら、「をとこもすなる日記」ではなく、「をとこのすなる日記」と表現されるのが自然である。

「をとこもすなる」のナルは、終止形に後接する伝聞／推定の助動詞とみなすのがふつうである。そうだとすれば、この書き手は「日記」について聞いたことはあるが、実物を見たことがないと理解すべきことになる。すくなくとも、そのように表現されている。しかし、『土左日記』のテクストをみると、日付の形式をはじめ、漢字文による日記と共通する特徴的要因が随所に指摘できるから、表現と事実との間に矛盾がある。女性に仮託したものの、実際に書いたのは男性であったために、完全には女性に化けきれず、うっかり、漢字文の習慣が出てしまったというたぐいの説明もあるが、ほかならぬ紀貫之が、用語や表現の違いについてそこまで無神経であったとは考えがたい。

終止形に後接するナリは伝聞／推定の助動詞と命名され、人づてに聞いたとか聴覚でそのように判断したことを表わすと説明されているが、仮名文テクストでは、伝聞した情報ならば、あるいは、音源を確認していなければ、必ずナリが添えられているわけではない。多くの助動詞と同様、仮名文テクストで、この助動詞を添えるか添えないかは義務的（compulsory）ではなく選択的（optional）だったからである。この助動詞の機能は、直接に見届けていないので確言できないという含みを込めて表現することにある。もとより、直接に見届けた、疑いのない事実について、そのように表現することも自由である（→小松①）。したがって、冒頭の表現は、書き手が漢字文の日記を実見したことがなかったとみなすべき根拠にならない。

右のように考えるなら、「男も〜女も」という助詞モの対比的使用についても無理のない説明が可能である。漢字文で記録する日記は事務的で無味乾燥であるが、仮名文なら、これからの船旅で起こるであろうところのさまざまの出来事を、日本語の含みを生かして叙述することができる。自分は女性だから漢字文は書かないが、仮名文ならふつうに書いている。せっかくの経験であるから、仮名文で記録しようというのが冒頭表現の真意である。その日記をあとで読めば、旅行中の出来事を生き生きと思い出すことができる。「日記」とは後日に参照するための記録であるという認識が、この表現の前提になっている。

意気込んでそのように言ってみたものの、成功する自信はないというのが、「して、みむ」という表現である。すなわち、ひとまず書いて、成功であったか失敗であったかを最後に見よう、すなわち、チェックしようということである。その表現と呼応させて、日記の末尾は、「とまれかうまれ、疾《や》く破りてむ」と結ばれている。書いてはみたものの失敗だったから、早く破ってしまおう、ということである。

この日記が女流日記の先鞭になったとしても、それは、紀貫之のあずかり知らない結果であって、『土左日記』それ自体は、情報の蓄蔵としての日記を意図している。

「日記といふもの」という表現は、主たる読者層に女性を想定し、相手の立場に立ってそのように表現したものであろう。

3 仮名文における仮名／漢字の交用

1 青谿書屋本『土左日記』は、紀貫之自筆のテクストを藤原為家が忠実に書写し、そのテクストを、再び忠実に書写したテクストであり、漢字や仮名字体については、事実上、紀貫之自筆テクストと同じであるとみなしてよいというのが池田亀鑑の結論である（→第二章）。このテクストは仮名の比率が非常に高く、漢字はさほど使用されていないが、漢字が排除されているわけではない。たとえば、冒頭の一節でも「日記」は漢字で表記されている。当時の語形は、「nitki」であったが、仮名文では、舌内入声韻尾［t］を含む漢字音を仮名で転写する社会慣習がなかったためである。これは、和文の書記様式が十分に発達していなかったためにとられた臨機の処置ではなく、和文でも、そういう音節構造をもつ漢語は漢字で表記する約束だったからにすぎない。現今の書記様式でも、外来語をやむをえず片仮名で表記しているわけではない。また、片仮名は外来語専用と限定されているわけでもない。

『土左日記』のテクストで、仮名の比率が圧倒的に高いのは、内容の関係から、仮名で表記する社会慣習のなかった漢語が少ないためにすぎない。土佐から京に帰るまでの日記であるから、「京」がしばしば出てくるが、例外なく漢字で表記されている。ただし、歌語としてはミヤコが使用されている。

2　仮名文は仮名だけで書くのが原則であったが、やむをえず漢字で書かざるをえない漢語があったという前提で、それがどういう語形をもつものであったかを調査した研究は、仮名文の本質を取り違えている（→小林）。そういう観点から調査しても大差のない結果は得られるが、得られた事実についての解釈が問題である。確かに、『土左日記』の原テクストに漢字で記されているのは、仮名で表記される社会慣習のなかった漢語がほとんどを占めている。しかし、少数ながら、仮名で表記できる語形の和語が漢字になっている事例もある。右の前提を動かさないとしたら、それらについては、なんらかの誤りを想定せざるをえなくなる

「宇多のまつはらをゆきすく」（一月九日）の「宇多」はそういう事例の一つである。どちらの文字も仮名の字源になった漢字であるが、楷書体で記されているから仮名とは認めがたい。

この日記には和歌を意味する「うた」がしばしば使用されており、仮名で表記すると紛らわしくなるために、漢字を当てて表記されたのであろう。紀貫之としては、漢字を当てることによって正確かつ迅速な同定を可能にしただけのことである。

「なよしのかしら、ひゝら木ら、いかにそ」（元日）の「木」も表意的用法の漢字である。「ひゝらきら」では同定にとまどう恐れがあるので、表音と表意とを兼ねて、このように表記したのであろう。キ／ギの音節に「木」を当てたのは、民間語源に基づいている（→第二章）。

仮名の曲線的字体は、非漢字としての特徴をもっており、非漢字という点において片仮名と共通していたが、漢字に従属する補助的文字体系ではなかった。『土左日記』の原テクストの用字から知られるように、仮名の優位において、漢字と補完的関係にあったと認められる。

3　草仮名テクストとして知られる『秋萩帖』『綾地切』『十五番歌合』などの内容は韻文だけであるから、漢

語は排除されていても、草仮名とよばれていても、伝紀貫之筆『自家集切』所用の文字は、多くは字源を連想させない草書体であり、短い詞書をもつ和歌もあるが、漢語は使用されていない。それらのテクストの文字は、すべて、音節単位の表音文字であるから、視覚的特徴によって表意的漢字と草仮名とを識別することは要求されていない（→総説）。それらの文字を草仮名とみなす根拠は、字体のうえで漢字の草書体と異なる特徴をもつからではなく、楷書体ではない表音文字として使用されていることにある。

和歌と違って、和文では漢語が排除されていない。当時における上流階級の日常語彙には、仮名で表記する社会慣習のなかった漢語が少なからず含まれているから、仮名と漢字とは、視覚的特徴に基いて明確かつ容易に識別できる必要があった。換言するなら、仮名の字体が漢字の字体から十分に乖離するまでは、仮名と漢字とを交用して、読み取りやすい仮名文を綴ることはできなかった。

前代の宣命体は、仮名や片仮名が形成される以前の、散文を表記するための工夫であったが、実用に適した書記様式ではなかった。

4　仮名は、漢字を草体化して形成されたとされているが、草体化された理由については、説得力のある説明がなされていない。すくなくとも、草体化を仮名書道における美の追求とか、女性が使用できる文字にするための簡略化とか、そういう場当たりの理由づけで説明し尽くすことはできない。

仮名／漢字を併用して和文を綴るためには、どの文字が漢字であり、どの文字が非漢字の仮名であるかを反射的に識別できなければならない。仮名には連綿が不可欠なので、草書体であることが絶対の条件であったから（→第二章）、漢字を楷書体で書けばよい。換言するなら、表意的用法の漢字と表音的用法の仮名とが書体の両極端をとれば、交用しても弁別が容易であった。

『古今和歌集』という書名は漢語であり、漢字で記されている。和歌の語彙からは漢語が排除されているが、書名や巻数、部立の名称、詞書のなかの官職名や年号その他の漢語は漢字で記されている。『土左日記』の原テクストにおける漢字の交用については上述したとおりである。右の諸作品が十世紀前半に成立していることは、遅くともその時期までに、仮名の字体が漢字から十分に乖離しており、漢字と交用することが可能になっていたことを表わしている。

4　仮名文テクストの分から書き

1　和文を綴るためには、仮名の字体と漢字の字体とを完全に乖離させることが不可欠であったが、ほかに、もう一つ大切な条件があった。

和歌のテクストなら、{5＋7}の韻律の単位を手掛かりにして、ひとまず、読み解くことが可能であるが、音数律に基づかない散文の場合には、語句の単位に区切らなければ読み解くことができなかった。テクストが分かち書きになっていなければ、途中で読み取りにつまずくと五里霧中になってしまうからである。ごく短いテクストなら、苦労して読み解けたかもしれないが、散文で自由に表現する書記様式として、それでは実用にならなかった。効率的に読み解ける散文を綴るには、漢字を多用するか、分かち書きを導入するか、あるいは、その両方が必要であった。

片仮名文では、漢字の多用が選択されている。おおまかに言うなら、概念を表わす部分には漢字を当て、片仮名は、送り仮名や活用語尾、あるいは、助詞／助動詞などの表記に用いられている。その意味で、宣命体と共通しているが、宣命体と片仮名文とが直接の系譜関係にあるわけではなく、表音文字と表語文字とを交用する書記様式としては、それが、もっとも読み取りやすかったからである。『今昔物語集』などのテクストに代表される片仮名宣命体とよばれる書記様式は、外形の類似に基づいた、後人による命名である。現今の書記様式も、基本的にはそれと同じ原理に基づいている。平安時代の片仮名文にも、現今の書記様式にも、分かち書きが必要とされていないのは、概念を表わす漢字が、語句の切れ目を表示する機能を果たしているからである。

2　和文の場合には、漢字の多用ではなく、語句の分かち書きが選択されている。ただし、分かち書きといっても、アルファベットのようにスペースを空ける方式ではなく、墨継ぎと連綿とによる分かち書きである。筆記用具が毛筆であったために、墨継ぎをした箇所は濃く、そして太くなり、あとはだんだんに細く、かすれてくるので、語句と語句との間隔を開けなくても、適切な箇所で墨継ぎをすれば境界が自然に明示されるし、墨を継がなくても、連綿するかしないかで断続が標示できる。

連綿による分かち書きができる書体は草書体だけであった。換言するなら、草体化は、分かち書きを可能にするための選択であった。草体化といっても、それは、楷書体の借字を、行書体から草書体へと漸移的にくずしていったのではなく、中国の書体をモデルにした草書体への転換であった。

墨継ぎや連綿による分かち書きが定着するにつれて、語句の綴りが社会慣習として確立され、その後に生じた音韻変化に抵抗して維持されたために、最初は音韻と単純に対応する表音文字として形成された仮名が、まとまりとして表語性をもつようになった。そして、中世には、そういう社会慣習を基礎にして、規範としての仮名遣が制定される（→第四章）。

漢字を多用する片仮名文では、前述のように、連綿の必要はなかったから、片仮名は、字体そのものが楷書体の面影を残しており、連綿に適するようには発達していない。今日でも、片仮名に続け書きの習慣はない。

5　仮名文の発達

1　韻文だけでなく散文でも日本語が書けるように、草書体の表音文字として仮名が形成されたが、表音的に表記する社会慣習のなかった漢語が日常語のなかに少なくなかったので、和文には必要に応じて漢字が交用された。そうでなければ、『源氏物語』は書けなかったし、「中宮」も「大将」「命婦」も登場できなかった。仮名は連綿による分かち書きの可能な草書体であるから、漢字を楷書体で書けば容易に識別できた。

和文にとっての課題は、独自の文体を確立することであった。

仮名は、本来、和歌を書くために形成された文字体系であり、散文体の和文は韻文体の和歌と基盤を共有していたから、やはり、洗練された語句で美的な内容の文章を綴る書記文体であった。

片仮名文は実用に適するように発達し、また、仮名文は優雅な表現に適するように発達した。仮名文は、口頭言語のリズムで書かれ、そのように読まれる文体であったために、句節間の切れ続きが判然としない。それは、一方に、厳密な表現の可能な片仮名文があり、用途に応じて使い分けができたからである（→小松②）。

以上の検討から明らかなように、仮名の誕生は、和歌と調和的に共存できる和文の誕生でもあった。和歌と和文とを総称して仮名文とよぶ根拠もそこにある。大切なのは、仮名が誕生したことによって仮名文が発達したのではなく、仮名文が綴れるように仮名が発達したことである。用途があって道具が考案されるのが一般的なありかたである。

2　上代以来、事実上、文学的表出のための唯一の手段であった和歌は、韻律の定型に拘束されず、自由に叙述できる和文を派生させたことによって、和文との領域分担を明確にする方向をとるようになった。

上代の韻文の構成は｛n(5＋7)＋7｝という公式で一般化できる。すなわち、盛り込まれる内容の長さに応じて｛5＋7｝の繰り返しを増減して表現され、末尾に｛7｝の句を添え、｛7｝の句が重なれば、それが末尾の指標であった。最短の詩形はn＝2の短歌であり、｛(5＋7)＋7｝を対《つい》にする詩形が旋頭歌であった。

仮名が成立して散文体の和文が書けるようになったために、和歌の詩形は、事実上、〈みそひと文字〉だけに絞られた。共通の狭い土俵を設定したうえで、詠み込むことの許される題材を極端に狭く限定し、厳しい制約のもとに豊富な内容を凝縮して表現することが指向されるようになった。特徴的な技法は仮名の重ね合わせによる多重表現である。それが、いわゆる〈古今調〉にほかならない（↓小松①）。

6　仮名文の切れ続き

1　仮名文のテクストには句読点に相当する符号がいっさい使用されていない。引用符もないし、それ以下が引用や思考内容であることを示す語法もない。「〜とおぼす」というたぐいの表現によって、末尾が示されるだけである。

活字に翻刻された現今の仮名文テクストには、句読点を施したり、いわゆる〈会話〉や〈心中思惟／心話〉の部分に引用符を付したりすることによって、句節の切れ目を示すのが定石になっている。そのように手を入れることが、とりもなおさず、校訂作業にほかならないと認識されているようである。

現今の校訂者がテクストに句読点を加えるのは、仮名文の書記様式が不完全であるという認識に基づくようにみえる。必ずしもそのように明確には認識していないにしても、もとのテクストと等価の内容を、読みやすい形に改めて提供しているつもりであろう。換言するなら、そういう操作によって失われるものについての認識が欠如している。

同一のテクストを底本とした複数の校訂テクストを相互に比較すると、句読点が一致していない場合が少なくない。すなわち、対応する箇所に、甲では読点を加え、乙では句点を加えている場合がしばしばある。それは、校訂者甲が、そこで大きく切れるとみなしているのに対して、校訂者乙は、そのままあとに続いているとみなしているからである。引用符の始まりの位置が一致していない場合も珍しくない。

2 切れ続きについて解釈が食い違うのは、原文の曖昧な表現に原因があるとみなすのが一つの考えかたであろう。すくなくとも現今のふつうの書記文体に比して、仮名文の構文は明晰さに欠けている。俗に、仮名文には主語がなく、そのために、ダレガ／ダレニの関係が把握しにくいなどとも言われている。ただし、逆説的に言うなら、そういうネガティヴな評価を先行させて不合理や不完全さを正当化することも可能である。

仮名文の表現の曖昧さや非論理性などを指摘するまえに、当時の人たちは、その形でふつうに理解できたという事実に思いをいたすべきである。現今の文章にも曖昧な表現は珍しくないから、平安時代にもそれと同じだったはずであるというのは一面の真理のようでもあるが、現代の文章との皮相な比較で判断してしまうのは性急である。仮名文に共通する特性を、個人的文体の問題にすり替えるべきではない。

平安時代の人たちには仮名文の表現が一義的に理解できたが、日本語が大きく変化し、書記文体も変化したために理解できなくなってしまったというのが、もう一つの可能性である。対象に取り組む姿勢としては、そう考えるほうが慎重である。ただし、和文のテクストに表われた日本語も、今日の日本語も、日本語として連続しており、また、言語の運用についての基本原理は多分に汎時的でもあるから、句読点の相違に表われた解釈の不一致を説明するのに時間の障壁を持ち出したりして正当化すべきではない。

3　仮名文テクストの校訂者たちも、それらの利用者たちも、書記テクストには、本来、句読点や引用符が不可欠であるとか、すくなくとも、有用であるとか決めてかかっている。そのように決め込んだうえで考えるなら、仮名文テクストにそういう符号が使用されていないのは、書記様式が未発達であったために、そういう手段を思い及ばなかったからであり、現代の読者を正確な理解に導くために句読点や引用符を施すのは当然であるということになる。

後世からみると簡単なようでも、新しい方式を考えつくのはなかなか難しい。『日本書紀』の歌謡では、語句が確実に同定されるように、そして、歌謡の意味が正確に理解されるように、アクセントの区別まで導入して借字を選択した部分があるが（→高山）、語句と語句との間を少し離して書いたり、間に点を付けたりすれば、そのような配慮は不要であった。平安時代になると、個々の借字に声点を加えて確実な同定が図られたが、その段階でも、間隔をあけて書くような工夫はなされていない。

右の延長で捉えるなら、仮名文テクストに句読点が使用されていないのは、そういう手段を考えつかなかったからにすぎないとみてよさそうである。しかし、散文による自由な表現を求めて獲得された創造の産物が和文であり、仮名文の書記様式は伝統からの脱皮であった。読み取れないものを書いても意味がないから、もし、句読点などの方式によって切れ目を標示しないと効率的な読み取りが保証されないことが経験的に判明したなら、その不都合を解消する手段が講じられていないはずはない。

前述したように、書記テクストには句読点が不可欠であるというのが現今の常識であるが、句読点を必要としない書記様式もあることを認識すべきである。中国語古典文や、漢字文などは、原則として表語文字だけで綴られているから、構文を支配する文字を手掛かりにして文脈をたどることが可能である。

仮名文の場合には、構文指標となる文字があるわけではないし、大部分の文字は表音文字であるから、中国語古典文や漢字文とは事情がまったく違っていると考えるとしたら、それは、文字のレヴェルで観念的に捉えるからであって、実際に読んでみれば、仮名文テクストには語句の連綿が導入されているから、連綿末尾の助詞／助動詞など、構文指標は豊富である。

7　仮名文の構文原理

仮名文テクストに句読点が使用されていないのは、まだ十分に発達していない書記様式だったためではないとしたら、本来、仮名文は句読点を必要としない書記様式だったからではないか、あるいは、仮名文が、句読点を積極的に排除する書記文体だったからではないか、という可能性について検討してみなければならない。

和文の文体基調は〈語り〉であるから、口頭言語と同じように、句節と句節との相互関係が緊密ではない。ただし、口頭言語が自然にそのような形をとるのに対して、和文の場合には、口頭言語と同じ特性を持つ表出が、洗練された文体に磨き上げられているところに大きな違いがある。

仮名文の構文は、隣接した句節と句節とが〈付かず離れず〉の関係にある。一種類の符号で仮名文テクストを句節の単位に区切れば、読み取りやすくなる場合が多く、韻文や韻文的表現を除いて弊害は少ないが、句点と読点との二種を区別して区切ろうとしても、本来、そのように構成された文章ではないので、しばしば、判断に迷わざるをえない。現行の校訂テクストに、句点と読点との相違が生じるのは当然である。

英文法から借用した直接話法／間接話法という用語を使用して、和文の〈会話〉や〈心中思惟〉の部分を律しようとするのも誤りである。〈語り〉を基調とする和文は、右に述べたように、構文の特性が口頭言語と共通しており、〈語り〉の脈絡に〈会話〉を自然に取り込むことが可能である。〈会話〉の部分に引用符を付けようという構えでテクストを読むと、どこからを〈会話〉と認めるべきかが気になるが、〈語り〉として読むなら、地の文／会話の境界に相当する句節がどちらに属そうと、いっこうに気にならない。そもそも、特定の句節が一方に属して他方に属さないはずだという前提が、仮名文の構文原理に違背している。

以上は、主として和文を念頭において述べたが、和歌についても基本原理は同じである。

古典文法は、仮名文のそういう大切な特性を見逃して構築されているために、まず、テクストを文の単位に区切り、つぎに、それぞれの文を語句の単位に区切ることから出発するが、句読点を使用しない仮名文では句節間の関係が可変である。古典文法を金科玉条にして、仮名文の構文を捉えようとすると、作者の表現意図を見失いやすい。まして、〈付かず離れず〉の構文の極致を追求した平安時代の和歌を、切れ続きの尺度による古典文法で律したりすべきではない。

仮名文では、隣接した句節が〈付かず離れず〉の弾力的関係にある。それは、和歌の構文特性を継承しているからである。そういう文体の特性が、物語や日記などの叙述に生かされている。そこに片仮名文との大きな違いがある（→小松②）。

8　三位一体の書記様式

1　以上、片仮名文／仮名文に関して概略を述べた。漢字文については、『土左日記』との関連において、あたかも既定事実であるかのように言及したが（→第2節／総説）、もう少し書き添えておかなければならない。

中国語古典文が導入されて以来、長い期間にわたって書記を支配してきたのは、限られた支配階級であったから、漢字文／片仮名文／仮名文の生育した土壌は同じであった。用途の違いに応じて三つの異なる書記文体と、それぞれに対応する書記様式とが生み出された。日本における書記様式と書記文体との発達について考える場合には、その事実を、まず、確認しておかなければならない。

2　三つの異なる書記様式と書記文体とは、それぞれに自律的ではあったが、同一の社会階層に並行的に使用されており、機能のうえで互いに補完する関係にあった。

平安時代の和歌が、極端に凝縮された表現を指向できたのは、音数律に頼らずに自由に表現できる和文が分化したためである。また、その和文が、文学的表出に適合した——そして、それ以外には適合しない——、〈付かず離れず〉の構文による柔軟な文体でありえたのは、他方に漢字文が存在し、書記の果たすべき実用上の要求を充たすことができたからである。「をとこもすなる日記といふものを、をなもしてみむとてするなり」という『土左日記』の一節は、そういう文化的文脈において理解すべきである。

右のような状況において片仮名が文字体系として成熟し、漢字との交用が可能になった。

片仮名文は、訓読体の緊密な構文を継承して、漢字文よりもいっそう読みやすく書きやすい書記文体になり、日本語に基づく書記様式として、漢字文／片仮名文／仮名文という三位一体の状態が確立された。

漢字文は、変体漢文とよばれてきた。この名称は、日本語風にくずされた漢文という含みをもったよびかたである。〈変体漢文〉という命名の背後には、外国語としての漢文が、そのままの形で日本語の環境に定着できたはずはないという常識がある。そして、言語体系の相違という殺し文句で決定的に正当化されている。しかし、そういう常識で考えるとしたら、同一人物が、巧拙はともかく、すくなくとも規範を逸脱していない漢詩や中国語古典文を綴り、変体漢文も書き残していることについて説明がつかなくなる。

漢字文は、訓読体の文章に基づいているから、訓読体の文章に還元可能なはずであるという、もう一つの常識が、『古事記伝』以来、『古事記』訓読の伝統を支えてきた。また、近年における研究の動向も、基本的には、その常識を前提にしているが、そういう常識は、白紙にもどす必要がある。

書記の本来の目的は情報を蓄蔵することにある。必要な情報を効率的に検索できる形で蓄蔵できることは、実用的書記様式にとって最優先の課題である。表語文字による中国語古典文は同一面積内の情報密度が高く、また、斜めに読んで必要箇所を捜し出せる点において、まさに理想的書記様式であった。中国語古典文をモデルにして漢字文が発達したのは、ほかにモデルがなかったからという消極的理由だけではなかった。その証拠に、片仮名文は漢字文と直接の関係なしに発達し、漢字文と共存しつづけている。

蓄蔵すべき情報の内容は日本語で考えられているから、それを正統の中国語古典文に翻訳することは無意味であるだけでなく、再び日本語に翻訳しなければならないことは積極的に不都合であった。求められていたのは、視認性の高い表語文字を使用して、正確で効率的な読み取りの可能な、しかも、なるべく書きやすい書記様式であり、その目的のために、中国語古典文の構文を利用することの利点が生かされたのは当然である。

公的記録では、検索する際に日付が見出しの役割を果たすので、目立つように改行する方式が成立した。「をむな」に仮託された『土左日記』も、その方式によっている。「天晴」を視覚的に確認できれば十分であって、テンスやアスペクトに神経をとがらせて解読しても意味がない。

漢字文は、中国語古典文の構文指標を導入して脈絡を明確にしている。漢字文の外見が中国語古典文に酷似しているのは当然であるが、日本語の文章に基づいているから、中国語古典文の規矩にそのまま合致するはずはない。その不一致は、中国語古典文を模倣しきれなかった結果ではなく、中国語古典文の規矩に従って書こうとしていないからにすぎない。『古事記』の序文の「上古之時、言意並朴、敷文構句、於字即難〜」という表現は、中国語古典文への翻訳が意図されていないことを意味している。したがって、漢字文化圏の人たちがどのように理解するかは問題外であった。変体漢文とよばずに漢字文とよぶのは、片仮名文／仮名文とともに、日本語による記録のために創造された書記様式の一つだからである。

9　各書記様式の機能分担

中国語古典文をモデルにして、上代に漢字文が発達し、平安初期に仮名文が形成され、ついで、片仮名文が形成されて、平安時代には、三つの書記様式が、目的の相違に応じて使い分けられており、その伝統は二十世紀にまで及んでいる。

漢字文（漢字専用）……………事柄を正式に記録するための書記様式。

仮名文（仮名／漢字の交用）………美的な内容を叙述する書記様式。

和歌………韻文。

和文………散文。

片仮名文（片仮名／漢字の交用）…日常的な事柄を非公式に叙述する書記様式。

ほかに、平安初期に和字文とでもよぶべき書記様式がある。それはそれとして日本語書記史の観点から興味ある対象であるが、伝存するテクストは少ない（↓第七章）。

補記1　過去の書記テクストを過去のものとしてだけ理解しようとせずに、現今の日本における書記テクストの運用と結び付けて考えれば、基本は共通しているから事の本質が理解しやすい。簡単な掲示を例にするなら、列車／バスの車両内や駅構内の〈禁煙〉は漢字文の伝統の継承であり、デパートの〈(他のお客様の御迷惑になりますので、)なにとぞ、おタバコはご遠慮くださいませ〉は和文の伝統の継承である。〈禁煙〉は一目瞭然であるが、〈なにとぞ〜〉は文章として読まなければならない。借字表記とは程度が極端に違うが、「事趣更長」とは、つまるところ、こういうことである。列車とデパートの掲示を逆にして考えれば、それぞれのメリット／デメリットは明白である。ちなみに、たとえば英語でも、当然ながら、No smoking. と Please refrain from smoking here. とが適切に使い分けられている。

補記2 『土左日記』が仮名文で書かれた理由を第2節2項で推定したが、最大の理由は、和歌を豊富に織り込んで叙述するためだったであろう。再校に際して。

[引用文献]

池田亀鑑『古典の批判的処置に関する研究』(岩波書店・一九四一年)
小林芳規「平安時代の平仮名文に用いられた表記様式」(Ⅰ／Ⅱ)(『国語学』第44／45集・一九六一年三月／六月)
小松英雄①『やまとうた』(講談社・一九九四年)
小松英雄②『仮名文の構文原理』(笠間書院・一九九七年)
高山倫明「日本書紀の音仮名とその原音声調について——上代アクセントとの相関性を考える」(『金田一春彦博士古希記念論文集1』国語学編・三省堂・一九八〇年)
築島　裕①『平安時代漢文訓読語につきての研究』(東京大学出版会・一九六三年)
築島　裕②「土佐日記と漢文訓読」(『日本の言語学』7・大修館・一九八一年／原論文一九五一年)
渡辺　実『日本語史要説』(岩波テキストブックス・一九九七年)
Gaur, Albertine : A History of Writing, Scribner's Sons, New York, 1984.

第二章　仮名文テクストの文字遣

0　導言

仮名文テクストの文字遣とは、仮名文テクストを整定したり書写したりする場合、漢字と仮名とをどのように遣い分けるか、そして、どのような仮名字体をどのような方針のもとに遣い分けるか、その選択基準となる基本原理をいう。

本章における調査／考察は、次章のための予備作業として、平安初期の仮名文テクストにおける用字の実態を知る目的でなされたものである。したがって、論述の都合上、相互に部分的重複を含んでいる。

1　文字之狼籍

0　『下官集』の「嫌文字事」の条項に示された〈仮名遣〉が藤原定家自筆の仮名文テクストにおける〈仮名遣〉に一致すること、したがって、『下官集』は定家による撰述であることを確実に証明したうえで、大野晋は、〈仮名遣〉の創始者を定家に擬している。

カッコ付きで〈仮名遣〉と表記したのは、大野晋と小論の筆者とで、仮名遣の定義が一致しないからである。後述するように、仮名遣に先鞭をつけたのは定家に相違ないが、〈いろは〉四十七字の遣い分けを仮名遣とよぶとしたら、それは行阿の『仮名文字遣』に始まるというのが小論の筆者の見解である（→第四章）。

1　『下官集』は、「書始草子事」「嫌文字事」「仮名字かきつゞくる事」「書歌事」「草子付色々符事」という五つの条項で構成されている。第二条の「嫌文字事」とは、不適切な文字を排除することを――すなわち、適切な文字を選択することを――、意味している。文字とは、この場合、仮名に限られているから、要するに、仮名の綴りは以下の基準によるという意味である。

「嫌文字事」の条項は、「緒の音」「尾の音」をはじめ、後に仮名文字遣とか仮名遣とかよばれる、仮名の遣い分けについて具体例が示されているが、それに先だって、つぎのように述べられている。

他人摠不然、又先達強無此事、只愚意分別之極僻事也、親疎老少一人無同心之人、尤可道理、況且、当世之人所書文字之狼籍、過于古人之所用来、心中恨之

こういうことを気にしているのは自分一人だけであるし、先学も格別にそのようなことをしていない。これは、自分かってな判断に基づく見当はずれの考えである。同じことを考えている人がだれもいないのは当然である。しかし、現今の人たちのでたらめな文字遣は、昔の人たちの文字の書きかたを過っている。そのことをひそかに遺憾に思う、ということである。

「尤可道理」までは、謙虚にすぎるほど丁寧な挨拶である。こういう前置きが添えられていることは、しかるべき人たちが、目に余る「文字之狼籍」を平気でおかしていた証拠である。

「況且」以下が定家の率直な見解であるが、最初に検討しておかなければならないのは、自分だけが気にして

いる「此事」とは、具体的にどういうコトをさしているのかである。

2　「此事」については、三つの異なる理解が可能である。

①　この文章は「嫌文字事」の条項の最初に置かれているから、この条項に記されている事柄の全体を指している。すなわち、仮名の綴りに関わる規範のすべてを指している。

②　「嫌文字事」の最初に置かれている「緒の音」「尾の音」の二つの項目は定家独自の遣い分けであり、したがって、「他人惣不然、又先達強無此事、只愚意分別之極僻事也」という表現と符合しているから、「此事」は、それら二つの項目をさしている。藤原定家自筆の仮名文テクストでは、「を／お」の二つの仮名が音節の高低によって遣い分けられており、また、『下官集』の「緒の音」「尾の音」もそれと同一の基準に基づく遣い分けである（→大野）。原則を設定してそれらの仮名を遣い分けようと考えている人はほかにいないし、先達もそういうことは考えていなかった。

③　「嫌文字事」だけでなく、そのあとの「仮名字かきつゞくる事」「書歌事」までを指している。

この章で考察の対象とするのは、もっぱら、「嫌文字事」に関わる問題であるから、③については、章を改めて取りあげる（→第五章）。

大野晋は、右のような複数の可能性からの選択なしに①とみなしており、なかでも、「緒の音」「尾の音」の遣い分けを重視している。

「緒之音／尾之音」の遣い分けと、そのあとに記された「え／へ／ゑ」、「ひ／ゐ／い」、(「ほ／ふ」) の遣い分けとでは、まったく基準が異なっている。すなわち、前者は発音の違いに基づく区別であるから、当該の語句を口にしてみれば簡単に判別できるので、例示されていない語句についても演繹が可能であるが、後者は、個々の語句について理屈抜きに設定される規範であるから、ハ行活用の動詞語尾のように体系に関わるものを除けば類推のきかない語句がほとんどを占めており、記憶に負担がかかる。

3　「嫌文字事」に示されている規範を設定した場合、つぎのような批判がありえたであろう。

ⓐ 全体が統一的原理によって支配されていない。

ⓑ「緒之音」「尾之音」は音節の高さの違いであるから、多少の訓練を経れば容易に判別できるが、そのほかは繁雑にすぎる（進歩的立場）。

ⓒ「え／へ／ゑ」以下の遣い分けは「古人所用来」に戻ろうという趣旨であるから支持できるが、音節の高低による遣い分けは思いつきにすぎない（保守的立場）。

したがって、ここでの問題は、どういう目的のもとに、どういう人たちに、この規範を提示したのかを解明することである。

4　大野晋は、定家が日本語の表記の乱れを正すために規範を確立しようとしたと考えているが、それは、近代的感覚を投影した捉え方である。そういう高邁な動機で説明するまえに、実用的動機を探ってみるのが正統の接近である。すなわち、規範を設定しないと、彼にとって、なにか不都合なことがあったのではないか、あるいは、規範を設定すると、なにか好都合なことがあったのではないかということである。遵守すべき煩雑な約束事を設定するとしたら、負担に応じた見返りがなければならないからである。払うべき犠牲の大きさは、得られるべき代償と天秤にかけられる。

「緒之音」「尾之音」の遣い分けについて言うなら、そういう新しい原理の導入を定家による独創とみなすことによって、「只愚意分別之極僻事也」という部分は、ひとまず、説明できる。しかし、そういう原理は、「古人之所用来」に明白に違背しているから、「文字之狼藉」にほかならない。ただし、「緒之音」「尾之音」を仮名の高低で遣い分けることが、「古人之所用来」であると定家が信じていたとすれば、矛盾は解消する。

「古人」は、「当世之人」と対比されている。また、『下官集』の「笛／ふえ」の項には、つぎのように、「近代人」と対比して使用されている。

近代人多ふゑとかく、古人所詠哥あしまよふ江を、以之可為証

「あしまよふ江を」は『後撰和歌集』（恋六・一〇二四）の和歌の第四句で、詞書の「ふえをつかはすとて」という一節に対応している。この場合の「古人」は、平安初期の歌人たちを指している。

「古人」が「を／お」の仮名を高低の違いで遣い分けていたと定家が理解していたとすれば、「嫌文字事」の本質に関わる問題であるが、平安初期に書写されたテクストを博捜してそういう帰結を導いたとは考えがたい。大野晋は、定家が「全く独断的にかやうな軌範をたてたのであらうか。何か拠り所とすべき先蹤を持たなかつたのであらうか」という問題を設定してその典拠を探り、つぎの推論を提示している。

定家が依拠した文献が三巻本色葉字類抄であると断定することはもとより差控へるべきものであるが、この系統の辞書のいづれかに示唆を得たものではあるまいかといふ推定には、かなり大きい蓋然性があると思ふ。

右のように考えたのは、三巻本『色葉字類抄』で、語頭音節ヲの語句が、その音節の高低によって遠部／於部に振り分けられているからである。それもまた、右の論文で、大野晋によって明らかにされた事実である。

『色葉字類抄』が『下官集』に先行していることは事実であるが、撰者の橘忠兼や、同一系譜に属する辞書の撰者が、定家の立場から「古人」とよぶにふさわしかったかどうか疑問であるし、また、「古人之所用来」という表現には、〈仮名文テクストで〉という、暗黙の了解があるとみなすべきであるから、二つの文献を直接に結

び付けて影響関係を推定することには十分に慎重でなければならない。その後の研究では、『大般若経音義』の和訓にも、同じ原理に基づく「ヲ／オ」の遣い分けがあることが報告されているから、背景はずっと広いようである。（→築島⑤）

5　『色葉字類抄』の撰者がこういう振り分けを行なった理由について、右の論文には見解が述べられていない。それは、語頭音節ヲの語がたいへん多かったために、二つある仮名を利用して全体を二分割すれば、検索効率を高めることができたからである。語頭音節の発音の相違で区分すれば、検索するまえにその語を口にしてみて、どちらの部を検索すべきか容易に判断できたから、適切な振り分けの基準はそれ以外にありえなかった。もし、語頭音節ヲの語がさほど多くなかったなら、あるいは、抑揚の違いで振り分けても一方だけに偏る結果になったなら、この方式はとられなかったであろう。『色葉字類抄』である以上、四十七部に分けなければならないという立場で振り分けの基準を模索した結果であるというたぐいの説明は教条的にすぎる。

6　小論の筆者は、以下のように考える。

「緒之音」「尾之音」の各項には、それぞれの仮名を当てる根拠が、つぎのように記されている。

　緒之音　を　ちりぬるを書之　仍欲用之
　尾之音　お　うゐのおくやま書之故也

「ちりぬるを書之、仍欲用之」とは、〈いろは〉では、「ちりぬるを」と書くから、それを根拠にして「を」の仮名を使用することにしたい、という意味である。敷衍するなら、〈いろは〉では「ちりぬるを」と書き、口誦する場合に、「ちりぬるを」の「を」を高く発音するから、高く発音する音節には「を」の仮名を当てるということである。
「うゐのおくやま書之故也」とは、右と同様の理由から、〈いろは〉を口誦する場合に、「うゐのおくやま」の「お」を低く発音することを根拠にして、低く発音する音節には「お」の仮名を当てるということである。すなわち、〈いろは〉に「を」「お」の二つの仮名があり、〈いろは〉を口誦する場合、両者には高低の相違があるから、それに基づいて、二つの仮名を遣い分けようということである。

定家が〈いろは〉を弘法大師作と信じていたかどうかは確かめようもないが、弘法大師作であろうと、作者不明であろうと、当時、仮名の規範とされていた〈いろは〉に根拠を求めようとしたことは確かである。源為憲撰『口遊』所載の「大為尓」の末尾に「謂之借名文字」とあることや、また、直接には、『金光明最勝王経音義』所載の「以呂波」が、「先可知所付借字」という条項のもとに記されていることなどが想起される。

右の帰結を機械的に当てはめると、「古人之所用来」とは、とりもなおさず、仮名の規範として伝承されてきた〈いろは〉に基づいて語句を表記することを意味しているかのようにみえるが、この場合は、もっと柔軟に考えたほうがよい。すなわち、〈いろは〉に基づくことも「古人之所用来」に違背しないが、それだけを意味するわけではないということである。

7　前項で導かれた帰結は、「藤原定家が、まったくの独断で、このような軌範をもうけたのではない」という大野晋の立場を支持している。ただし、『色葉字類抄』にその先蹤を求めるべきかどうかについて、小松英雄①は、大野晋と見解を異にしている。すなわち、「仍欲用之」というのは積極的意志に基づくことを表わしているという理由から、小松英雄①は、この文字遣を、『下官集』の撰者の自主的選択であるとみなしている。

「緒之音、を、ちりぬるを書之、仍欲用之」という表現を、大野晋も小松英雄①も、〈いろは〉の読みかたを根拠にして、高い音節に「を」の仮名を使用することにしたい、という意味に理解しているし、字義どおりにはそれで誤りはないが、定家の意図は、どちらの仮名で書くべきかわからなければ、〈いろは〉を口誦してみればわかるとか、基準を忘れたら〈いろは〉を口承してみれば確実に思い出せるとかいうことだったのであろう。「尾之音」についても同様である。小松英雄①は、そういう解釈を欠如したまま大野晋を批判している。

8 「無此事」の「此事」がどういうコトを指しているかについて、三つの可能性を想定し、①②について検討を試みたが、その限りにおいては、「嫌文字事」の条項に記されている事柄のすべてを指しているとみなすべきであって、「緒之音」「尾之音」の識別だけを指していると考えるべき理由はないことが明らかになった。「只愚意分別之極僻事也」とは、仮名の遣いかたを「古人之所用来」に戻すべきであるという立場であっても、それは一般的な原則であって、具体的には、自分の判断に基づいていることを意味しているのであろう。もとより、「極僻事也」は無視してよい。

一人として「同心之人」が無かったのは、定家と同じ実用上の必要を感じている人がいなかったことを意味している。

9 『下官集』の「嫌文字事」の条に述べられている主張は、藤原定家の文字遣を明らかにするうえで貴重な手掛かりであるが、提示されているのは規範とすべき仮名の綴りだけであり、たとえば、どういう語句を漢字で表記すべきかについては、まったく言及がない。

定家自筆の仮名文テクストや、事実上、それと等価とみなしうるテクストを瞥見すれば、ただちに明らかなように、いずれも、相当に高い密度で漢字が使用されているから、『下官集』と対比して検証するだけでは定家の文字遣の全貌は浮かび上がってこない。

仮名で書けば綴りが問題になる場合でも、漢字を当てることが可能なら問題は解消する。また、漢字を当てるべき語句について、仮名の綴りは問題にならない。したがって、最初に解明しなければならないのは漢字／仮名の遣い分けの原理である。その手順を踏むことなく仮名の綴りだけを問題にするのは短絡である。逆に、仮名文テクストに使用されている漢字だけを抽出して、それらに共通する特徴について考察した先行論文も、仮名との相関をまったく無視している点において、同様の致命的短絡をおかしている（↓小林）。

定家自筆の『古今和歌集』や『伊勢物語』などのテクストには、声点が加えられている（↓秋永）。声点は仮名の抑揚や清濁を標示する符号であり、アクセント史の資料とされたり、あるいは、個々の語句の特定の音節の清濁を知るためにも利用されてきた。しかし、大切なのは、特定の仮名の抑揚や清濁を標示することによって、定家による解釈が一義的に規定されていることである。漢字を当てれば当該語句の意味は一目瞭然であるから、漢字には声点が加えられていない。漢字で表記された和語に声点が加えられていないことは、定家による校訂テクストの流れを汲む浄弁本『拾遺和歌集』を資料にして指摘されている（↓築島②）。漢字を当てるのも声点を加えるのも、解釈を一つに絞るのが目的であり、したがって、二者択一の関係にあったからである。というよりも、漢字を当てるのがふつうであって、それが許されない場合に声点が加えられている。

定家自筆の仮名文テクストに加えられた声点は、当時の京都方言に基づいており、伝承された古い時期のアクセントや清濁を記したものではないし、声に出して読む際に注意すべき語句のアクセントや清濁を標示したものでもない。

10　『下官集』に示された枠組みが、藤原定家の文字遣のすべてであるとみなすことの危険性はもう一つある。

それは、発音の相違に裏付けられていなくても、仮名の字体が遣い分けられているとしたら――すなわち、なんらかの基準に基づいて〈いろは〉四十七字よりも細かい書き分けがなされているとしたら――、完全に見逃がされてしまい、いわゆる上代特殊仮名遣が見逃されてきたのと同じ結果になることである。仮名遣とは〈いろは〉四十七字の遣い分けであるから、かりに、それよりも細かい遣い分けがなされているとしたら、仮名遣という用語はひとまず忘れて、記述し直す必要がある。

従来の諸研究では、仮名も漢字も、そして声点も、それぞれが独立に扱われてきたが、そういう把握のしかたでは、仮名文テクストの文字遣を体系的に把握できるはずがない。ただし、以下に主として取りあげるのは、漢字と仮名との関わりである。

2　定家の文字遣の独創性

1

定家自筆の仮名文テクストにみられる文字遣は、体系化されている点において彼の独創に違いない、しかし、それが歴史の所産であることもまた事実である。彼の時代に仮名文テクストがどのように書かれており、そのような書きかたがどういう不都合をもっていたかを明らかにすれば、その不都合を克服するために工夫された新しい文字遣が、どういう実用的意義をもちえたかも解明できるはずである。

仮名に清音と濁音とを区別せず、句読点をいっさい使用しない仮名文テクストは、今日の感覚からすると不完全きわまりない書記様式のようにみえる。しかし、一般に、実用的な道具の場合には不都合が改善され、いっそう洗練されるのが当然であるから、こういう書記様式が、平安初期以来、長い期間にわたって実用されていたことは、それが、不完全でもなく不都合でもなかったことの、なによりの証拠である。デメリットはあったにしても、それを超えるメリットがなければ、長期間にわたって使いつづけられることはなかったはずだからである。

十進法だけが合理的であると決め込んでしまうと、日常生活における十二進法の便利さや、二進法の有用性は理解できない。

書記の一次的機能は情報を蓄蔵しておくことであるが、仮名文テクストに蓄蔵されるのは、実用的情報ではなく美的な内容の表出であったから、そういう内容にふさわしい美的な文字が使用され、文字の美を追求する仮名書道が発達した。それは、当然の成り行きであったが、そのことによって生じた問題は、もっぱら文字の美を発揮することに主眼が置かれた結果、テクストを構成する単位が語句ではなく文字になり、正確かつ迅速な読み取りの効率が犠牲になったことである。当然、テクストの内容も信憑性が低下した。文学作品のテクストとして、内容を重視する立場からみれば、仮名書道こそ「文字之狼藉」の温床であった。

そういう「文字之狼藉」を許していると、書写を重ねるうちに平安時代の仮名文テクストはしだいに破壊される。定家はそういう状況に危機感をおぼえ、伝存する仮名文テクストを批判的に整定して証本を作成しようと志した。証本とは、家学を継承する人たちに写し継がせるために整定された、当該作品の基本テクストである。

証本のテクストには、複数の理解が成立したり、誤解されたり、あるいは、誤写されたりする可能性のある部分が含まれていてはならない。そのためには、間違いを生じる原因になる「文字之狼藉」をあらかじめ排除しておかなければならない。「嫌文字事」とは、要するに、読み誤りや写し誤りを生じないように、定められた規則に従って仮名を選択することである。

衣[e]が江[je]に合流して、区別すべき仮名の種類が四十七種になり、その数で固定した。オがヲに合流したのはそのあとであったために、二つの仮名が同一の音節を共有することになった。

さらにその後、語頭以外のハ行音節がワ行音節に変化した。大きな音韻変化ではあったが、仮名と音節との対応関係には影響が及ばなかった。この変化が生じたために、一部の語句の仮名表記が不安定になったが、多くはなんらかの表記に落ち着いて定着した。動詞の活用語尾の表記にはその変化が反映されず、もとのままに継承されたが、逆に、語形の変化しなかったスヱテ（据）／ウヱテ（植・飢）などが、ハ行活用の動詞語尾に合わせて「すへて／うへて」に移行している。活用語以外でも、〈故〉は「ゆゑ」から「ゆへ」に移行している。それらの移行を支配しているのは、類推による体系化である。右と同じ現象は、片仮名文テクストにも認められる。

仮名遣の起源が定家にあるというのが大野晋の主張であるが、馬淵和夫は、『下官集』や定家自筆の仮名文テクストにみえる「うへて／すへて／ゆへ」など、発音とズレのある仮名表記が、すでに平安末期に慣行となっていたことを文献資料に基づいて指摘し、《平安かなづかい》とよんでいる。

2　語句の綴りは、いわば、社会的に通用する貨幣のようなものであるから、音韻変化にそのまま連動して変化することはない。表音文字という用語は、発音を表わす文字ではなく、社会慣習に従って組み合わせないと意味が伝達できない文字として、ネガティヴに定義したほうが現実に即している。

定家は証本テクストを整定するに当たって、社会慣習となっている綴りを確認するとともに、綴りの不安定な語句については規範を設定した。それが、「嫌文字事」の内容である。

書写を重ねた平安時代の仮名文学作品のテクストは、伝本によって一定せず、また、どのテクストにも意味不通の箇所があったり、明らかな誤写が含まれていたから、遅かれ早かれ、誰かが整定しなければならない状況にあった。したがって、もしも定家がいなかったなら仮名文テクストの整定はなされなかったであろうとか、仮名文テクストの表記は野放しのままになったであろうとかいうことではありえない。

確実なテクストを後学に残すには、諸伝本のテクストの用語や表現を比較して解釈し、意味のよくとおる文章に整えて、自分の与えた解釈が誤読されたり誤解されたりする恐れがなく、しかも、誤写の生じない文字遣いでテクストを整定しなければならない。それを徹底的に実践したのが定家であった。すべての発明や発見がそうであるように、この場合にも、もし、定家がそれをしなかったなら、仮名文テクストの整定も、語句の綴りについての規範の設定も、時期が遅れたことは確実である。もとより、定家一人によってなされた達成が、複数の人物によって、また、もっと長い期間をかけて達成された可能性は十分にあるし、テクストの用語／表現は、定家の整定したテクストに見られるものと多くの出入りが生じたはずである。ただし、意味のとおる文章に整えられたであろうことは疑いない。我々は、その一つの典型を河内本『源氏物語』に見ることができる。

3　『土左日記』所用の漢字

1　『下官集』にいうところの「文字之狼藉」は、すべて、仮名の運用に関わる事柄である。なかでも、仮名遣との関連において「嫌文字事」の条項が注目されてきたが、定家自筆の仮名文テクストには、少なからぬ漢字が使用されていることに注目すべきである。

漢字で「男」と表記すれば、意味は一目瞭然であり、読む側もヲ|の音節の高低などを気にする必要はない。しかし、定家は、仮名文テクストに多くの漢字を使用していながら、この語をつねに「おとこ」と表記している。『下官集』には一言もふれられていないが、このように、つねに仮名で表記され、漢字を当てることのない語が少なくないことは、漢字と仮名とが、なんらかの基準のもとに整然と遣い分けられていることを示唆している。もとより、それは、具体的効用を計算して設定された基準でなければならない。

平安末期以後に書写された仮名文テクストには、少なからぬ漢字を交えているのがふつうである。特に仮名書道の作品では、美的な立場で仮名と漢字とが自由に選択されている。そういうなかにあって、定家自筆のテクストほど仮名と漢字との等価互換性が低いものはない。

定家自筆の仮名文テクストでは、漢字と仮名とが、それぞれのメリットを生かして遣い分けられている。換言するなら、一方のデメリットが他方のメリットによってカヴァーされている。したがって、定家自筆の仮名文テクストを活字に翻刻する際に、仮名に漢字を当てたり、漢字を仮名に置き換えたりすることは、テクストの構造を破壊することであり、もはや、翻刻とはよびえないものになる。

2　当面の課題について考えるためには、仮名文テクストに交用される漢字が担っていたのが、仮名に求めがたいどのような機能であったかを明らかにしておかなければならない。そのためには、平安初期の仮名文テクストについて克明な調査が必要である。書道の技法に重きを置いたテクストは、この場合、資料として適切でない。一例をあげるなら、つぎの和歌における、一首の首尾をおさえた「名」字の使用などは、その典型的事例であり、そういうところから出発したのでは、論の方向を見失う恐れがある。

名にめてゝをれるはかりそ　をみなへし　われおちにきと　人にかたる名　［筋切・秋上・十一世紀書写］

以下には、書写年代がなるべく古く、そして、漢字の使用率のなるべく低い仮名文テクストについて、それぞれの漢字が、その部分に使用されている理由をさぐってみる。たとえば『秋萩帖』のような、和歌だけを集めた、漢字使用率ゼロのテクストは資料にならない。

右の条件を満足するものとして、つぎのテクストを選び、それぞれについて、漢字の果たしている役割について考えてみる。なぜ、それらの語が漢字で表記されたかは、なぜ、それらの語が仮名で表記されなかったかということでもある。

『土左日記』青谿書屋本

『古今和歌集』高野切（第一種／第二種／第三種）。

『古今和歌集』の詞書には、ほぼ、青谿書屋本『土左日記』と平行する現象が認められるが、伝存する量が少ないので、ひとまず、和歌だけを一次資料とする。

3　池田亀鑑によれば、藤原為家によって書写されたテクストを忠実に書写した青谿書屋本『土左日記』（以下、『土左日記』）は、紀貫之自筆本のおもかげを、ほぼ忠実に伝えるものとみなしてよいとのことである。連綿や墨継ぎなどを忠実に継承しているかどうかは疑問であるが、漢字／仮名の遣い分けや仮名字体については、右の結論に従ってよいであろう。なお、その後、為家書写のテクストも出現したが、サムプル程度しか公開されていないし、そのテクストに基づいても、帰結は基本的に変わらないはずである。

右の調査によるとテクストの総字数は一万二千余字で、そのうち、二百二字が漢字であるという。小論の筆者の再調査では、「宇多」の「宇」字（一月九日）が追加されるので、漢字は二百三字になるが、数字に僅かな出入りがあっても大勢には影響がない。総字数に対する漢字の交用率は一・七%ほどとされているから（→池田）、藤原定家書写の『土左日記』とは比較にならないほど低い。

十二月二十一日の条について、両テクストの用字を対比すると、左のとおりである。ここでは、定家校訂本の基本字体／補助字体の違いは区別せずに示す（→第三章）。仮名字体については、次章で検討する（図版10／11）。

青谿書屋本

をとこもすなる 日記といふものを をむなも してみむとて するなり それのとしの しはすの はつかあまり ひとひのひの いぬのときに かとてす そのよし いさゝかに ものに かきつく あるひと あかたのよとせ いつとせ はてゝ れいのことゝも みなしをへて けゆなとゝりて すむたち よりいてゝ ふねに

のるへきところへ　わたる　かれこれ　しるしらぬ　おくりす　としころ　よく　くらへつる　ひと〳〵なむ　わかれかたく　おもひて　日しきりに　とかくしつゝ　のゝしるうちに　よふけぬ

定家校訂本

乎とこもすといふ　日記といふ物を　ゝむなも　して心みむとて　するなり　それのとし　ゝはすの　はつかあまり　ひとひの日の　いぬの時に　かとてす　そのよし　いさゝかに　物にかきつく　ある人　あかたの　よとせいつとせ　はてゝ　れいのことゝも　みなしをへて　けゆなと　ゝりて　すむたちより　いてゝ　舟にのるへき所へ　わたる　かれこれ　しるしらぬ　をくりす　としころ　よく　ゝらへつる人〳〵なむ　わかれかたく　思ひてしきりに　とかくしつゝ　のゝしるうちに　夜ふけぬ

4　小林芳規は、平安時代の仮名文テクストの表記に関する研究の一環として、青谿書屋本所用の漢字を調査した結果、語を単位としてみた場合、合拗音／開拗音／鼻音韻尾／舌内入声韻尾のうちのいずれかが含まれていることを指摘し、その事実に基づいて、「土左日記で漢字表記の語は、仮名で表記する習慣の固定していなかった字音語表記のものであったと考えられるのである」という帰結を導いている。

「仮名で表記する習慣の固定していなかった字音語表記のもの」という表現は的確でないが、具体的には、『地蔵十輪経』元慶七年（八八三）点のなかに、それと同類の音をもつ文字が仮名で表記されていないことを指している。

前述したように、仮名文テクストの用字を調査する場合、仮名との関係を無視して漢字だけを調査することは、方法の欠如であるから、全体にわたって同質の問題があるのは当然である。右の比較もまた、つぎの三点において不当である。

①仮名文テクストの表記は語を単位に捉えるべきであるのに、文字を単位に捉えて比較していること。
②仮名文テクスト所用の漢字を、中国語古典文のなかの漢字によって直接に支えられた訓読テクストの音注と比較していること。
③二つの文献資料は、時期的にかなりの隔たりがあること。

後述するように、『土左日記』所用の漢字のなかには、容易に仮名で転写できたはずの語形をもつ音読語や、明らかに和語に当てられたとみなすべきものが少なからず交じっている。それらの事例は、右に引用した帰結と矛盾しているが、当該論文では、それらが、すべて、転写の過程で紛れ込んだものであり、紀貫之の自筆本では、仮名表記だったであろうと考えている。

小松英雄②は、そのような例外処理が、方法上、誤りであるという立場をとり、いくつかの事例を取りあげて、それらが紀貫之自筆テクストの段階から漢字であったと推定している。その推定が正しいとしたら、このテクストで漢字が使用されている理由を、漢字音の範疇だけで説明することは許されない。

右の批判は、他の議論からの延長として触れられたものであるために、不徹底に終わっているが、ここでは、そこに立ち戻るのを避け、新たな視点から検討する。

5　『土左日記』のテクストには二百三字の漢字が使用されているが、一見しただけで、それらのすべてに共通する特徴は指摘できない。したがって、最初の課題は、どのような基準でそれらを分類すれば、事の本質を明らかにできるかである。

たとえば、それらの漢字を画数で分類したりすることも、ナンセンスであると無条件には決めつけられない。なぜなら、全漢字数の約四十四％に当たる九十字は漢数字で占められているが、漢数字の画数は極端に少ない。

また、「月／日」の二字はいずれも四画にすぎない。そういう理由で日付が漢字で表記されているとしたら、画数は無視できない要因になる。ただし、その線で押し通そうとしても、「願／講師／相應寺」など、画数の多い漢字が使用されていることについて説明がつかなくなるし、逆に、字画の少ない漢字を当てることのできる語が仮名で表記されていることも障害になるので、所詮、そういう理由づけは成り立たない。ただし、結果として成立しなくても、そういう可能性をまったく考慮しないとしたら、証明の手抜きになる。

6 小林芳規は、それが当然であるかのように、音読字／訓読字という分類から出発している。その基準の当否について検討してみよう。

このテクストに使用された漢字を、音読字／訓読字に分類しようとする場合、つぎの三点が問題になる。

①十二月廿二日から二月十六日に至る五十四日間の日付は、音読すべきか訓読すべきか。

②「一文字をたにしらぬものしか、あしは十文字にふみてそあそふ」（十二月廿四日）の「一」「十」両字を音読すべきか訓読すべきか。

③「宇多のまつはら」の「宇多」をどちらに分類すべきか。

「宇多」は、音読字というより借字起源の地名表記とみなすべきであるから、③については別個の処理が必要である。①②についてみると、注釈書の多くは訓読に傾いており、また、『土左日記総索引』も、すべて訓読して基本テクストを作製している。それに対して、小林芳規は、漢字表記の語をすべて音読語とみなしており、日付が例外であるとは考えていない。

小論の筆者としては、日付を一律に訓読すべしとする立場にも、また、一律に音読すべしとする立場にも、にわかに賛同しがたい。

日記では日付が検索の手掛かりであるから、一目瞭然の漢字で表記されることが不可欠の条件である。必ずしも声に出して読む必要はないが、声に出した場合には、つぎのように読まれたと考えるのが自然である。

一日↓十日／廿日／卅日……………訓読

十一日↓十九日／廿一日↓廿九日………音読

「九日のつとめて」は訓読であり、「十三日のあかつきに」「廿二日、いつみのくにまてと、たひらかに願たつ」などは音読である。

注釈書の多くが日付をすべて訓読しているのは、最初に「しはすの、はつかあまりひとひのひ」という表現があるからであろうが、そのことは、つぎの「廿二日」を「はつかあまりふつか」と訓読すべき根拠にならない。なぜなら、「廿一日」が「はつかあまりひとひ」を表わすとしたら、どうして、わざわざ、そこだけが仮名で表記されているのか説明がつかないからである㊟。

「一文字をたにしらぬものしかあしは十文字にふみてそあそふ」の「ものしか」の部分について解釈が分かれているが、〈漢字の「一」の字さえ知らない人間が、酒に酔って、足は漢字の「十」の字に踏んで遊ぶ〉といった意味であることは疑いない。

漢字のほぼ四分の三に相当する百四十二字は日付の文字であるから、それらをどう読むかによって、音読字と訓読字との比率は大きく変わる。したがって、音読／訓読にこだわると、ここで動きがとれなくなる。しかし、次項に述べるように、日付けの読みかたなど、実際には、どうでもよい。

7　『土左日記』のテクストで漢字がどのように機能しているかを明らかにするためには、漢字表記の日付と、叙述の部分に使用されている漢字とを分けて取り扱うべきである。

冒頭の一節から知られるとおり、『土左日記』は「をとこもすなる日記」を模した「日記」である。漢字文の日記をモデルにして仮名文の日記を書こうとする場合、共通する基本的特性は、〈毎日の出来事の記録〉ということである。

日記の日付は漢字で記される。それは、後日、検索する場合、仮名よりも漢字のほうが視覚的にはるかに捉えやすいからである。要するに、それが日記として綴られる以上、順をおって日付を記すのは当然であった。「をとこもすなる日記」の形式に合わせることによって、日記の範疇に属する記録であることを判然とさせたという表現も可能である。日付の文字が、きわだって太く書かれていることも、見出しとしての機能という点からいって当然である。

以上のように見るならば、日付は検索用の見出しであり、その機能に即して、漢字で記されたとみなすべきである。その意味において、むしろ、符号に近いと言ってよい。したがって、漢字で記されているから音読語であるとか、和語として読んだほうが女性の日記にふさわしいとかいうたぐいの説明は的を射ていない。日付は見出しであるから、当面の考察の対象から除外される。「語として、あるいは拗音、あるいは入声音、三内撥音尾を含んで」いるために漢字で表記されているなどという理由づけを当てはめるのは強引にすぎる。繰り返すなら、文中に使用された漢字と違って、日付は漢字で表記しなければ機能を発揮できなかったのであるから、「月」「日」の字音の構造がどうあろうと関係がない。

4　個別例の検討　I

1　前節に述べた理由で地名の「宇多」を除外し、また、日付の文字を除外すると、残る漢字は五十九字になる。それらを単字のレヴェルでなしに語のレヴェルで捉え、音読語／訓読語に分類するとつぎのようになる。

「一文字／十文字」は、ひとまず音読語とみなし、あとで当否を検討する（→第5節）。なお、以下には、接頭辞「故／千」をも含めて〈語〉とよぶことにする。

ⓐ　音読語（三十二語、四十九字）

願（二例）　京（十二例）　（なきさの）院（二例）

故（これたかのみこ）　故（ありはらのなりひらの中将）

日記　講師（二例）　郎等　白散（二例）　五色　明神　病者　不用　中将　一文字　十文字　相応寺

ⓑ　訓読語（七語、十字）

日（二例）　子日（二例）　人　子（二例）

千とせ

（参考）　わかれかた木こと　ひゝら木ら

延べ語数でみると、八割まで音読語であるが、問題は、その事実をどのように意味づけるべきかである。的確な意味づけのためには、つぎの二つの事柄に説明を加えておく必要がある。

①字音語の大部分が漢字表記になっているという、逆の現象が認められないこと。

②漢字表記の和語が七語あること。うち三語は二例ずつあるので、恣意的とはみなしがたい。

2　仮名表記の字音語を左に列挙する。ただし、「むま／むめ」は、中国語起源であっても実質的に和語として機能しているので除外する。

れい例（四例）　せに銭（三例）　とに頓（に）　ゑ怨（ず）（二例）　ゑ絵　けゆ解由

とうそ屠蘇　てけ天気　ていけ天気　もし文字　かいそく海賊（六例）　すはう蘇芳

つぎの諸例は、和語との複合語である。

せちみ節忌（二例）　みそもし三十文字（二例）　なゝもし七文字　さうしもの精進物

漢字表記の字音語をA群とし、仮名表記の字音語をB群とすると、A群は三十二語、B群は二十九語で、ほぼ伯仲している。A群では「京」十二例、B群では「かいそく」六例が、特に目だつほか、複数回にわたって使用されているものが少なくないが、両群にまたがるものはない。A群「一文字／十文字」と、B群「もし／みそもし／なゝもし」とを不整合とみなす必要はない。

仮名／漢字の両様に表記されている字音語がないことは、字音語の表記において、漢字表記にするか仮名表記にするかが、選択的ではなかったことを意味している。

原テクストの筆者の用字方針が、字音語について、つぎのいずれかであったと仮定してみる。

①なるべく漢字で表記するのが原則であった。

②なるべく仮名で表記するのが原則であった。

厳密には、この場合における「原則」の意味を規定しなければならないから、こういう仮定自体が成り立ちにくいが、一つの接近として、ひとまず、このように極端化して、選択基準を探ってみる。

もし、基本方針が①であったか、すくなくとも、①の方向に大きく傾斜していたとしたら、B群に属する諸項がどうして仮名で表記されているのか説明がつかない。なぜなら、いくつかは漢字との結び付きが失われていたとしても、大部分は漢字と容易に結び付けることができたはずだからである。

逆に、仮名表記が基本であったとすれば、説明はかなり楽になる。すなわち、仮名表記が基本でありながら、なおかつ、漢字表記の語が交えられているのは、仮名で表記できなかった語が漢字で表記されていることになるので、どうして仮名で表記できなかったかを考えてみればよいからである。以下には、②の原則のもとにテクストが書かれているという仮定のもとに検討してみる。

3　前項の⒜⒝群の諸語は、どうして、仮名で表記できなかったのであろうか。目に付くのは、それらのなかに拗音を含むものが高い比率を占めていることである。ここにいう拗音とは、開拗音と合拗音との総称である。開拗音とは、後世、ヤ行の仮名を添えて表わす音節であり、合拗音とは、後世、ワ行の仮名を添えて表わす音節である。ちなみに、合拗音のなかには、臻摂合口の歯音字「春」（シュン）や舌音字「屯」（トン）などのように、後世、そのほかの仮名表記をとるものがあるが、ここでは、中国字音の範疇だけで考えておく。

他方、⒝群には拗音を含むものがほとんど含まれていないから、⒜群の諸語が漢字で表記されている理由を解明する大切なカギは、漢字音の範疇にあるようにみえる。

合拗音を含む文字として「願」字が二例ある。一例しかない場合には、さまざまな説明の可能性があるが、二例あることは、恣意的用字でないことを意味している。

合拗音といっても、頭子音や韻尾の相違によって後世の仮名表記はさまざまであるが、kwa-／gwa-が片仮名で「クワ／クハ」などと表記されるようになったのは、訓読文献の場合、おおむね十一世紀以降である。また、そのような仮名表記がみられるようになって以後も、同音字注によったり、準仮名「火」で転写したりすることもまた、ふつうに行なわれている（→小松①）。

カ行合拗音は、早い時期から日本語に定着しており、『土左日記』の時代にも「願」はgwanと発音されていたと推定される。「願」は仏教語として滲透し、「願立つ」という成語も定着していたが、仮名で転写する習慣がなかったために漢字で表記されている。したがって、合拗音を含む語が⒝群にないのは当然である。なお、「願」

については、合拗音を含むだけでなく、舌内鼻音韻尾ｎをもつことも漢字表記の理由になっている可能性は、次節で否定される。

ⓐ群のなかに目立つのは、開拗音を含む語である。

京（十二例）　白散（二例）　明神　病者　中将

ⓑ群の「さうしもの」は「精進物」である。「精」は、本来、開拗音であるが、カ／ガ行ではなくサ行の開拗音である。後世、「シヤ／シユ／シヨ」（以下、韻尾の後接するものも、この形で代表させる）という表記で固定する字音（ただし、臻摂合口の歯音字を除く）が、平安時代に「サ／ス／ソ」の仮名で、しばしば表記されている事実は、サ行拗音の直音表記などとよばれて広く知られている。そういうよびかたの当否はともかくとして、『土左日記』と同年代の『和名類聚抄』をはじめ、『源氏物語』その他の仮名文学作品のテクストに、類例が少なからず見いだされるから、「さうしもの」も、そういう事例の一つとみなしてよい。

「病者」の場合は、どちらの文字にも開拗音が含まれている。この語は『源氏物語』の「夕顔／若菜下／手習」の各巻に一例ずつ使用されており、テクストによっては「はうさ」と表記されている。「者」字が「さ」の仮名で写されることは「さうしもの」の場合と同様であるが、「はう」については説明が必要である。池田亀鑑によれば、『源氏物語』では「はうさ」よりも「ひやうさ」のほうが、どちらかといえば優勢であるとのことである。こういう仮名表記は『土左日記』の時期までさかのぼるものではない。『土左日記』で「はうさ」という仮名表記が可能であったなら、『源氏物語』の時期に至って、改めて「ひやうさ」と交替する理由がないから、『土左日記』の時期にはそれに相当する仮名表記がなかったとみるべきであろう。「白散」についても同様である。

以上に得られた結果をひとまず整理すると、拗音は、すでに日本語の音韻体系のなかに確立されていたが、仮名で転写する方式が発達していなかったために、『土左日記』では漢字で表記されている。ただし、サ行の開拗音は仮名で転写されている㊟。

右のような説明で拗音字を⒜群から引き去ると、つぎの諸語が残る。

故（二例）　院（二例）

日記　講師（二例）　郎等　五色　不用

一文字　十文字　相応寺

漢字音の範疇を根拠にして、これらを⒝群と区別すべき理由は見いだしがたい。設定する基準によっては相違が抽出できるであろうが、そういう相違は見せかけにすぎない。

5　個別例の検討 II

1　⒜群の諸語から、拗音字を含むものを除いた十三例について、漢字で表記された理由を、漢字音の範疇を基準にして説明するのが困難であるとしたら、それらを、訓読される諸語と区別して取り扱うべき根拠が失われたことになる。そのことは、借字による表記とみなした地名「宇多」についても当てはまる。そこで、最初に引いた境界線を取り払って一括し、改めて、漢字で表記された理由を解明する必要がある。以下には、対象となる事例をすべて検討するが、わかりやすい事例を先にするので、順序は不同になる。

①　宇多

かくて、宇多のまつはらをゆきすく、そのまつのかす、いくそはく、いくちとせ、へたりとしらす　［一月九日］

この地名が漢字で表記された理由については、小松英雄②によって、一つの推測がなされている。その趣旨を要約し、かつ、本章の主題に合わせて部分的に敷衍すると、つぎのようになる。

文学作品のテクストに「うた」が出てくれば、経験的に、ほとんどが和歌の意であるから、「うたのまつはら」は、一次的に「歌の松原」と理解される。しかし、それでは意味がつうじないので読み返すことになる。同じく地名であっても、この場合には、つぎのような、最初から地名が期待される文脈と事情が違っている。

廿七日　おほつより　うらとをさしてこきいつ　［十二月廿七日］

「うた」が反射的に「歌」を想起させるように、「いけ」は「池」を想起させるので、つぎの事例では、「いけ」が普通名詞として読まれないために、傍線を付した部分のような断わりが添えられている。この場合には、コイやフナまでが話題になっているので、なおさらである。

かゝるあひたに、ひとのいへの、いけとなあるところより、こひはなくて、ふなよりはしめて、かはのもうみのも、こともののとも、なかひつに、ゝなひつゝけて、おこせたり（略）……このいけといふは、ところのなゝり　［一月七日］

「宇多の松原」が、当時の都人に、どれほど知られていたかは明らかでないが、最初は「うた」を「歌」として読んでも、読み返せば地名であることに気づくはずである。ただし、結果的に正しく理解されるとしても、みすみす誤解したうえで読み返さなければならない書きかたは最初から回避されるのが当然である。この場合には、漢字で「宇多」と表記しておけば、余計な混乱を引き起こすおそれはない。したがって、「宇多」という表記は、陥穽をあらかじめ埋めておいた処置として説明可能である。

「うたのまつはら」と表記しても、確かに「宇多の松原」という理解は保証されるが、それ以下に「うた」が出てくるごとに、「歌」以外の意味ではないかという疑いをもって読まなければならなくなる。

右の部分で、和歌の直後に添えられたことばが、もし、つぎのように記されていたら、どのように理解されるであろうか。

このうたは、ところをみるに、えまさらす　[一月九日]

この和歌は、すばらしい実景に比べて、あまり巧みでないという意味なのか、この宇多の地の実景は、評判ほどすばらしくないという意味なのか判断に迷うであろう。それは、読む側にとって無用の負担である。「いけ」の場合と違い、「宇多」と表記することで誤解が回避できるので、「このうたはところのなり」というたぐいの断わりは付されていない。

右のようにみるなら、この「宇多」は、効果が十分に計算された用字である。小林芳規は、つぎの解釈を示しているが、転写した人物の不注意に基づく誤りであるとはみなしがたい。

「宇」「多」は当時の字母は、それぞれこの字から出ており、漢字の草と紛れることも考えられる。

仮名文テクストには表意的用法の漢字と表音的用法の仮名とが交用されるので、漢字と仮名とは書体の違いによって判別されるから、右のような混同は生じないのがふつうである。草書体の文字を楷書体で写せば、それは明白な誤写であるが、このテクストのなかにそのような事例は指摘できない。したがって、「紛れることも考えられる」というのは、アドホックなタレナガシである。

②故（二例）

故これたかのみこのおほむともに、故ありはらのなりひらの中将の、（和歌略）といふうたよめるところなりけり　[二月九日]

接頭辞「故」を仮名で表記すると、正確な読み取りが困難になる。「こゝ」という仮名連鎖は「此処」と捉えやすいし、「ここれ／たかのみこ」では意味がつうじない。また、「おほむともに子あり」とか「小有原の」とか読んだうえで読み返すことにもなりかねない。

『土左日記』に限らず、仮名文テクストにおける漢字表記は語を単位にしているから、杓子定規に言えば「故」は例外になる。しかし、直後の部分が人名であるから、「故」と表記しておくだけで、必要にして十分な処置になっている。その意味で、後世のテクストにおける接頭辞「御」の用法につうじている。

③日記

をとこもすなる日記といふものを、をむなもしてみむとて、するなり［冒頭］

「日」の字音は韻尾が舌内入声音であったから、音節単位では仮名で表記できなかった。ただし、その事実をもって、ただちに、漢字でしか書けなかったとは言えない。なぜなら、「日記」をひとまとまりにして「にき」と表記する手段もありえたからである。舌内入声韻尾の無表記とよばれる方式である。したがって、なぜ、この場合、「にき」と表記されていないかについても考えてみなければならない。

舌内入声韻尾や舌内鼻音韻尾の無表記として一括されているが、仮名文テクストに交えられる字音語の韻尾に仮名を当てないことと、訓読テクストの漢字に傍記する音注の韻尾に仮名を当てないこととを同日に論ずべきではない。

右に引用した『土左日記』の一節において、「にき」と表記しても読み取りに支障をきたさないためには、つぎの二つの条件が満たされていなければならなかった。条件①は、条件②の前提でもある。

①日常語に、ニッキという語が十分に滲透していたこと

②「にき」が「日記」を指すことが、文脈から容易に推知できたこと。

条件①については、当時の状況を判断しがたいが、条件②は成立しそうもない。あとまで読めば、「日記」を指すことがわかるにしても、「をとこもすなるにきといふものを」までを読んで、「日記」であると確実に同定するのは不可能に近いからである。舌内入声韻尾でも和語の促音でも、文脈からすぐそれとわかる仮名連鎖でなけ

れば、いわゆる無表記の綴りをとることはない。

このテクストの字音語が単字でなしに語を単位に表記されているのは――すなわち、「日き」でなしに「日記」と表記されているのは――、「にき」という文字連鎖が「日記」であると容易に判断できるなら、仮名で表記されたはずであることを意味している。

無理なく仮名で転写できる語形の字音語であっても、文脈に支えられて確実かつ容易に同定できる保証がなければ仮名表記は避けられたはずである。したがって、「日記」が漢字で表記されている理由を「日」字が舌内入声韻尾をもつことだけで単純に説明すべきではない。

④講師（二例）

廿四日、講師、むまのはなむけしに、いてませり［十二月廿四日］

二日、なほ、おほみなとにとまれり、講師、もの、さけ、おこせたり［一月二日］

「講師」の語形は「かうし」と転写できたが、右に引用したどちらの場合にも、「かうし」と表記したのでは、字音語か和語かも確定しにくい。十二月廿四日の例では、直後の「いてませり」という表現で、高位の人物であることが限定されており、「かうし」を「講師」として同定する手掛かりになるが、反射的には同定できない。一月二日の例では、可能性の幅がさらに広く、「かうし」が行為の主体として捉えられる保証もない。「かうしの」などという実在しない語を読者の脳裡に描かせて、いたずらな負担をかけかねない。

一般に、和語の場合には、所与の仮名連鎖に対応する語の有無が直観的に判断できるのに対し、字音語の場合には、漢字の種類が無限にひとしいために、意図された語を仮名表記から導くことが困難になりやすい。したがって、字音語の場合には、仮名で表記できる語形であっても、前項にあげた①②の両条件を、十分に満たしていなければならなかった。

⑤郎等

廿六日、なほ、かみのたちにて、あるしゝ、のゝしりて、郎等までに、ものかつけたり［十二月廿六日］

仮名で「らうとう」と表記すれば語頭がラ行の仮名になるので、先行部分とひとつづきに書かれていないかぎり、字音語であることは歴然としていた。和語の語頭にラ行音節が立たないことは、経験に基づいて感得していたはずである。また、同音衝突を起こしそうな語もない。それにもかかわらず、漢字で表記されているのは、一見してわかるほどの日常語ではなかったからであろうか。

⑥五色

くろさきのまつはらをへてゆく、ところのなはくろく、まつのいろはあをく、いそのなみは、ゆきのごとくに、かひのいろはすはうに、五色に、いまひといろそたらぬ［二月一日］

「くろ／あを／しろ／すはう」と並べてきたそのあとに、この語が出てくるのであるから、「こしき」と表記しても、「五色」であると理解できそうであるが、必ずしも、そうとばかりは言えない。

ところのなは………しろく
まつのいろは………あをく
いそのなみは………ゆきのごとくに
かひのいろは………すはうに

右のような構成で連ねてくれば、それに続く一節も、最初に立つ語は事物の名称であることが期待される。したがって、「こしきに、いまひといろそたらぬ」と表記されれば、「甑」や「轂」などが反射的に結び付けられる。換言するなら、「所の名→松の色→磯の波→櫂の色→X」の「X」に「五色」が来るのは、文章の流れから言って、いささか唐突だったために漢字表記が選択されたのであろう。

⑦不用

けふ、せちみすれは、いを不用　［二月八日］

「不用」という語は、あとの時期の仮名文テクストにも散見する。節忌なら魚を食べないのは当然であるから、「いを、ふよう」で誤解の余地はなかったであろう。したがって、この場合には、正確かつ容易に同定できるかどうかとは別に、つぎの要因が作用しているようにみえる。

築島裕①は、この作品に漢文訓読と共通の用語や表現が多用されていることを指摘しているが、それらは、「をとこもすなる日記」と同じ雰囲気を効果的に醸し出すために意図的に使用されている。「いを不用」もその一環として説明すべきである。女性の日記にふさわしく、画数の少ない文字で構成された漢語を選んで漢字で表記し、視覚的効果を発揮している。

⑧一文字／十文字

ありとある、かみしも、わらはまて、ゑひしれて、一文字をたにしらぬものしかあしは、十文字に、ふみてそ、あそふ　［十二月廿四日］

「文字」の語形がモンジなら舌内鼻音韻尾が含まれるが、モジであればふつうの二音節語である。日常的に使用されたために、発音も日本語になじんでモジとなっていた公算が大である。いずれにせよ、当時、濁音は鼻音をともなっていたので、モンジ／モジの境界は画然としていなかった。

「文字」については、つぎのように、「もし」という仮名表記の例があるから、ここでは、「文字」という語でなしに、「一文字／十文字」という組み合わせが問題である。

そのうた、よめるもし、みそもしあまりなゝもし　［一月十八日］

かきいたせれは、けに、みそもしあまりなりけり　［二月五日］

前述したように、ここは、〈「一」という漢字の書きかたさえ知らぬ者が、足で「十」という漢字を書きながら遊んでいる〉ということであり、それぞれの文字を視覚的に示さなければ意味をなさないからである。「じゅう字路」「ティー字帯」「エル字形」などと表記しないのと同じことである。

⑨相応寺

やまさきのはしみゆ、うれしきことかきりなし、こゝに、相応寺のほとりに、しはし、ふねをとゝめて、とかくさたむることあり　［二月十一日］

「やまさきのはしみゆ」という手掛かりがあるので、寺院の名称と所在地とを知っていれば、「さうおうし」と表記されていても「相応寺」という引き当てが可能だったであろう。しかし、この寺院について知らなければ、かりに「し」が「寺」であると理解したところで、「さうおう」から「相応」を導くことは絶望に近い。また、「相応寺」以外にも、「さうおう寺」があった可能性もある。しかし、漢字を当てておけば、無用の混乱が防止できる。語が単位であるから、「相応」が漢字なら、「寺」も漢字になる。

⑩院（二例）

かくて、ふねひきのほるに、なきさの院といふところを、みつゝゆく、その院、むかしをおもひやりてみれは、おもしろかりけるところなり　［二月九日］

「院」は、「③日記」の項にあげた条件①②のうち、条件①を満たしている。条件②についても、「相応寺」よりは期待できたかもしれない。しかし、この時期には、舌内鼻音に仮名を当てる習慣がなかったから、無理に仮名で表記すれば「ゐ」としかならなかった。しかし、「なきさのゐ」とか、「そのゐ」では、「井」と取り違えられるので、「ゐ」という表記はありえなかった。

漢字二字に対応する字音語なら、多くの場合、全体で近似的表記が可能であったし、また、対応する漢字は一字であっても、あとにサ変動詞やナリなどをともなって慣用される語なら、韻尾に仮名を当てなくても同定できる場合が少なくなかったが、「院」のように、いわば孤立無援の名詞には、そのような道が絶たれていたので漢字で表記されている。

⑪子（二例）

かくのほるひと〳〵のなかに、京よりくたりしときに、みなひと子ともなかりき、いたれりしくにゝてそ、子うめるものとも、ありあへる、ひとみな、ふねのとまるところに、こをいたきつゝおりのりす［二月九日］

「みなひとこともなかりき」では、「みな人、事もなかりき」という読み取りが可能になる。〈病気など、特別の事情をかかえている人はいなかった〉ということである。また、この一節は、京に帰着した喜びの叙述に続いているから、「みな、一言もなかりき」という理解にもなりかねない。すなわち、遠国の土佐に下るときには、みんな暗い気持ちで、口をきこうとする者もいなかった、ということである。

「事もなかりき」とか「一言もなかりき」とか読み取ったのでは、あとの部分の意味がとおらなくなるので、消去法で「子どもなかりき」に落着するが、「子」という漢字を当てておけば迂回は避けられる。

「子うめるものとも」の「子」が仮名で表記されていたら、連綿が明確でないと、「至れりし国にて、そこうめるものとも」と読み取って当惑しかねないし、また、係助詞ゾをおさえておかないと、結びを見逃して、あとの部分を「ありあへる人、みな、舟のとまる所に〜」という続きとして読み取りかねないが、はじめに「子ともなかりき」と表記されているから、「こうめるものとも」でも「子産めるものども」という解釈は可能である。したがって、二つの「子」のうちでも、正しい理解へのカギとしては、前者のほうが、はるかに重い。

「こをいたきつゝ、おりのりす」まで読んでくれば、もはや、漢字を当てなくても、「子」を抽出することは容易である。漢字表記を必要最小限にとどめたということなら、前節で設定した仮定に違背しない。

「子」を仮名で表記すると一字だけであるから前後の仮名と結び付いて混乱を生じやすい。その事実は、藤原定家の文字遣について考える場合、特に注意を要する事柄である（↓第三章）。

⑫日（二例）

としころ、よく、くらへつるひと〳〵なむ、わかれかたくおもひて、日しきりに、とかくしつゝ、のゝしるうちに、よふけね［十二月廿一日］

からうたに、日をのそめは、みやことほし、などいふなることのさまをきゝて［一月廿七日］

「日しきりに」は、〈日中は、休む間もなく〉という意味であろう。「ひしきりに」と表記した場合、「ひ」が「日」として同定されなければ、「ひしきりに」は、「ひし＝きり＝に／ひしきり＝に／ひじきり＝に」など、適切な引き当てを求めて、さまざまに分析されかねない。

「しきりに」は、仮名文の洗練された用語ではなく、口頭言語の語形であるが、「ひ＝しきり＝に」と切ることができさえすれば、支障なく理解できたはずである。すなわち、「日しきりに」となっていれば、同定は容易であった。

「日をのそめは」が「ひをのそめは」と表記されていれば、「火／灯を望めば」という理解が成立するし、それで十分に理解できる。「日をのそめは」と表記しておけば、そういう対等の解釈が競合することは回避できる。「ひ」が一音節語であるという条件は、前項の「こ」と共通しているが、「ひ」の場合には、衝突を起こす語が決まっている点で、「世／夜」などの対と共通している。

⑬子日（二例）

つめの、いとなかくなりにたるをみて、ひをかそふれは、けふは子日なりけれは、きらす、むつきなれは、京のねのひのこと、いひいてゝ、（略）あるをむなの、かきていたせるうた、おほつかな、けふはねのひか、

あまならは、うみまつをたに、ひかましものを、とそいへる、うみにて、子日のうたにては、いかゝあらむ　［一月廿九日］

四例あるうちの第一例／第四例が「子日」と表記され、第二例／第三例が「ねのひ」と表記されている。

右の引用のまえに、つぎの一節がある。

いまし、はねといふところにきぬ、（略）はねといふところは、とりのはねのやうにやある　［二月十一日］

「けふはねのひなりければ」と表記されていた場合、先行する部分の印象が濃厚に残っていれば、「今日、羽根の日なりければ、切らず」と理解するのが自然である。また、爪が伸びたという叙述を承けているから、連綿が正確でなければ、「今日、羽根延びなりければ、切らず」などと読まれかねない。「子日」に「根延び」が重ねられているから、必ずしも不自然とは言いきれない。ともあれ、「けふはねのひなりければは」と表記したのでは、「子日」という理解は保証されなかった。

読者を迷路に誘い込まないためには、「ねのひ」がひとまとまりであることを明示しておけばよい。ただし、漢字を当てても、つぎのように表記したのでは、まったく効果がない。

けふはねの日なりければは………羽根の日

けふは子のひなりければは………コ（子）の日

けふは子の日なりければは………同右

暦日の「ねのひ」であることを示すためには、「子」字と「日」字との間に、助詞「の」を表わす仮名を介在させなければよい。すなわち、「よのなか」を「世中」と表記するのと同一の原理である（→第8節）。もとより、むやみに省記することは許されないが、この場合には、漢字文の日記の方式を導入することによって意味が確定されている。「子日」がひとまとまりであれば「ねのひ」でしかありえない。

「むつきなれは、京のねのひのこといひいてゝ」は、第一例からの続きである。時節は「むつき」であるし、「京のねのひ」であるから、仮名表記でも誤読のおそれはない。

「けふはねのひか」は和歌の第二句である。本来、和歌は仮名だけで表記するものであり、「子の日」に「根延び」が重ねられているから、漢字表記はありえなかった。この場合には、まえからの続きで「子の日」であることは自明である。

自明ということなら、「子日のうたにては、いかゝあらむ」も、漢字で表記する必要はない。しいて言うなら、ここでも、漢字文の日記の雰囲気を出そうとしたとみるべきであろうか。

⑭千（とせ）

ほとりに、まつもありき、いつとせむとせのうちに、千とせや、すぎにけむ、かたへはなくなりにけり　［二月十六日］

「いつとせむとせのうちに」のあとに続いているから、「ちとせ」という表記でもよさそうにみえるが、漢字が当てられることによって読み取りやすくなっていることは確かである。

そのあとの和歌に「ちとせ」と表記されているが、前述したように、和歌は仮名だけで記されるものであったから、選択の結果ではない。

みしひとの　まつのちとせに　みましかは　とほくかなしき　わかれせましや　［二月十六日］

⑮人

いと、おもひのほかなる人の、いへれは、ひと〳〵、あやしかる　［二月六日］

多数の「ひと」のなかにあって、なぜ、この一例だけに漢字が当てられたのか、適切な説明が思い浮かばない。参考のために言い添えるなら、漢字を多く交えた平安末期以降の仮名文テクストで、この語は漢字表記の例が多い。「ひ」の仮名の末尾を小さく丸めて「ひと」のように書き、一語として読ませている事例は、定家の模写した貫之自筆『土左日記』に、すでにみえる。定家自筆の仮名文テクストでは漢字表記である。「ひと」の「と」が助詞と誤認される可能性が、しばしばあるからであろう。

⑯わかれかた木こと

いそにおりゐて、わかれかた木ことをいふ［十二月二十七日］

「木」を「き」の異体仮名と認めれば問題は解消するが、御都合主義になるので留保する（→今野）。

⑰ひゝら木ら

こへのかとの、しりくへなはの、なよしのかしら、ひゝら木ら、いかにそ［元日］

ラは、それ自体として接尾語であり、また、活用語にも多出するために、「ひゝらきら」と表記すると形態素の切れ目があやふやになる。表音／表意を兼ねて、このように表記すれば同定は容易である。キ／ギに「木」を当てたのは、民間語源による分析であるから、簡単につうじたであろう。

6　漢字表記の類型

1　『土左日記』のテクストで漢字表記になっている諸例について、仮名で表記されなかった理由を検討した結果、つぎの三つの類型があることが判明した。

①日付……………見出しとしての機能を担う。
②拗音字／入声音字………仮名で表記する習慣がなかった。
③その他………………仮名で表記すると語の同定が困難になるか、誤読される危険が大きかった。

これらのうち、①は「日記」に付随する形式であるし、②は、仮名で表記する手段がなかったためであるから、いずれも、理由は単純である。それに対して、③の場合には、仮名で表記できる語形であったにもかかわらず漢字で表記されているので、①②の諸語と事情が異なっている。換言するなら①②は、選択の余地のない消極的漢字表記であり、③は、積極的に選択された漢字表記である。③の諸例の場合は、たいてい、文脈の関係で漢字表記が選択されている。

2　『土左日記』が、旅行中の覚え書きを漫然と取りまとめた記録ではなく、推敲を加えた作品であることは、女性に仮託した冒頭の表現や、冒頭／巻尾の呼応など、多くの点から確実に推定できる。③については、推敲に際して、誤読を誘いやすい部分に、最小限度、漢字を当てたと考えてよい。判断のユレが生じるのは当然であるから、必ずしも漢字を当てる必要のなかった語や、逆に、漢字表記が望ましかった語もあるであろう。小論で試みた理由づけが、すべて正しいという保証はないが、すくなくとも、漢字で表記されるべき、なんらかの理由があったことは確かである。

先行論文が、テクストの文脈を考慮せずに、テクストを文字の集合として捉え、漢字音の範疇だけを基準にして、漢字表記の理由を説明しようとしたことは、方法のうえで批判されなければならない。

前節の検討において、拗音を含む語については、その語形をもつことが漢字で表記されるための十分条件であるとみなし、個別の吟味を省略した。しかし、それらの諸例のなかには、仮名表記が可能であったとしても、なおかつ、漢字表記が選択されたであろうと考えられるものが交じっている。すなわち、②の条件は満たしていても、③の要因が大きいとみなすのが妥当ではないかということである。ただし、候補を具体的に指摘すれば、見解の相違があるかもしれない。

7　個別例の検討　III

『土左日記』を資料にして、仮名文テクストにおける漢字使用の条件について考える場合、漢字表記の語だけを取りあげ、それらが、漢字で表記された理由を解明しようと試みるのは、手順のうえで正しくない。仮名表記の字音語についても、なぜ、漢字表記をとらずにすんだのかを考えてみなければならない。漢字で表記された和語もある以上、厳密にいうなら、和語についても同様の検討が必要なはずであるが、事実上、不可能であるから、以下、ⓑ群の漢語について検討を加えることにする。

「せちみ（二例）」「さうしもの」「みそもし（二例）」「ななもし」の四語は字音語と和語との複合語である。それらは、和語と同じレヴェルの日常語であったとみなしてよいから、その他の諸例を取り上げる。

①とに（頓）

かせなみ、とにゝ、やむへくもあらす　［一月十六日］

三条西家本に「ともに」とあるのは、意改であろう。この意改は、校訂者の語彙に「とにに」がなかったことを意味している。『土左日記』以外には「とにゝ」の用例が指摘されていない。「頓」の韻尾は舌内鼻音であるから、仮名文学作品にみえる「とみに」が、この「とにに」を継承し、いわば、漢語離れした語形をとったものであるとしたら、「とにに」のほうが古い語形である。ただし、一例だけではあるが、『古今和歌集』の詞書に、「とみのこととて、ふみをもて、まうできたり」（雑上・九〇〇）とある事実を勘案するなら、訓読文体では「とにに」、和文体では「とみに」という対立が平安初期に存在したのかもしれない。いずれにせよ、舌内鼻音韻尾を「に」で写し、それに語尾「に」を添えた語形が形成されていることは、この副詞が十分に日常語化していた事実を示唆している。

②ぜに（銭・三例）

よんへのうなゐもかな、せにこはむ、そらことをして、おきのりわさをして、せにもゝてこす、おのれたにこす　［一月九日］

かちとりの、きのふつりたりし、たひに、せになけれは、よねをとりかけて、おちられぬ　［一月十四日］

『和名類聚抄』には、「銭」字に和訓が付されていないが、「銭」を含む複合語が、いくつも立項されている。韻尾ニについては、「とにゝ」の「に」と同様の説明が可能である。

紙銭　新楽府云、神之来兮、風飄々、紙銭動兮、錦繖揺、俗云加美勢迩、一云勢迩加太　［巻十三・祭祀具］

③てけ／ていけ（天気）

よふけて、にしひむかしも、みえすして、ゝけのこと、かちとりの、こゝろにまかせつ　［一月九日］

ていけのことにつけつゝ、いのる　［一月廿六日］

「てけ／ていけ」は同一の語を示したものとされている。文脈から判断するかぎり、両者を別語とみなすべき積極的根拠はないし、「天気」以外に適切な引き当ても見いだしがたい。そうだとすれば、「てけ」は「天」字の舌内鼻音韻尾に仮名を当てない表記であり、「ていけ」は舌内鼻音韻尾を、それと発音部位の近い「い」で表わした表記である。鼻音韻尾のあとには連濁を生じるのがふつうであるから、語形はテンゲだったであろう。

小林芳規は、「土左日記で漢字表記の語は、仮名で表記する習慣の固定していなかった字音語表記のものであった」とみなす立場をとり、漢字で表記されている和語は誤記として処理しようとしているが、小論では、漢字表記の和語があることを認める立場をとっている。

考察の対象を字音語だけに絞り、右の引用を裏返すと、〈土左日記で仮名表記の字音語は、仮名で表記する習慣の固定していたものである〉となる。しかし、「てけ／ていけ」が同一の語形を表わしているとしたら、転写が不安定である。そういう不安定な転写がみられることは、右の命題の成立にとって致命的である。

築島裕④は、そういうたぐいの例を列挙し、「これらは、表記法が不統一の形のまま後に伝へられた為ではないかと考へられる」としているが、同一のテクストで、同一の人物が「不統一の形」を用いていることについては、しかるべき説明がほしい。

前節の「日記」の項で検討したように、近似的表記で同定に支障をきたさないためには、それなりの条件が必要であって、対応する仮名がなければその音を表記しないとか、類似の音を表わす仮名で代用しておけばよいというものではない。

仮名文テクストには、「天気」という語が、どの程度まで日常化していたかを示す用例が見いだせない。

つぎの「てんけ」も「天気」であろうが、右の二例とは意味が違うし、仮名表記にも疑問がある。

いとよきことなり、てんけの恵方にもまさらむ　〔蜻蛉日記・安和二年一月〕

三巻本『色葉字類抄』にも、「天気」の項目はない。この語の使用された範囲は、文献資料のうえで明確に捕捉しがたいが、「てけ」でも「ていけ」でも「天気」であると理解できたとすれば、日常語にテンゲが滲透していたことを意味することになるが、帰結は保留したい。

④ゐず（怨ず・二例）

ひとみな、えあらて、わらふやうなり、うたぬし、いとけしきあしくて、ゐす　〔一月十八日〕

ふなきみの、からくひねりいたして、よしとおもへることを、ゐしもこそしたへ　〔二月一日〕

「ゐす／ゐし」がヱンズ／ヱンジを表わしているとしたら、いわゆる舌内鼻音韻尾の無表記である。サ変動詞は分離可能であったから、ヱンズを文法上の単位として無条件には一語と認めがたいが、ともかく、「怨」はつねにサ変動詞をともなって使用されている。その慣用的結合を前提にして、「ゐす／ゐし」という仮名表記がヱンズ／ヱンジとして同定できたことになる。例示は省略するが、この語は、仮名文学作品のテクストに、しばしば使用されている。

⑤ゑ（絵）

やまさきの、こひつのゑも、まかりの、おほちのかたも、かはらさりけり　［二月十六日］

解釈の一定していない一節であるが、「かた」との対比において、「ゑ」は中国風の絵画を指した語であろう。和文に用例が散見するので、早い時期から日常語化していたと推定される。

無表記という概念を、音韻／音節のレヴェルで考えてきた従来の立場からするなら、筋道から言って、この「ゑ」についても、語形がヱン／ヱッであった可能性を否定したうえでなければ、「絵」であると確定できないはずである。従来、そういう手順を踏むべきことが指摘されず、現に、踏まれてこなかったのは、無表記という用語が術語として吟味されることなく、ナイーヴに使用されてきたからである。直感的に結び付けた漢語で意味がとおらない場合に、舌内入声韻尾や舌内鼻音韻尾を添えれば適切な漢字があるのではないかと考えることは、正しい漢字にたどり着いたとしても御都合主義である。

すでに指摘したとおり、熟字のもう一方の文字や、後接するサ変動詞に支えられたりしないかぎり、韻尾の無表記はありえない。「あめり／なより」など、和語における撥音の無表記とよばれているものも、特定の語との結合において可能であるから、原理は共通している（→総説／第五章）。したがって、右の文脈における「ゑ」については、「ゑも」が意味をなす単位を形成している可能性さえ排除すれば、「絵」に絞ることができる。そして、右の文脈において、どうして「ゑ」が「絵」でなければならないのかを説明できたときに、無表記とよばれてきた現象の本質が理解できるはずである。

直観的に判断しても、あるいは、右のような手順で可能性を絞っても、「ゑ」が「絵」であるという帰結は変わらないが、大切なのは同定の手順である。

⑥れい（例・四例）

　かゝるあひたに、みなよあけて、ゝあらひ、れいのことゝもして、ひるになりぬ　［一月十一日］

　こよひ、ふなきみ、れいのやまひおこりて、いたくなやむ　［二月八日］

ほかの二例も、「れいの」である。和文には、「世中のれいとして、おもふをはおもひ、おもはぬをはおもはぬものを」（伊勢物語・六三段）のような用法を含めて少なからず使用されているが、平安末期以降の仮名文テクストでも仮名表記がふつうである。

⑦げゆ（解由）

　あるひと、あかたの、よとせいつとせ、はてゝ、れいのことゝも、みなしをへて、けゆなと、ゝりて　［十二月廿一日］

文脈に支えられて仮名表記が可能であった例の典型である。四五年の任期をすませて、定まった手続きをすべて終わって、という叙述を承ければ、「けゆ」は「解由」でしかありえない。

三条西家本のテクストでは、「けゆ」に［平濁・平］と声点が加えられている。中世になると、この文脈でも、仮名表記では確実な同定が保証されなくなっていたのであろう。

⑧とうそ（屠蘇）

　くすし、ふりはへて、とうそ、白散、さけくはへて、もてきたり　［十二月廿九日］

元日を控えて、「屠蘇」は十分に期待される語であるから、仮名表記で支障なく理解できたはずである。

⑨もし（文字）

　そのうた、よめるもし、みそもしあまりなゝもし、ひとみな、えあらて、わらふやうなり　［一月十八日］

文脈から、「よめるもし」の「もし」は、明らかに名詞「文字」である。「みそもし」「なゝもし」という結合からも知られるとおり、和語の感覚で使用されている。『古今和歌集』の仮名序にも、つぎの例がある。いずれも仮名文字を指している。

　ちはやふる神世には、うたのもしも、さたまらす
たのしひ、かなしひ、ゆきかふとも、このうたの、もしあるをや

⑩かいそく（海賊・六例）

　かいそく、むくゐせむ、といふなることを、おもふうへに、うみの、また、おそろしければ　［一月廿一日］
　かいそく、おひくといふこと、たえすきこゆ　［一月廿五日］

船旅の途中で、「かいそく」が報復するだろうとか、追跡してくるとかいうことなら、「海賊」以外にありえない。あとの時期ではあるが、三巻本『色葉字類抄』加部畳字門に、「海賊／カイソク」がある。

⑪すはう（蘇芳）

　ところのなはくろく、（略）かひのいろはすはうに、五色にいまひといろそたらぬ　［二月一日］

『和名類聚抄』に、つぎの両項がある。

　蘇枋　蘇敬本草注云蘇枋音方俗音須方人用染色也　［巻十四・染色具］
　蘇枋　蘇敬本草注云蘇枋唐韻作放音与方同俗云須房人用染色者也　［巻二十・木類］

色名が列挙されているから、「すはう」という表記で理解できたはずである。後世に書写された仮名文テキストでも仮名で表記されている。

以上の検討の結果、字音語における漢字表記と仮名表記との選択基準は、最初の見通しのとおりであることが裏づけられた。

8　高野切所用の漢字

1　以下に取りあげる高野切『古今和歌集』は、数ある古筆切のなかでも特に著名なものの一つであるから、解題は省略する。第一種／第二種／第三種は、それぞれ別筆とされているが、小論の資料としては、ほぼ等質とみなしてよいので、ひとまとまりのコーパスとして取り扱う。本節では、前節までの考察の延長として、漢字使用について検討する。

このテクストにおける漢字表記の語として目に付くのは、「古今倭歌集巻第一」をはじめとする巻次と、それぞれの部立の名称とである。

春歌上　秋歌下　離別　羇旅歌　旋頭歌　誹諧歌　神歌　神楽歌

仮名表記の可能な語形と、仮名表記の習慣のなかった語形とがあるが、巻名は見出し機能をもつために、『土左日記』の日付と同様、視覚的にとらえやすい漢字表記が選択されている。したがって、それらは、和歌や詞書に交えられた漢字表記の語と区別して考えなければならない。

作者名は、しばしば漢字で表記されている。第一種／第二種／第三種のそれぞれのテクストのなかでも、人名の表記はさまざまであり、仮名字母も一定していない。

きのつらゆき　つらゆき　貫之

おふしかはちのみつね　みつね　凡河内躬恒

仮名書道の作品として、美的な見地から視覚的変化をねらった変異として説明すべきであろう。いわゆる変体仮名の使用と原理的につうじている。人名の漢字表記もまた、仮名文テクストにおける漢字使用の一般的なありかたと別に取り扱うべきである。したがって、考察の対象として残るのは詞書と和歌とである。

2　詳細を省略して結果を言えば、詞書と和歌とでは、漢字の比率が大きく異なっている。それは、和歌の語彙が和語だけであることに起因している。

『古今和歌集』の和歌は和語だけで構成され、仮名で書かれることを前提にして作られているが（↓小松③④）、平安末期以降、漢字が多く当てられるようになった。高野切『古今和歌集』のテクストは、仮名と漢字との遣い分けにおいて、平安初期の姿を濃厚にとどめていると推察される。

概略的に言うなら、詞書は散文であり、その意味で、『土左日記』の叙述部分と大きな違いはないから、適宜に漢字表記が交えられている。

当面の課題との関連で注目したいのは、第一種／第二種／第三種の和歌に、それぞれ一例ずつ、漢字表記の和語がみえることである。

ことしより　はるしりそむる　さくら花
ちるてふことは　ならはさらなむ　〔第一種〕

和歌は二行に分けて書かれており、第一行末尾の「花」が漢字になっている。行末に、二つの仮名で「はな」と書く余裕はない。仮名で「はな」と書けば、二行に分かれて「は／な」となる。最初から読んできて、行末に「さくらは」とあれば、末尾の「は」は助詞として捉えられる。最初にそう読んでも、すぐに誤りに気づいたであろうが、円滑な理解がそこで滞ることは望ましくない。「は／な」と二行に分けて書かれた例がみえないことは、その傍証となる。

あきをおきて　ときこそありけれ　きくの花
うつろふからに　いろのまされは　〔第二種〕

この場合にも、漢字で表記されているのは「花」である。行末に二字の仮名を書く余裕がないことも右の例と同じである。行末の「きくのは」は「菊の葉」と読まれる可能性がある。

和歌に漢字が交えられているのは、第一種／第二種をつうじて右の二箇所だけであるが、いずれも行末の「花」であり、もう一字分の余白はない。

藤原定家自筆の仮名文テクストでは、ハナが原則として「花」と表記されている。それは、この語を切り離すと、「は」が助詞と紛らわしくなるからである。その点において、「菊の葉」は、むしろ、特別の結合である。定家自筆の仮名文テクストでは、助詞バカリが行末にきて、しかも、三字分の余白がないと、「許」字が当てられている（→第三章）、これも、同じ原理で説明が可能である。

3　世中は　いかにくるしと　おもふらむ　こゝ
らのひとに　うらみらるれは　［第三種］

藤原定家自筆の仮名文テクストでは、ヨノナカを「世中」と表記するのが慣用であるが、すでに、高野切にそれと同じ表記がある。

現代語でも同様であるが、助詞ノが連続すると、先行する部分からの続きで、語句の切れ目が判然としなくなる。ヨナカ（世中）という語形はなかったので、「世中」という表記はヨノナカでしかありえなかったから、このように表記すれば、助詞ノの連続による混乱は未然に防止できた。

いちいち、文脈を考慮しないでも、このように表記しておけば思わぬ混乱を生じる恐れはない。それが、経験によって獲得された知恵であろう。右の和歌の場合は第一句であるから、仮名で表記しても混乱は生じないのに「世中」と表記されているのは、そういう習慣の反映であろう。藤原定家自筆の仮名文テクストでムメノハナを

「梅花」と表記しているのも、同じ理由に基づいている。

9　帰結

藤原定家自筆の仮名文テクストにおける文字遣を解明するための予備作業として試みたところの、青谿書屋本『土左日記』と高野切『古今和歌集』とにおける漢字使用の実態調査は、前節までの検討によって、ひとまず達成された。高野切については、簡単にふれただけであるが、当面の主題と関連する重要な事実は指摘することができた。

従来、おろそかにされてきた、仮名文テクストにおける漢字使用の原理を解明するために、仮名文テクストの原初的段階に属する『土左日記』を取り上げて検討を加えた結果、和語については、漢字で表記すると誤読や誤解の生じやすい語に漢字が当てられていることが判明した。

本章において見いだされたところの萌芽や示唆は、藤原定家自筆の仮名文テクストの文字遣を解明するうえで重要な意義をもっている。もとより、定家自筆の仮名文テクストには、漢字の使用に関して、本章で考察の対象とした事柄とは別の問題も少なくない。

補記　これまで、筆者は、『下官集』を「仮名の草子を書写する際の心得を記した作法書である」と一貫して規定してきたが、定家自身の整定した証本テクスト全体についての凡例／解説とみなすべきである。そうだとすれば、〈自分はこうする〉という叙述になっている理由も、また、何を書き何を書かなかったかの選択も、無理なく説明できる。当然、晩年に書かれたものであろう。第三章／第四章には、新たな観点から改稿すべき箇所がいくつかあるが、そのままにする。再校に際して。

〔引用文献〕

秋永一枝『古今和歌集声点本の研究』資料編／索引篇／研究篇上／研究篇下（校倉書房・一九七二年〜一九九一年）
池田亀鑑『古典の批判的処置に関する研究』（岩波書店・一九四一年）
大野　晋「仮名遣の起源について」（『国語と国文学』一九五〇年十二月：『仮名遣と上代語』岩波書店・一九八二年）
小林芳規「平安時代の平仮名文に用いられた表記様式」（Ｉ／II）（『国語学』第44／45集・一九六一年三月／六月）
小松英雄①『日本声調史論考』（風間書房・一九七一年）
小松英雄②『国語史学基礎論』（笠間書院・一九七三年／増訂版・一九八六年）
小松英雄③『やまとうた』（講談社・一九九四年）
小松英雄④『仮名文の構文原理』（笠間書院・一九九七年）
今野真二「ひひらき考」（『国語国文』一九九七年七月）
新村　出「音韻史上より見たる〈カ〉〈クァ〉の混同」（『国学院雑誌』一九〇六年十一月・十二月／『新村出全集』第一巻）
築島　裕①「土佐日記と漢文訓読」（『日本の言語学』第七巻・大修館書店・一九八一年（原論文・一九五一年））
築島　裕②「浄弁本拾遺和歌集所載のアクセントに就いて」（『国語アクセント論叢』法政大学出版局・一九五一年）
築島　裕③『平安時代漢文訓読語につきての研究』（東京大学出版会・一九六三年）
築島　裕④『平安時代語新論』（東京大学出版会・一九六九年）
築島　裕⑤「無窮会本大般若経音義のオ・ヲの仮名遣について」（『訓点語と訓点資料』五十四輯、一九七四年五月）
日本大学文理学部国文学研究室編『土左日記総索引』（日本大学人文科学研究所・一九六七年）
馬淵和夫「《平安かなづかい》について」（『佐伯梅友博士古稀記念国語学論集』表現社・一九六九年）

第三章　藤原定家の文字遣

0　導言

藤原定家によって整定された仮名文テクストから帰納される、漢字／仮名の補完的な遣い分けや、複数の仮名字体の体系的運用の原理を究明するのが本章の課題である。書記テクストは、まず、作成された目的を明確に把握すべきであるという立場の実践である。

仮名遣が、〈いろは〉四十七字を遣い分ける規範を指すのに対して、本章に言うところの文字遣とは、漢字／仮名の遣い分けや、仮名の綴りだけでなしに、仮名の字体や書体、あるいは、大小／濃淡などの有意的かつ組織的な書き分けまでを含む概念である。定家自筆の仮名文テクストから帰納される法則を規範とよぶとしたら、それは、定家がみずからに課した規範である。

本章に言うところの中和とは、音韻論の術語としての中和（neutralization）の便宜的準用である。この用語を使用したことについては、章末の「補記1」を参照されたい。

章末の「付説Ⅰ／Ⅱ」は、いずれも、本章の主題だけでなく、本書の主題に直接に関わる問題である。

1　証本の整定

1　古典文学作品の書誌的研究では、『伊勢物語』の諸伝本のなかで、天福二年（一二三四）の奥書をもつ藤原定家自筆テクストを臨模した学習院蔵本が最善本であるという共通理解が確立されているようにみえる。その事実は、現今の注釈書や教科書のたぐいが、ほとんどすべて、学習院蔵本のテクストに依拠し、あるいは、それを底本としていることからも明白である。

定家自筆のテクストは散佚したが、きわめて忠実に臨模されているので、小論の立場では、事実上、定家自筆テクストと等価とみなして扱うことができる。

『伊勢物語』に限らず、伝統的国文学では善本とか最善本とかいう用語がふつうに使用されているが、どういう根拠のもとにそういう評価がなされているのかは、はなはだ疑問である。原典の用語や表現を忠実にとどめているかどうかが基準であるとしたら、それは一つの立場であろうが、現実には、定家自筆テクストというだけで最善本に位置づけられているようにみえる。権威ある定家の自筆テクストだからという無批判な姿勢も大いに問題であるが、定家の識見で、可能な限り、原テクストが忠実に復元されているはずだという信頼があるとしたら、問題はもっと大きくなる。なぜなら、本章で明らかにするように、定家は、原テクストの復元など指向していなかったからである。

『更級日記』の場合には定家自筆の御物本が事実上の孤本であるから、好むと好まざるとにかかわらず、全面的にそのテクストに依拠せざるをえないが、定家自筆テクストという安心感がある。

別本として一括されているものを留保するなら、『源氏物語』のテクストが、青表紙本系／河内本系とよばれる二つの系統になることは斯界の常識であるが、前者に優位性を認めることが、もう一つの常識になっているようである。青表紙本といっても、定家自筆のテクストは「柏木」の一部が伝存しているだけであるが、定家の整定したテクストであることが信頼性を保証しているようにみえる。

『古今和歌集』『後撰和歌集』『拾遺和歌集』などについても、定家自筆テクストの優位は不動である。その他、多くの私家集を含めて、平安時代の仮名文学作品の場合、定家の整定したテクストが伝存していれば、ほとんど無条件に、それが最善本とみなされる風潮がある。その意味で、中世以来の定家信仰がそのまま生きており、定家がどのような基本方針のもとにどのようなテクストを整定しようとしたかについては関心が払われていないように見受けられる。

2　結論を先取りするなら、定家の整定したテクストは、伝存する最善本を選んで忠実に写し取ったものではなく、当時の人たちにとって不自然に感じられたり誤解を生じやすい表現は、自然かつ明快な表現に書き改め、両義の理解が成立する箇所は一義にしか理解できないように処置する方針がとられている。
『竹取物語』『うつほ物語』『落窪物語』『枕草子』など、定家が手を染めなかった諸作品のテクストには、とかく、意味のつうじにくい箇所が目立つし、同じ作品の諸伝本のなかで比較するなら、どの作品の場合にも、定家の整定したテクストがもっとも読みやすい。それは、右の方針に基づくテクストの書き換えがなされているからである。要するに、当時の人たちに理解しやすいように書き換えられているために、現今でも理解しやすいということである。なかには、原作の表現が復元されている場合もあるかもしれないが、書き換えられた箇所のほうがそれよりもずっと多いはずである。そうだとしたら、定家の整定したテクストを利用するためには、定家がどのようなところをどのように書き換えたのか、その基本方針、ないし、一般的手法を解明する必要がある㊟。

3　定家の整定したテクストは、彼の学統に属する人たちに写し継がれるための証本である。したがって、定家は、彼が確定した解釈のとおりに理解されるように、また、証本を書写する過程で誤写が生じないように、テクストの文字遣に細心の工夫をこらしている。

過去の書記テクストがすべてそうであるように、定家自筆のテクストにも、毛筆の特性が縦横に生かされているから、活字による翻刻には大きな限界がある。美的要因が失われるだけなら、当面の課題に影響はないし、そもそも、定家は美的表現を意図していないが、仮名の字体や大きさ／太さまでが計算されているからである。ほとんどの場合、原本による直接調査までは必要がないにしても、写真複製に基づかなければ、定家自筆テクストの文字遣について論じることはできない。活字翻刻したものが、定家自筆テクストの文字遣の形骸すらとどめていないことは、以下の検討によって明らかになるであろう。

4　連綿や墨継ぎ、仮名の大小や濃淡などを違えることによって意味の単位の切れ目を示すことは可能であるが、唯一の解釈しか許容しないためには、表意的用法の漢字を導入するのが効果的であった。ただし、漢字をあてると、文脈が与えられても、それに対応する和語が択一しにくくなる場合もある。たとえば、「夜」はヨル／ヨに、また、「衣」はコロモ／キヌに当ててふつうに使用されているから、不用意に漢字を当てると、可逆性が失われて、もとの語に戻れなくなる。定家はそういう混乱を未然に防止するために、「夜」はヨに、「衣」はコロモに限定し、ヨル／キヌは仮名で表記している。

仮名は清濁を兼ねる文字体系であるから、「また」はマタにもマダにも対応する。定家は、個々の「また」の意味を一方に限定するために、マタの意味には「又」を当て、マダの意味には「また」を当てている。活字翻刻したテクストのなかには、その原則があることに気づかず、仮名表記の「また」を、翻刻者の判断でどちらかに読み分けて「また」としたり、そういうテクストに基づいて索引が作成されているものがある。

多くの仮名文テクストでは、仮名書道の技法として、同一音節に対応する多様の字体／書体が併用されている。定家自筆の証本が仮名書道の作品として書かれていないことは明白であるが、仮名書道と関わりがあろうとなかろうと、仮名文テクストの仮名は〈いろは〉四十七字に収斂するはずであるという前提で翻刻され、また、研究されている。「地」が濁音専用の字体として使用されているという事実が指摘されても、それが用字体系のうえでどういう意義をもつかは問題にされていない（→鈴木）。

5　仮名は音節単位の表音文字とされているが、音韻論的に対立する音節を、すべて、別々の文字で表わすわけではない。また、音韻論的対立以外の要因に基づいて、同一の音節を書き分けることも自由である。たとえば、英語における大文字／小文字の書き分けは、音韻論的対立と無関係である。端的に言うなら、語句の同定の確実化や読み取りの効率化に役立てば書き分けるし、役立たなければ書き分けないだけである。
個々の仮名文テクストに、どれだけの種類の仮名字体／書体が有意差をもって使用されているかは、記述に基づく帰納の手順を経て確認できることであって、〈いろは〉四十七字が書き分けられているはずであるなどと最初から決めてかかるべきではない。換言するなら、〈いろは〉四十七字の枠組みにとらわれて、いわゆる上代仮名遣を見逃してきた轍を再び踏むべきではない。たとえば、美の顕現を一次的目的としない定家自筆の仮名文テクストにおいて、「あ／阿」「い／伊」「く／具」などが、頻度の大きな差をもって併用されていることには、特別の理由があるのではないかと疑ってかかるべきである。

以下には、右のような問題意識のもとに、従来、注意されてこなかった諸現象を検討し、今後の研究の方向を探ってみたい。本章では、細部的考証を省略して概略を提示するにとどめておく。

2 仮名「越」の字体の機能

1

平安初期に「を／お」の仮名が、「をとこ／おと（音）」のように、互換性をもたずに使用されているのは、それぞれの仮名が、異なる音節 uo/o に対応していたからである。ところが、平安中期以降、o＞uo という音韻変化が生じて日本語の音韻体系から［o］が消失したために、二つの仮名が uo を共有することになった。書記テクストでは、頻用度の低い語の場合、「お／オ」から「を／ヲ」にしだいに移行している。ただし、それは全体の傾向であって、逆方向の移行もないわけではない。藤原定家の生まれ育った十二世紀末は、そういう時期であった。

彼は晩年になって、平安時代の仮名文学作品のテクストの校訂作業に没頭するようになった。後継者たちが継承して書写するための証本を整定することが目的である。

今日、それらの作品は古典文学作品とか、古典とかよばれている。庶民的な落語でも、古典芸能として位置づけられれば自由な改竄は伝統文化の冒瀆とみなされる。文学作品の場合はなおさらである。現代のそういう常識を踏まえると、定家の校訂作業は、原テクストの用語や表現をすみずみまで復元しようとしたはずだと決め込んでしまいがちであるが、先入観を捨てて現実を見ると、定家がめざしたのは、用語や表現の復元ではなかった。その事実は、紀貫之自筆の『土左日記』を定家が書写したテクストを見れば明白である（→第二章）。

本章で主たる検討の対象とするのは、定家自筆の仮名文テクストで、音節 uo に対応する複数の仮名字体がどのように使用されているかであるが、そういう個別的事象は、すべて、右のような巨視的観点から捉えられなければならない。

2　藤原定家は「を／お」の二つの仮名を、音節の高低の違いで書き分けている。すなわち、高く発音される uo には「を」当て、低く発音される uo には「お」を当てるという方式である。その結果、平安初期の「をとこ／おと」は、「おとこ／をと」と表記されることになった。この間の事情は、大野晋によって詳細な調査／考察がなされている。以下に述べるところもその論考に負うところが大きい。

定家自筆の仮名文テクストでは、uo の音節に相当する仮名として、｛を／お／「於」の草体／「越」の草体／乎／ヲ／(ほ)｝が使用されている。「越」の草体は、以下、「越」で表わす。これらのうち「ほ」については、「かほ／にほふ」など、接近音化（いわゆるハ行転呼音）との関連で説明すべきであるから、さしあたり、対象から除外する。

〈「於」の草体〉とよんだ仮名は、極草体の「お」よりもくずしかたの少ない書体である。多少の問題はあるが、ひとまず、一括して「お」として取り扱う。

「乎」「ヲ」の二種は、それぞれ、一部のテクストにしか使用されていない（→第3節／第4節）。

すべてのテクストをつうじて「を／お」の二つの仮名が圧倒的多数を占めているが、散発的ながら、多くのテクストに「越」が使用されている。いま、いくつかのテクストについて「越」の使用度数を示すとつぎのようになっている。

土左日記……………………5　　古今和歌集（嘉禄本）………0
伊勢物語（天福本）…………7　　後撰和歌集（天福本）………22
更級日記……………………6　　拾遺和歌集（天福本）………6
古今和歌集（伊達本）………7　　近代秀歌……………………2

「越」の仮名が、本来、「を」の仮名と一類をなしていたことは、平安初期の書記テクストに徴証が求められるし、漢字音の特徴からも裏付けられる。ただし、定家にとって「お／を」は発音の区別をもたなかったから、新たな遣い分けの原則を設定する場合、どのような対立の構図を設定し、「越」の仮名をどのように位置づけるかは、この字体を導入するかどうかを含めて彼の自由であったし、歴史的事情とも無関係であった。したがって、綿密な文字遣にこの仮名字体を導入している以上、その字体に独自の機能を与えていたことは確かである。

図版1

3　前項の疑問を解決するための手掛かりとして、『近代秀歌』にみえるつぎの二つの例について検討してみよう。言い添えるなら、「図版1」の「さをしか／をかへ」の「を」は、いずれも高い音節である。

ⓐさをしかの　つまとふ山の　をかへなる
　わさたはからし　ゝもは越くとも（図版1）

ⓑ越とにきく　たかしのはまの　あたなみハ
　かけしやそての　ぬれもこそすれ

和歌ⓐに「越く」（置く）とあり、和歌ⓑに「越と」（音）とある。歴史的仮名遣では、それぞれ「おく」「おと」であるが、『下官集』には「をく露」「風のをと」とあり、定家自筆の仮名文テクストをつうじてそのように表記されているから、この限りにおいて、「越」が「を」の類に属するとみて矛盾はない。しかし、つぎに示すように、『伊勢物語』では、まったく事情が違っている。

まめ越とこ　二段　と越（二例）　五〇段　越りふし　五五段　御越とこ　六三段　越とこ　六九段

かたゐ越きな　八一段　越とこ　九四段

「と越」に対しては一六一段に「とお」が二例あり、「越りふし」は『下官集』『更級日記』などに「おりふし」と記されている。また、「越とこ」は『下官集』に「おとこ」とあるほか、『伊勢物語』でも右の諸例を除いて、すべて「おとこ」で一貫している。「まめ越とこ」「御越とこ」「かたゐ越きな」については、第3節まで説明を留保する。

右の検討の結果を総合すると、「越」の仮名は『近代秀歌』で「を」の仮名に摂せられ、『伊勢物語』で「お」の仮名に摂せられる関係にある。このユレが書写年代の相違に起因する可能性は、『伊勢物語』と同じく天福二年の書写になる『後撰和歌集』に、つぎの例があることによって否定される。

石山にまうてけるを、たゝいまなむ、行すきぬると、人のつけ侍けれは、越ひてつかはしける

〔雑二・一一二六・詞書〕

「越ひて」の「越」の仮名の右側に「まうてけるを」の「を」の仮名があるから、「越」の仮名は「を」の仮名の補助字体として使用されている（↓第3節）。『更級日記』には、「追ひて」が、「ろんなく、人、をひてくらむと思て」と、「を」で表記されている。

同じく『後撰和歌集』の詞書に「越やの、まもりける女を」（九三七）「おやある女に、しのひてかよひけるを」（九二七）とあり、ここでは、「越」の仮名が「お」の仮名の補助字体として使用されている。

同じテクストのなかで、ⓒでは「越ひて／をひて」（追ひて）、ⓓでは「越や／おや」（親）というように、「越」の仮名が「を」にも「お」にも摂せられる関係にある。

すべてにわたって一貫した定家の文字遣が、「越」の仮名に限って破綻を見せているとしたら、こういう破綻が生じた理由が問題であるが、そのようにみなすまえに、文字遣の破綻ではなく、これもまた、積極的意図によ

る文字遣の一つではないかと考えてみるべきである。『近代秀歌』と『後撰和歌集』とに共通する和歌で、ともに「しもは越くとも」となっていることは、意図的である可能性が、高い蓋然性をもつことを示唆している。

3　基本字体／補助字体

1　「越」の仮名がどのような環境に分布しているかをみると、前節にあげた諸例のうち、和歌ⓐでは「越」の仮名のすぐ右側に「をかへ」の「を」が並んでいる（図版1）。また、和歌ⓑの「越と」のすぐ右側には、その直前の和歌の第四句「をとにのみやは」の「を」の仮名がある。すなわち、〈「越」のすぐ右側に「を」の仮名が並んでいる〉という条件が両例に共通している。

『伊勢物語』では、「越りふし」の右側に「おもはずは」が並び（図版2）、六九段の「越とこ」の右側に「おはり」（尾張）が並び、そして、九四段の「越とこ」の右側には「おとこ」が並んでいる。ちなみに、『伊勢物語』には「を」の左側にもう一度「を」が並ぶ箇所はどこにもない。

二つのテクストの、合計九例の「越」の仮名のうち、五例にこの条件が認められることを偶然とはみなしがたい。

図版 2

2　定家筆の仮名文テクストをつうじて、同一字体／同一書体の隣接を回避するという顕著な傾向が認められる。それぞれの仮名ごとに事情は同じでないが、概していうなら、それらのテクスト所用の仮名は、それぞれの機能に応じて、つぎの二種のうちのいずれかに分類できる。

基本字体………特別の制約が加わらない場合に使用される字体。現行の平仮名と類似し、あるいは一致するものも多い。

補助字体………同一字体の隣接を避けたり、語頭に使用されたり、あるいは、一つの語が行末／行頭に分かれる場合にハイフンと同じ機能で行頭に使用されるなど、視覚的変化を与える目的で使用される字体。基本字体との差異をきわ立たせるために、別字源で、行書体、ないし、それに近い書体のものが多い。

条件によっては、二次的補助字体も使用される。

基本字体／補助字体は、無標（unmarked）／有標（marked）の関係にある。両者の関係は、おおむね、左のようになっている。後者には、字源の透明なものが多いので、印刷の都合上、楷書体で示すが、表意的用法の漢字は楷書体で書かれるので、書体の差は維持されている。「能」などは極草体であるが、基本字体と字源を異にしているので明確に識別できる。ただし、両字体がつねに一対一の対応を示しているとは限らない。伊達本『古今和歌集』から実例を示しておく（図版3・4・5）。

い―伊　と―登　わ―王　か―可　む―無　の―能　く―具　こ―古　て―帝　あ―阿　き―記　ゆ―遊

図版 3

図版 4

図版 5

「志」は語頭に使用され、「し」はそれ以外の位置に使用されるほか、相互に基本字体／補助字体となり、また、後述するように、漢語と和語との識別にも役立てられている。「布」は語頭のほか、「さ布らふ」など、特定の語に使用され、「ふ」は語頭以外の位置、特に動詞活用語尾に当てられている。「日」のように、単独に、あるいは、語頭では表意的に、また語頭以外では表音的に用いられて、「ひ」の補助字体にならないものや、「須」のように、ほとんど語末専用の字体などもあり、全体として柔軟に遣い分けられている。

同じ字母を隣接させない書きかたは、仮名だけでなく漢字との相関に踏みこんで説明する必要があるが、つぎの例示で十分であろう（図版6）。歌集の場合には、同一の語句で始まる和歌が隣接することが多いので、「うみ／海」のような書き換えはふつうであるが、同一語句でない場合でも、つぎのように、最初の音節が共通している場合には同じ手法が用いられている。

右行………うみ　秋の　事　方　桜花

左行………海　あくる　こそ　かすみ　さくら花

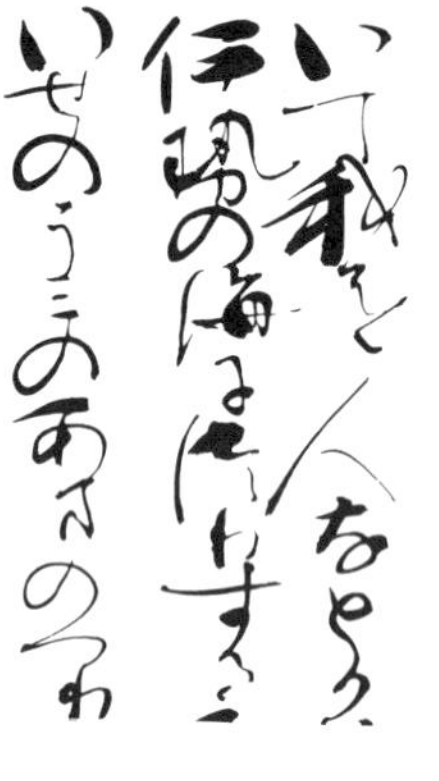

図版6

補助字体が、ハイフンと同じ機能で行頭に使用されている実例を一つだけ示しておく（図版7）。「やくしほとけ」（薬師仏）が二行にわたったために、行頭を補助字体「具」にして、前行の末尾から続く語であることを表わしたものである。

『伊勢物語』の「まめ越とこ」「御越とこ」「かたゐ越きな」の三例では、いずれも、uo の音節が複合語の後部成素の最初に位置している。これらの事例では、おそらく、複合語が形成されたことによって、後部成素ヲトコ／ヲキナの部分の抑揚が単独の語形とは違っており、uo の音節の高低が逆になっていたために、「越」の仮名が使用されたものと推定される。すなわち、「おとこ」では現実のアクセントに合わせて「をとこ」とすれば、ヲトコとして同定できなくなるからである。

この場合には、「越」の仮名の右側に「を」「お」の仮名がないので、同じ字体が隣接するのを回避して使用された補助字体ではなく、前部成

図版7

素の最初の音節であることを、この字体で表示したものである。

つぎの和歌のなかに用いられている「越」の仮名も、その部分を「ふるや越とこ」というまとまりとして読むべきことを指示したものであろう。

ⓔいその神　ふるや越とこの　たちも哉　くみのをしてゝ　宮地かよはむ　［拾遺和歌集・神楽歌・五八二］

『更級日記』の「にし越もて」「北越もて」「心越こり」も同様の構成である。

『伊勢物語』の「と越」二例は、左の和歌にみえる。

ⓕ鳥のこを　と越つゝと越は　かさぬとも　おもはぬ人を　おもふものかは　［第五十段］

当時における数詞 touo のアクセントは不明である。「とを」であれば、「と／を」は、ともに助詞として使用される仮名である。第二句の末尾は助詞ヲバに結び付きやすい。また、「とお」であれば、「鳥のこを／とおつゝとおは／かさぬとも」という仮名の連続から二文字の「とお」は抽出しにくい。そのために、「と越」という目立つ形をとることにより、数詞を同定しやすくしたものであろう。

最後に残ったのはⓓの「越や」である。『後撰和歌集』では恋歌／雑歌にヲトコで始まる詞書が特に多く、「越とこ」という表記をとったものが十三例もある。詞書の最初の仮名は補助字体で書かれることが少なくないが、ことに、同一の仮名で始まる詞書が続く場合には、補助字体を交えるのがふつうである。この「越や」の例も、前後が「おとこ」で始まる詞書に挟まれている。

3　以上の検討から明らかなように、「越」の仮名は、「を／お」の仮名のいずれに対しても補助字体として用いられている。しかし、二つの仮名が一つの補助字体を共有する例は他に類を見ないだけでなく、それが、定家の文字遣の特徴をなす「を／お」の遣い分けに関わるだけに、重要な意味をもっている。なぜなら、「越」の仮名字体を共有していることは、「を／お」の二つの仮名が、定家にとって、「い／ろ／は」などの仮名と同一レヴェルの関係であったのか、はたまた、本来的には一つの仮名であったものを、同定の便宜のために遣い分けたにすぎなかったのかという疑問をいだかせるからである。〈いろは〉のなかに別々の位置を与えられているから互いに独立の仮名であったというのは、ドグマに基づいた決め込みである。

『土左日記』（一月七日）の「おむな乎きなに越しつへし」については右の説明が当てはまらないが、それについての説明は第5節の末尾まで留保する。

4　二つの仮名か二つの字体か

1　伊達本『古今和歌集』（物名）に、左の例が見いだされる。嘉禄本のテクストでは、題詞が「をき火」とあり、和歌のほうも漢字の使用に小異はあるが、「を／お」の仮名の関係は同じである。

をきひ　　　　　　　　みやこのよしか

流いつる　方たに見えぬ　涙河　おきひむ時や　そこはしられむ　［四六六］

撰述当時には「おきひ（熾火）」「おきひむ（沖干む）」で、すなおに詠み込むことができたが、定家による遣い分けの規範では、uo の高低が違うために重ねることができなかった。当時のアクセントに従って題詞を「をきひ」としながら、和歌のほうでは「おきひむ」のままになっている。

『拾遺和歌集』（物名）の左の和歌にも、右と同じズレがある。

おはりこめ

池をはり　こめたる水の　おほかれは　いひのくちより　あまるなるへし　［三九五］

定家の用字における「を／お」の遣い分けは、読み誤りや写し誤りを生じない証本テクストを整定する方式の一環として工夫されたものであり、右のような場合には、その対立が中和されている。「越」の仮名が「を／お」の仮名のいずれに対しても補助字体でありえた理由は、便宜的に仮構された対立の中和として説明可能である。便宜的に仮構されたとは、証本テクスト整定のために設定されたという意味である。

書記史の観点からみれば、「を／お」の仮名を体系的に遣い分けなくても、格別の支障を来たさなかったからこそ、規範を設定しようなどと考える人がいなかったにすぎない。頻用度の高い語には、「おもふ」とか、格助詞「を」とかいうたぐいの表記が社会慣習として自然に固定していた。

2　『下官集』には「花をおる」とあり、『更級日記』にも「花をおりて」の例がみられる（図版8）。「折る」を「をる」と書いた例はない。ところが、助詞「を」に「折る」が続いた事例では、「～をゝる」となっているのがふつうである。嘉禄本『古今和歌集』（春上）には左の四例がある。前後の部分の漢字の当てかたに違いがあるだけで、伊達本のテクストも同様である。

梅花をゝりてよめる　［三六・詞書］

むめの花をゝりて人にをくりける　［三八・詞書］

月夜に梅花をゝりてと人のいひければ　おるとてよめる　［四〇・詞書］

梅花をゝりてよめる　［四二・詞書］

図版8

ふつう、連読符は直前の仮名と同じ仮名の反復を表わし、定家の遣い分けでは、「をる」が「織る／居る」を表わすが、「梅花をゝりて」という文脈なら、連読符で示された仮名がそのような意味に理解されて混乱を生じることはない。ただし、「を／お」が本来的に別種の仮名であれば、連読符の使用はありえないから、これもまた、便宜的に仮構された対立が中和された事例である。

そういう中和は、uo を表わす仮名だけに限らない。伊達本『古今和歌集』（秋下）のつぎの和歌では、定家の遣い分けで「ち」の濁音を表わす「地」の仮名のあとに、「散る」の「ち」に相当する連読符が使用されており、清濁の対立が中和されている。

佐保山の はゝそのもみ地 ゝりぬへみ よるさへ見よと てらす月影 ［二八一］

片仮名「ヲ」は、管見のかぎり、『更級日記』に一例みえるだけである（図版9）。前行末尾の仮名が「たちをくれたる」の「を」であるから、ふつうの条件なら補助字体の「越」にするところであるが、「日越くらしつ」とすると、そのような言いかたがあろうとなかろうと、「まめ／越とこ」などと同じく、「日／遅らしつ」という表現として読み取られる可能性があるので、助詞であることを明示するために、臨機の処置として片仮名を導入したものと考えられる。

3 右の「花をゝりて」のような場合には、対立の中和された連読符の使用が、文脈に依存して許容されているが、連読符を使用せずに「花をおりて」と書くことも可能であった。しかし、対立の中和を積極的に利用して解釈が示されている場合もある。つぎにあげる『拾遺和歌集』（雑下）所収の贈答歌などは、そういう典型的事例の一つである。

能宣に 車のかもをこひにつかはして侍けるに、侍らすといひて侍けれは
藤原仲文

かをさして むまといふ人 ありけれは かもをも越しと 思なるへし ［五三五］

返し
よしのふ

なしといへは おしむかもとや 思覧 しかやむまとそ いふへかりける ［五三六］

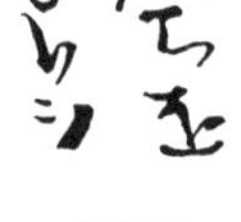

図版 9

藤原仲文の和歌は「鴨をも鴛鴦」と「毯をも惜し」との重ね合わせである。「鴛鴦」「惜し」は、ともに平安初期に「をし」であったが、定家による遣い分けの基準で「をし／おし」に分裂した。もし、この部分に漢字を当てたり、「をし／おし」のいずれかにしてしまったなら、それが定家の与えた唯一の解釈になる。そこで、中和された「越」の仮名を利用して、意味の二重写しを試みたものである。

『拾遺和歌集』の原テクストでは、「鴨をも鴛鴦／毯をも惜し」の重ね合わせを見抜くことが読む側の理解力に委ねられていたのに対して――あるいは、委ねざるをえなかったのに対して――、定家の整定した証本テクストでは、説明を加えなくても、「越」の仮名を使用することで重ね合わせが明示されているのは、鮮やかな手際であり、こういうところに、定家の文字遣の神髄があると言ってよい。ただし、平安初期の和歌のおもしろさは、作者の提出した問題を解く知的な楽しみにあったことを考えるなら、定家の整定したテクストは、その楽しみを読者から奪い、自分の解答を押しつける結果になっている。また、定家の解答が誤っている場合には、そのほかの解答を導き出せない形で表記されたテクストであるだけに、不可避の陥穽になりかねない。現にそういう事例は必ずしもまれではない（→小松）。

仲文の和歌では「鴛鴦／惜し」が重ねられているので「越し」と表記されているが、能宣の返歌では「惜しむ」だけであるから「おしむ」になっている。

池にすむ　名をゝし鳥の　水をあさみ　かくるとすれと　あらはれにけり　［伊達本・古今和歌集・恋三］

第二句は、やはり、「名を惜し／鴛鴦鳥」の重ね合わせになっているが、たまたまその直前に助詞「を」があるので連読符が使用されている。「梅の花をゝりて」の場合もそうであったが、この場合の連読符も、「を／お」の仮名のいずれであるかは――あるいは、そのいずれでもないかは――文脈で決定される。「名を」から「惜し」が、そして「鳥」から「鴛鴦」が、ここでは容易に理解できるから、「名を越し鳥」とわざわざ表記するには及ばなかったのであろう。

「置き／起き」の重ね合わせが、『後撰和歌集』に七例、『拾遺和歌集』に二例、それぞれ「越き」と表記されている。平安初期には、どちらも「おき」であったが、アクセントが異なるために定家の基準では「を／お」に分かれてしまったものである。『後撰和歌集』（恋四）からその一つを引用しよう。

暁の なからましかは 白露の 越きてわひしき 別せましや　［八六二］

「越」の仮名を用いた例としては、ほかに、伊達本『古今和歌集』の「あ越やき」二例、「あ越つゝら」一例などがある。

形容詞「青し」は、たとえば、つぎのように、定家の校訂したテクストでは「あおきをりものゝ衣をきて」（更級日記）のように、「あおし」となっている。ところが、この形容詞の語幹を前部成素とする複合語のなかには「青柳」「青葛《つゞら》」など、「あを」になっているものがある。嘉禄本では「あをやぎ」「あをつゞら」と表記されている（→総説第7節）。いずれの場合にも、伝統的表記に一致しているのは偶然であって、それを継承したものではない。伊達本で「あ越〜」と表記されているのは、「あを＝」と書くことによって「あお＝」と視覚的に断絶されるのを嫌ったものであろう。

同一の形態素が別々の表記をとって「あおむま」「あをやぎ」となるのは、語の同定にとって好ましいことではない。その混乱を回避するための処置であるとしたら、これもまた、中和を積極的に生かした例になる。

5　『土左日記』の「乎」の仮名

1　前述したように、定家の整定した証本テクストは他の系統のテクストよりも一段と優位に置かれるのが現今の風潮であるが（→第1節）、『土左日記』は唯一の例外で、「悪い写し」であり、原本を臨模した部分を除けば、

「骨董的価値」しかないと決めつけられている（↓池田）。それは、紀貫之の自筆原本に近い姿をとどめる青谿書屋本や、原本に基づいて書写されたテクストの忠実な写しである三条西家本などと比較して、そのテクストがあまりにも違いすぎるからである。

『土左日記』の原テクストを再建しようという立場から評価すれば、定家による校訂テクストは無価値に近いかもしれない。しかし、はからずも紀貫之自筆の原本を手にして「不堪感興」と記しながら、随所に改削を加えている定家が、他の諸作品のテクストにそれと同じような手入れをしていないはずはない。定家が、仮名文テクストをどのような方針のもとに、どのように整定したか、そのパターンを帰納するためには、原本に近い姿をとどめるテクストと対比可能な『土左日記』こそ、好個の資料と言うべきである。

定家の校訂した『更級日記』の奥書には「伝々之間字誤甚多」という状態の写本に基かざるをえなかったと記されているが、それにもかかわらず、意味のとおりにくい箇所はきわめて少ない。このテクストがよく整っているのは、よく整えられているからに相違ない。すなわち、ちょうど『土左日記』の場合と同じ要領で、——あるいは、それ以上に大胆に——、「字誤」を補正し、必要に応じて、誤解を招きやすい用語／表現を、当時の人たちが理解しやすいように書き改めてあるからであろう。

最大の問題は、定家が「字誤」と認めた部分が、ほんとうに誤写であったかどうか、そして、誤写であったとしたら、はたして、菅原孝標女が書いたとおりに復元されているかどうかである。復元が指向されていないとしたら、復元されている蓋然性はきわめて低い。

2　右のような疑問をいだいても、確実な解答を与えるすべはない。だからこそ、『土左日記』の原テクストが定家によってどのように改削されているかを、型として捉えておく必要がある。

青谿書屋本（図版10）と定家校訂本（図11）との冒頭部分を比較してみよう（↓第二章）。

どちらのテクストも「乎とこ」で始まっているが、定家の校訂した他の仮名文テクストに「乎」は使用されていないので、この仮名は、原本の姿を彷彿させるために踏襲したものと推定される。「乎」は片仮名「ヲ」の字源であり、原本では「を」の仮名の側にあるが、定家が「乎」の仮名を「を」の仮名と等価に使用しているとは限らない。「越」の仮名の場合と同じように、それなりの検討をしたうえでなければ確定できない。

乎とこ	7	おとこ	1
乎とこもし	1		
乎むなこ（女子）	1	をんなこ	2
乎むな（媼）	1	おんな	1
乎きな	1	おきな	2
乎さなし	1	おさなし	3
乎かむ（拝）	1		
乎（助詞）	11	を	多数
さ乎	1	さお	2
あ乎うなはら	1		
み乎つくし	1		
い乎	2		
くち乎し	2	くちおし	1

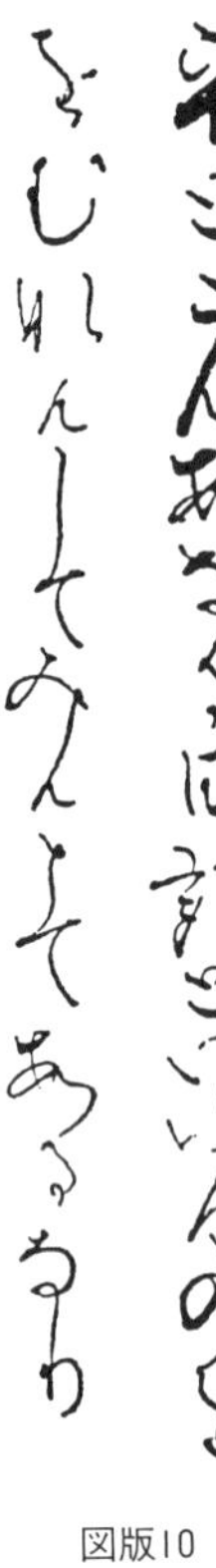
図版10
青谿書屋本

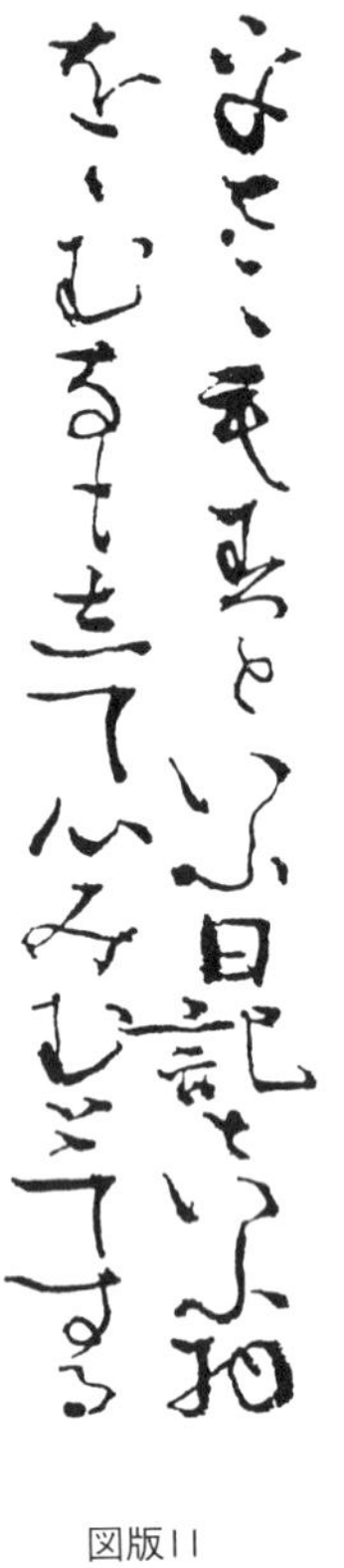
図版11
定家校訂本

このテクストに使用されている「乎」の仮名をすべて取り出すと、上表のとおりである。

それぞれの仮名の分布は、見るからに恣意的であって、同一語の同一音節に、ある箇所では「を／お」を当てながら、他の箇所では、「乎」の仮名を当てている。みずからの習慣を破って導入した「乎」にしては、その使用がいかにも不徹底である。しかし、この分布を乱雑であるときめつけるまえに、なにか理由があるのではないかと疑ってみる必要がある。

右に列挙した諸項のなかには、つぎのような注目すべき事例が含まれている。

　おむな乎きなに越しつへし　［定家本・一月七日］
　　※おんなおきなておしつへし　［青谿書屋本］
乎むなおきなひたひにて乎あてゝ　［定家本・二月六日］
　　※おんなおきなひたひにてをあてゝ　［青谿書屋本］

これら両例では、原本に「おむなおきな」とあったものを、定家が「おむな乎きな」に置き換えており、「乎きな」の「乎」は、原本を踏襲したものではない。定家は定家なりの方針で「乎」の仮名を運用しているようにみえる。

右の分布から帰納するなら、これもまた「越」の仮名と同じように、「を／お」の仮名の対立が中和された字体の一つと解釈すべきもののようである。

一月七日の条では、青谿書屋本のテクストが「お…お…お…」という、同じ仮名の反覆であるのに対して、定家校訂本のテクストでは「お…乎…越…」というように、視覚的変化に富んだ配合に改められている。二月六日の条でも同じ処理がなされている。同一字体の隣接を避けて補助字体を使用するのも、また、このように縦の変化に気を配るのも、すべて、目移りによるトバシや重複の可能性を封じるためにほかならない。証本テクストの文字遣は、そのようにすみずみまで慎重に配慮されている。正確に書けばそれでよいというものではない。この文脈は「乎むなおきな」と続いているから、「乎」の仮名を当てても、「をむな（女）」か「おむな（媼）」かは明らかである。定家は文脈を考慮したうえで、「乎」の仮名を当てたと考えられる。

「乎とこ」七例、「乎とこもし」一例、そして「おとこ」一例という偏りをみると、定家は「乎とこ」で統一しようとしたようにみえる。ただ一例の「おとこ」は、つぎの一節に使用されている。

よき人の、おとこにつきて、くたりて、すみけるなりけり　［一月七日］

青谿書屋本の対応箇所も「乎とこ」であり、ここだけが例外になっている理由は説明できない。意図的な文字遣ではなく、習慣が出てしまったのかもしれない。

それに比して「をむな（女）」六例、「をむなこ」二例、そして「乎むなこ」一例という偏りはまったく対蹠的である。このほうは「をむな」で統一しようとしたようにみえる。青谿書屋本では、それら両語が、まず、「乎とこ」「をむな」という表記で出てきており（図版10）、定家はそこから示唆を得て、右のような方針をとった可能性が考えられる。

3　「乎むなこ」という例外は二月十六日の条にあるが、この用字には理由がありそうである。すなわち、総数三十一例の「乎」から、定家が「乎」で一貫しようとしているところの「乎とこ／乎とこもし」を除くと二十三例になるが、それらは二月三日までの四十二日間にわずか四例だけで、残りの十九例は二月四日以降の十三日間に集中している。定家は二月四日あたりから「乎」の使用について方針を変更し、原本に「乎」とあれば、それを踏襲するようになっている。筋の立った理由は思い及ばないが、ともかく、事実として、うしろの部分への集中が確実に認められる。「昨今二日」で作業を終わったと奥書にあることからみて、最後になって急いだために、字体の慎重な選択ができなくなり、こういう結果になったのかもしれない。疲労もあったはずである。「乎むなご」という例外が最後の二月十六日の条に出てくるのはそのためであろう。「乎さなし」も二月四日の条に見える表記であって一月十一日および一月廿二日の条では、規範どおりに三例とも「おさなし」になっている。

直接の関係はないが、青谿書屋本のテクストも、末尾に近い部分は相当に筆が荒れている。一つのテクストが均質であるとは限らない。

4 本節第2項に引用した一月七日の一節は、解釈が確定できない。青谿書屋本のテクストには「おむなおきなておしつへし」とあり、定家の校訂したテクストには「おむな乎きなに越しつへし」とあるが、どちらも意味が素直につうじない。

定家は、もとのテクストを書写したのではなく、解釈を確定したうえで、その解釈を一義的にテクストに反映させた証本を整定しているから、もとのテクストに「を」や「お」の仮名が出てきても、解釈が確定できなければ「を／お」のいずれかを当てることができない。この「越しつべし」は、二つの仮名を中和させたのではなく、解釈を保留したことを意味している。定家が奥書の末尾に「不読得所々多、只任本書也」と記しているのは、こういう部分を指しているのであろう。「只任本書也」とは、もとのままに写しておいたことを意味するが、「越」の仮名を使用して、「不読得」であることを積極的に示している。この場合には、uo が関わっているためにその事実が顕現したが、uo の関わらない部分にも、解釈の保留された箇所はあるはずと考えるべきである㊟。

6 活字翻刻の問題点

1 前節で得られた結果から明らかなように、定家自筆テクスト所用の「越」「乎」の二つの仮名は、いづれも、「を／お」の仮名の対立が中和されたことを表わしている。したがって、安易に「を／お」の仮名の一方に収斂させるべきではない。

理想を言えば、経糸／緯糸で緊密に織りなされた定家筆の証本は、原本の字配りのままに、また、基本字体／

補助字体の別を守って、翻刻されなければならない。河野記念文化館所蔵の（伝？）三条西実隆筆『伊勢物語』は、一行の字詰めを任意に増加しながら、定家自筆テクストの字体を忠実に写している。そのために横の関係がまったくくずれてしまい、同一字体の隣接を避けるために使用された補助字体が意味もなく浮き上っている反面、同一字体の隣接が新たに生じており、「いきけり／いきけり／いたりぬ」が、そろって行頭に並んでいる極端な事例もある（第九段）。依拠した証本の文字遣は理解されていない。忠実に書写するとは、有関（relevant）の特徴を保全して書写することである。

2　前項のようなテクストが実在することは、我々にとって一つの教訓である。活字では、実際上、一行の字数が墨書のテクストよりもずっと増加するから、原本における横の関係は全面的にくずれることになる。そうだとしたら、横の関係で選択されている補助字体は、全部、基本字体に置きかえるべきである。「越」の仮名のうちのあるものは、右側の仮名に合わせて「を」に改め、また、「お」に改めなければならない。ただし、「かもをも越しと」のような用法の「越」の仮名は、そのまま保存しなければ、定家の意図をないがしろにする結果になる。「乎」についても処理の原則は同じである。また、連読符の処理にも細心の注意を払う必要がある。

和語に関しては、語頭に「志」を使用し、それ以外の位置に「し」を使用するのが原則であるが、漢語にはこの原則を破って語頭に「し」を当てている。『更級日記』から「しそく（親族）」「しゝ（辞し）申す」の二例を含む部分を示す（図版12）。活字にすれば、どれも「し」であるが、「しそく」の「し」と「なし」の「し」とでは、まったく違っている。「しゝ

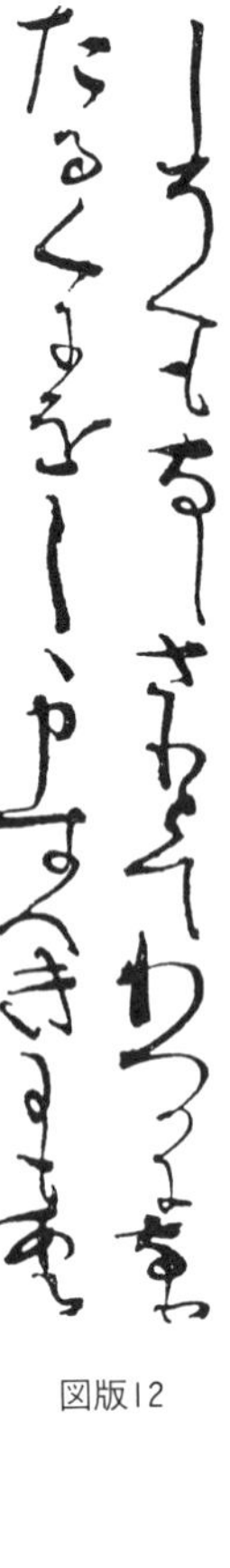

図版12

申す」のほうは一字の漢語なので、いっそう太く堂々と記されている。活字印刷でそこまで再現するのは不可能に近い。しかし、「志／し」の区別まで切り捨ててしまったら、和語／漢語の書き分けは失なわれるし、「志はす(師走)／しはす」という両様の表記が同一のテクストにみえることの意義も見失われてしまう。ここで本格的には立ち入らないが、一般に、活字翻刻は〈いろは〉四十七字による安易な置き換えから脱却し、書記テクストについての正統の認識のもとに再出発しなければならない。

7　結語

例外的事象についての説明や、定家自筆の仮名文テクストの文字遣に関する最近の私見などは詳述できなかったが、uo の音節に対応する仮名の遣い分けに関する事柄でさえ、十分には消化しきれなかった。しかし、権威に裏付けられた定家自筆の仮名文テクストに依拠しながら、仮名に漢字を当て、漢字を仮名に改め、句読点／濁点／引用符などを加え、段落に分けたテクストを作り上げる作業に大きな盲点があったことを具体的に指摘できたとしたら、本章の目的は、ひとまず達成されたことになる。

補記1　藤原定家自筆の仮名文テクストにおいて、「を／お」の仮名の対立を解消する必要のある場合、どちらにも属さない仮名として「越」の仮名が使用されていることを、特定の環境で音韻論的対立が失われる現象になぞらえて中和（neutralization）とよんだ。それは、原論文の掲載誌『言語生活』の読者層に合わせて、分かりやすく説明するためであった。厳密にいえば、音韻論の術語の不当な拡大適用である。酸性／塩基性の中和になぞらえて理解されればよいというつもりであった。

音韻論の術語としての中和は、記述された結果についての解釈であるのに対して、本章にいうところの中和は、意図された文字遣の一環であるところに大きな違いがある。
この節に扱った文字遣を説明するのに、この用語は好都合であるが、定義を明確にしたうえで術語として登録したとしても、適用範囲が極めて狭そうなので、この場かぎりの用語にとどめておきたい。

補記2 伊坂淳一氏から、原論文の不備を教示していただき、処置をした。また、第2節の「と越」に関し、当時のアクセントの確証を求めがたい旨の指摘をいただき、その事実に基づいて部分的に修正した。

付説 Ⅰ はんひ／はにひ考

A

藤原定家は、五十五歳を過ぎたころ、みずからの家集『拾遺愚草』を編纂し、その冒頭に、二十歳の折に詠じた『初学百首』を据えている。この百歌和歌の末尾に「物名」二首がある。その第二の作品をつぎに引用する。仮名は現行字体に改めるが、当該テクストの文字遣に基づき、字間を開けて語句の句切れを示す。漢字文の句点は私意による。

はんひ　したかさね
すか枕　おもはむ人は　かくも　あらし
たか　さねぬ　よに　ちり　つもるらん
半臂字、不可然、初学已披露、雖不可直改、後学可存、

ことゝはに　ひとすむとこは。如此可詠

「半臂字、不可然」とは、「はんひ」に「半臂」という文字を当てるべきではないという意味ではなく、物名の和歌の題詞として、「半臂」に相当する仮名連鎖「はんひ」が適切でないという意味である。

「初学已披露、雖不可直改、後学可存」とは、『初学百首』にすでに公表した作品なので、この家集に収録するに当たって改めるわけにはいかないから、「半臂」に当たる仮名連鎖を「はにひ」に改めず、「はんひ」のままにしておくが、後学の人たちはそのことを心得ておくべきだ、という意味である。

「物名」の和歌であるから、題詞を改めれば、和歌の当該部分を入れ換えただけですむはずはない。左注に提示された「ことゝはにひとすむ〜」は最小限の手入れであって、最初から「はにひ」という題詞であったら、まったく違う和歌になっていたはずである。

二十歳の時点で、定家は、「はんひ」の「ん」が「む」と等価であり、「はんひ」を「はむひ」とみなして和歌に詠み込んでよいと考えていたので、「すか枕、おもはむひとは〜」という和歌を作ったが、五十五歳の時点では、そういう仮名連鎖を和歌に詠み込むべきではないと考えていたことがわかる。

B

当面の課題にとって必要なのは、後年の定家が、どういう理由から「はんひ」を否とし、「はにひ」を是としたのかである。当時、定家の学統に属していた人たちなら、「不可然」というだけで十分だったのかもしれないが、現今では、手順を踏んで考えなければ、その理由が推知できなくなっている。

「不可然」という判断の根拠を明らかにするために、以下、「半臂」の語形について検討してみよう。

1　仮名文のテクストには、漢字音の舌内鼻音韻尾に対応する仮名が使用されていない。それを含む語形は、たとえば、「ゑす（怨ず）」や「さうしもの（精進物）」などのように、仮名の綴りで同定できるしくみになっている。ただし、寄生母音が付いて、末尾がニになっている語群がある。『古今和歌集』や『拾遺和歌集』の「物名」の題詞、「しをに（紫苑）」「けにこし（牽牛子）」「らに（蘭）」などが、その例である。それらと同じ類に属するゼニ（銭）は、俗語として現代語に痕跡をとどめている。

2　『新撰字鏡』（天治本・巻十二）の末尾に添えられた諸条項の一つ、「男女装（原字は別）束及資具等」に「半臂波尓比」という項目がある。「己波弓（強弓）」「与波弓（弱弓）」「弓不久呂（弓袋）」以下、その条項に収められているのは、事実上、すべてが和語である。ただし、二つの項目は、漢語と関わっている。その一つは、「果乃沓」（原字略）で、「果」は［kʷa］の音を表わす。中国風の沓《くつ》の一種である。「箏《さう》のこと」「琴《きむ》のこと」など、こういう類型に基づいて造語された例は少なくない。そして、残るもう一つが「波尓比」である。

当時、中国語からの借用語は、日本語への馴化の度合いに応じて多層であった。前引のシヲニ／ケニゴシ／ラニなど、韻尾がニとなっている語群は、早い時期に、口頭言語のレヴェルで借用されたものが多く、それだけに、もっとも日本語に馴化しており、事実上、和語として運用されていた。それだからこそ、「物名」の題詞にもされている。この和歌のもう一つの題詞「したかさね」（下襲）は、ふつうの和語である。「はんひ／したかさね」という題詞が選ばれたのは、これら二つの名詞が、衣服の名称としてセットをなしていたからである。

『和名類聚抄』（十巻本）の「半月」（巻一・男女類）の項には、「俗訛云、波邇和利」と注記されている。語構成は「半割」である。また、「匜」（巻六・澡浴具）の項に「波邇佐布」とある。この場合には、本来の漢字「半挿」を離れて他の漢字と結び付いている。どちらも、「半」に相当する部分がハニになっている。

「半臂」（同・巻四・衣服類）の項には、「此間名、如字、但下音比」という注記がある。「俗訛云」が日本語の音韻体系に馴化した語形を意味するのに対して、「如字」は、通常の字音で音読した場合の語形を意味するから、「半臂」の「半」の韻尾は寄生母音をともなわない[n]であった。「但下音比」という注記は、「臂」字をヘキと読まないように加えたものであろう。

3 前項で得られた帰結に基づくなら、「半臂」は、『新撰字鏡』で和語の側にあり、『和名類聚抄』で漢語の側にある。しかし、文献資料から得られるその事実は、二つの字書を隔てる三十年前後の期間に、ハニヒのハニから寄生母音イが脱落して、和語のレヴェルから漢語のレヴェルに回帰したことを意味しない。日常語としては和語になじんだ語形で使用されていても、本来は漢語であるから、源順の規範意識からすれば、漢語としての語形が、すなわち、正統の語形であった。現代語になぞらえるなら、ハニヒはブルドックに相当し、ハンピはブルドッグに相当する。すなわち、『和名類聚抄』の「如字」に相当する。

C

0 現今の概説書によると、和語と漢語とは出自の相違に基づく区別であると説明されている。しかし、運用の面からとらえるなら、それらは、語音結合則（phonotactics）の特徴から日本語話者が反射的に感じ取る語感に基づいて使い分けられている。そういう生得的語感に基づくなら、現代語のウメ（梅）やウマ（馬）は和語であり、バイやバ／マは漢語である。そういう感覚は、ずっと古い時期までさかのぼるはずである。

ウメ／ウマなどは中国字音と日本字音との対応規則に合致しない語形であるために、漢語として認識されない。また、キク（菊）は、たまたま和語の語音結合則に合致する語形であるために、仮名文では和語として運用されている。『古今和歌集』の和歌には、和語と熟合した「しらきく」（白菊）もみえる。もし、出自に基づいてそれらを漢語とみなすなら、漢語は和歌の語彙から排除されるという原則にとって例外になる。しかし、定義を逆にして、和歌にふつうに用いられているから和語であるとみなすなら、例外にはならない。

「半臂」は、漢語としてハンピという語形をもっていたが、日常生活では、ハニヒという語形で、シヲニやケニゴシなどと同じく、和語のレヴェルで運用されていた。

1　運用の面では、和語が漢語に移行し、また、漢語が和語に移行する現象が認められる。「けはひ」に「気配」が当てられて漢語に転じ、あるいは、「じき（に）」が「直」字との結び付きを失ったことにより、「すぐに」と一類をなして和語に傾斜しているのは、その例である。和語と漢語との間に転籍が生じていることは、二つの範疇が連続していることを——したがって、それらの中間に位置する語がありうることを——意味している。現代語の「気配」には和語の語感のなごりがあり、また、「じきに」から漢語の語感が完全には消えていない。漢字についての知識の度合いに応じて、その位置づけは、社会階層の違いや個人のレヴェルで動揺がある。

「半臂」は、非漢語的な語感のハニヒという語形で日常語彙に取り入れられ、「ころも／うちかけ／はかま」などとともに和語の感覚で運用されていた。しかし、「菊」と同じようには和語にとけこまず、漢語の含みを多分に残していたと考えられる。

2　三巻本『色葉字類抄』（波部・雑物）に「半臂《ハンヒ》」の項がある。「臂」字に複声点が加えられているから、導かれる語形はハンビである。漢語の熟語であれば、順当に期待される語形はハンピであるから、このハンビは、ハニヒのニが撥音化して形成された語形と推定される。すなわち、『新撰字鏡』に姿を見せたハニヒが、十二世紀にはハンビに変化していた、ということである。

語音結合則の特徴からいって、ハニヒは和語型の語形であったが――あるいは、すくなくとも非漢語型の語形であったが――、ハニヒのニが撥音化して形成されたハンビは正統の漢語の語形ハンピに著しく近い。

和語では語頭以外のハ行子音に接近音化（ワ行音化）が生じているが、漢語はその変化の圏外にあった。この音韻変化は、漢語の含みを残していたハニヒにとって踏み絵になり、ニの撥音化を誘ってハンビに変化し、漢語に回帰する決定的条件が形成された、という過程が想定される。すなわち、①ハニヒのヒが接近音化してハニヰになるか、そのままヒをとどめるかの岐路に立って後者が選択され、漢語の側に大きく傾斜した。②ハニヒのヒは漢語型であるがハニは和語型なのでニが撥音化し、同時に濁音化してハンビが形成された。③「如字」の流れを汲むハンピにハンビが合流し、和語化した古い語形が消滅した、という過程である。もとより、模式的にそのような過程が想定されるということであって、そのとおりの過程をたどったことを意味しない。

『初学百首』と『拾遺愚草』とで題詞に「はんひ」「はにひ」の食い違いが生じたのは、『新撰字鏡』と『和名類聚抄』との相違からうかがわれるように、この語が、古い時期から和語／漢語の間をさまよっていたことに起因している。

『色葉字類抄』も『初学百首』も十二世紀の文献である。その一致を絶対的根拠にするのは性急であるにしても、それら二つの文献が、時期的に接近している事実を無視すべきではない。

定家が「はんひ」を「不可然」として「はにひ」に置き換えるべきだとしているのは、いかにも漢語的な「はんひ」という語形が「物名」の題詞にふさわしくないと考えるようになっていたからである。平安初期の日本語話者なら反射的にそういう語形を排除したであろうが、大量の漢語が日常語に浸透していた十二世紀後半の日本語話者には、そういう感覚が作用しなかったのであろう。

D

衣が江に合流して以後の仮名文テクストに区別されている仮名の数は四十七字であると言い、また、定家仮名遣でも歴史的仮名遣でも、〈いろは〉四十七字が遣い分けの基本であると言い（↓第四章）、そして、古くは撥音に対応する仮名が形成されていなかったとも言いながら、活字翻刻には、「ん」を含めた四十八字の仮名が使用されている。それは、活字翻刻の底本とされた仮名文テクストに使用されている「ん」の字体を平仮名「ん」で機械的に置き換えているからである。それらの「ん」が、独立の仮名ではなく、四十七字のどれか一つの異体ではないのかという疑いはもたれていないようにみえる。

「ん」の字体は「无」字の草書体であるから、本来はムを表わす仮名であったが、早い時期から、特定の制限された環境では、モにも当てられていた。そのうえ、平安時代から中世にかけて、日本語の音韻体系のなかに音韻ンがしだいに確立されてきたという歴史的経緯が関連している。仮名文テクストの「ん」の字体を四十七字のどの平仮名に置き換えるべきかについては、そういう事情を勘案して慎重な判断が要求される。

青年時代に「半臂」を「はんひ」と表わし、その「ん」を「む」の仮名と等価とみなして疑わなかった定家が、老年期になって、それを「不可然」と考えるようになったことには、右のような事情が絡んでいる。

付説 II　目移り防止の工夫

1　『更級日記』のテクストは、二六丁裏から、不自然に広い行間が目だつようになり、乱雑な印象さえ受ける。しかし、不自然にみえても不規則ではなく、各面ともに、三行／三行／四行、あるいは、三行／四行／三行など、十行が三つのブロックに分割されている。これは、三行または四行をまとめてとらえながら、目移りせずに書写できるように、途中から紙面のレイアウトを変えたことを意味している。四三丁あたりからブロックの間隔が狭くなり、ブロック書きかどうか判然としない部分を交えながら末尾に至っている。

定家自筆証本のテクストは、複数の行の並んだ一つの面として二次元構成になっているから、こういうたぐいの工夫をも含めて包括的に把握したうえでなければ、特定の仮名を切り取って集計しても、文字遣の意図が見とおせるはずはない。また、右の事実は、同一のテクスト内でも、事柄によって、必ずしも全体が均質でない場合がありうることを教えている。

2　『下官集』の冒頭、「書始草子事」の条には、見開きの左側から書き始める習慣に従うと白紙のままの右半分が「徒然」になるから、自分は右の端から書き始める方式をとる、と記されている。しかし、『更級日記』や『土左日記』は右半分が白紙になっている。それらのテクストが『下官集』以前に整定されたのか、『下官集』以後に方針が変更されたのかは容易に決しがたい（→第二章補記）。

『拾遺愚草』も、そして、『古今和歌集』の伊達本も嘉禄本も、右側から書き始められている。右の面が白紙かどうかを目安にして、テクストの整定された時期を区分できる可能性があるが、丹念に検討したうえでないと結論が提示できない。

3　『下官集』の「書歌事」の条に、和歌を上句／下句に分けて、二行に書くべきことが指示されており、物語や日記の類のテクストでは、その方式が実践されている。したがって、勅撰集のテクストが一行書きになっているのは、そういう方式をとらなければ不都合を生じる理由があったためと考えるべきである。

『古今和歌集』の「恋一」には、詠人知らずの和歌が六十八首、詞書を挟まずに並んでいる。もし、証本のテクストに和歌が上句／下句の二行に分けて書かれていたなら、前の和歌の下句とあとの和歌の上句とが一首に仕立てられかねない。

『近代秀歌』のテクストでは、和歌が上句／下句の二行に分けられ、和歌ごとのブロックになっている（→図版1）。上句と下句との高さにわずかな差が付けられており、また、下句の脚は上句より短いので、一首ずつ、視覚的に把握できるようになっているが、テクスト全体がこういう書きかたになっていたのでは、隣接する和歌と混同せずに写し取るのは神経の疲れる作業になる。一首を一行に書く方式をとるなら、隣接する和歌との混同は防止できる。物語や日記では複数の和歌が並ばないから、そういう問題は起こらない。

4　勅撰集のテクストでは、同じ語で始まる和歌が、隣接したり、一首を隔てたりして、いくつも出てくる場合が珍しくない。『古今和歌集』から例をとるなら、それらは、「さくら花／櫻ちる」、「郭公／ほとときす」、「篝火／かかり火」、「竜田河／たつた河」などのように、漢字と仮名とで視覚的な違いをもたせてあることが多い。「飛くらしの／ひ具らし能」という対比では仮名字体の相違がそれと同じ効果を発揮している。語は違っても、最初の仮名が同じであれば、「あはすして／有あけの／逢事の」のように対比されている。

［引用文献］

池田亀鑑『古典の批判的処置に関する研究』（一九四一年・岩波書店）
大野　晋「仮名遣の起原について」（『国語と国文学』一九五〇年十二月／『仮名遣と上代語』岩波書店・一九八二年）
小松英雄『やまとうた』（講談社・一九九四年）
鈴木真喜男「〈地〉のかな—定家自筆本における—」（『国語研究』8・一九五八年十一月）

第四章　定家仮名遣の軌跡

0　導言

0　本章の目的は二つある。その一つは、定家仮名遣の成立事情を明らかにすることであり、もう一つは、定家仮名遣を日本語書記史のうえにどのように位置づけるべきかについて私見を提示することである。

1　定家仮名遣は過去のなかに埋没したが、日本語書記史のうえで、それがどのような意義をもっていたかを明らかにすることによって、日本語の書記がどのようにあるべきかについての汎時的原理を見いだすことができるであろう。

本書にいう仮名とは、現今の平仮名のもとになった表音文字の体系をさす。平安初期に成立した仮名は、連綿や墨継ぎ、あるいは、文字の大小や濃淡の違いなど、毛筆の特性を生かした分かち書きによって日本語の文章を綴るための文字であった。それに対して、平仮名は、活字印刷がその典型であるように、文字を連続させず、また、メリハリをもたせずに配列される。

片仮名が直線的字形の表音文字であるのに対して、仮名も平仮名も曲線的字形の表音文字である点で共通しているが、仮名は、綴りを形成し、表語的に使用される点に特徴がある。平仮名も綴りを形成するが、表語機能は仮名に比してはるかに弱い。片仮名は表音機能が強く、正書法に制約されない。

2　仮名づかいとは、仮名／平仮名の運用を規制する規則である。具体的には、語句の綴りに関する規則の集合である。個人的に規範を定め、それに従って書く場合にも、〈わたしの仮名遣〉というたぐいの表現がありうるであろうが、本章で取り扱うのは、仮名正書法として社会的に強制される規範である。

1　定家仮名遣についての共通理解

0　仮名の運用について明示的規則が最初に定められたのは、いつごろのことであろうか、どのような人物が、どういう必要のもとに、どのような規則を定めたのが始まりであろうか。そのことに関して、現今の共通理解を確認しておこう。

1　概括的にいえば、上代の借字は音韻論的対立をもつ個々の音節と、ほぼ一対一で対応していた。その意味で借字は素朴な表音文字であったが、九世紀に成立した仮名の体系では清濁の対立が捨象されている。ただし、それらの仮名が一対二の対応関係になっただけで、音節と文字との規則的対応関係は基本的に保たれていた。そういう整然たる対応関係は、九世紀以後、徐々に乱れていった。すなわち、衣|が江|に合流し、オ|がヲ|に合流し、語頭以外のハ行音節がワ行音節に移行するなど、いくつかの音韻変化が生じたことによって、音節と仮名との対応関係にひずみが生じたからである。すなわち、五十音図のア／ハ／ヤ／ワ四行に対応する音節は、いくつ

かの音韻変化が生じたために、社会慣習に合わせて仮名を選択することが要求されるようになった。

社会慣習に合わせて仮名を選択するには、使い分けるべき仮名の種類が確定されていなければならない。早い時期に〈あめつち〉が作られ、また、十一世紀には〈たゐに〉が作られて、遣い分けるべき仮名の種類が示されたが、平安末期になると〈いろは〉が社会に普及し、それによって、四十七種に確定した（→小松①）。

藤原定家（一一六二―一二四一）は、仮名表記の乱れを慨嘆し、語句の表記を固定するために仮名遣を創始した。その規範は『下官集』に記されている。彼は、みずから書写した仮名文学作品のテクストにその仮名遣を実践している。

中世から近世にかけて定家仮名遣の規範とされたのは、行阿（源知行）の撰述した『仮名文字遣』（一三六三以後成立）、および、それを継承した仮名遣書である。『仮名文字遣』の序文には、行阿の祖父、源親行が藤原定家の家集を書写するように依頼された際、「を／お」「え／ゑ／へ」「い／ゐ／ひ」等の同音の仮名を使い分ける基準を作るように進言し、素案を示せと言われて提示したところ、理にかなっていると、全面的に承認されたものである旨が記されている。この序文は、撰述者がみずからの学統に権威を与えるための創作であり、実際には、『下官集』の内容のうち、仮名表記の規範を例示した「嫌文字事」の条を大幅に増補したものであるが、定家卿の権威を背景に、定家仮名遣とよばれて広く受容された。

仮名が成立した平安初期には、「を／お」の仮名が、それぞれ、［wo］［o］の音節に対応していたが、その後、［o］が［wo］に合流したことによって書き分けの基盤が失われた。定家は、同じ音節を共有していたこれら二つの仮名を、語中における当該音節の高低に応じて、高い［wo］に「を」を当て、低い［wo］に「お」を当てる方式で書き分けている（→第三章）。

『仮名文字遣』に示された規範のなかには、定家自筆のテクストと「を／お」の書き分けについて一致しないものがある。そういう不一致が生じたのは、『下官集』から『仮名文字遣』に至る百数十年間に日本語のアクセント体系に大きな変動が生じ、『仮名文字遣』は、変化したあとのアクセントに基づいて「を／お」を書き分けたことによるとされている。遣い分けの原理は踏襲されたが、個々の語のアクセントが変化していたために不一致が生じたということである。

音節の高低に基づく「を／お」の書き分けの原理はアクセント変化の進行につれて不分明になり、また、それらの仮名を含まない諸語についても、規範として示された特定の表記について、規範とすべき具体的根拠が提示できないために、契沖および彼の追随者たちによって全面的に否定され、ついに復古主義的仮名遣、すなわち、いわゆる歴史的仮名遣に座を奪われて終焉した——。

以上は、おおむね、大野晋「仮名遣の起源について」の所説を要約し、また、敷衍したものである。それが現今の共通理解であるといってよい。

2 「仮名遣の起源について」は、画期的な論文であったが、現今のレヴェルからみれば、論じ残された事柄も少なくない。たとえば、「を／お」の当てかたが『下官集』と一致しない例だけを抽出すると右のように説明できるが、全体としてみれば、アクセント変化と無関係に『下官集』の綴りを継承しているものが少なくないことに注目すべきである。

仮名は音節を忠実に転写するための文字ではなく、綴りに組み込まれて語句を表記するための文字であり、綴りは表語機能をもっているから、音韻変化をそのままに反映して変化するわけではない。頻用度の高い語句の綴りは、音韻変化と無関係に継承される傾向が顕著である。接近音化が生じても、ハ行活用動詞の活用語尾はハ行の仮名のままに保たれている。それと同様、頻用度の高い語では、『仮名文字遣』でも「を／お」が逆転していない。アクセント変化を反映しているのは頻用度の低い語である。『仮名文字遣』では、〈恋〉に「こひ」だけが示され、〈鯉〉には「こひ／こゐ／こい」の三種の綴りが示されている。音韻変化に順応して綴りが動揺するのは、事実上、どちらに書こうとかまわないような語であった。

『下官集』が藤原定家の撰述であることが証明され、また、「を／お」の書き分けが、それぞれの音節の高低によっていることが証明されたことの意義はきわめて大きい。ただし、高低の違いによって「を／お」が書き分けられていることは、定家の段階において、それが仮名遣ではなかったことを意味している。なぜなら、仮名遣とは、音節のレヴェルではなく、語のレヴェルにおける仮名の遣い分けの規則だからである。仮名の遣い分けとは、発音と規則的には対応しない規範に基づくことを含意している。『下官集』には、「緒の音」「尾の音」と記されており、それ以下の諸項には「音」がないことに留意したい。しかし、右に指摘したように、『仮名文字遣』では、「を／お」の区別が仮名遣のレヴェルで捉えられている。換言するなら、「を／お」の仮名の遣い分けは、『仮名文字遣』の段階で仮名遣の規則に基づく遣い分けになったということである。

3

『下官集』に仮名遣の萌芽が認められることは疑いないが、規範を設定した動機について説得力のある説明はなされていない。大切なのは、仮名の綴りに関する規範の設定が社会的に必要とされており、たまたま、その時期に生まれ合わせた定家がそれを行なったのか、あるいは、定家が、特定の目的のもとに、いわば、必要に迫られて、そういう規範を設定したのかである。

大野晋の論考は、「仮名遣の起源について」という表題に象徴されているように、定家が先覚者であったという立場で一貫されている。しかし、このような事柄に関しては、国語学史の成果として位置づけるまえに、規範が必要とされた理由を究明するのが正統のアプローチである。

定家仮名遣がどのようなものであったかを理解するには、まず、『仮名文字遣』以前の、〈定家の仮名遣〉といわれているものについて検討を加え、それに関する一般的な誤解を解いておかなければならない。

2　表音文字の運用

1　音韻変化が生じたために、同じ語句について、伝統的表記と、新しい音韻体系を反映した表記とが一致しなくなり、仮名表記が混乱したために、仮名表記の規範、すなわち、仮名遣を設定する必要が生じたという筋立ては俗耳に入りやすい。しかし、書記は社会的な情報伝達の手段であり、当該社会の他の構成員に読みとれないようでは意味をなさないから、自然の成り行きにまかせても混乱に陥ることはありえない。

右のような説明がなされたり、また、その説明が簡単に受け入れられたりする背景には、表音文字という用語についての誤解がある。すなわち、表音文字は、発音を忠実に写すための文字であるから、音韻と文字とが一対一の関係で対応する音韻転写（phonemic transcription）が理想であるという思い込みである。

そういう思い込みのもとに考えるなら、音韻変化という不都合な事態が起こらなかったら、表音文字の純粋性が恒久的に保持されつづけたはずだということになるが、それは、書記の本質をわきまえない考えかたである。

言語は社会環境に合わせて進化するが、進歩することはない。進化には進歩の概念が含まれない。しかし、同じく情報伝達の手段であっても、書記は形をそなえた道具であるから、素材となる文字も、文字を組み合わせた語句の綴りも、いっそう使いやすいように改善される。個々の語句の綴りは社会慣習として守られるから、音韻変化が生じても、それにそのまま連動して変化することはない。

表音文字とか表語文字とかいうのは便宜的分類にすぎない。文字の機能は語句の綴りに組み込まれ、書記に組み込まれて、情報を蓄蔵する書記テクストの一環になることであって、一つ一つの文字で発音を忠実に写すことではない。大切なのは、文字体系をどのように運用したらもっとも効率的かということである㊟。

2　単純な音韻転写の方式は習得が容易であるかわりに読み取りが困難である。また、個人差や方言差が音韻転写に反映されたら、伝達に支障を来たすことは必定である。

書くことの目的は、読まれること／読ませることにあるから、書きやすさは、書記様式の優劣を評価する最優先の基準にはなりえない。そういう意味において、音韻転写専用の文字体系は情報伝達の手段として本来的に欠陥をもっている。国際音声字母で書かれた新聞記事など、とうてい実用にならない。

上代の借字は、楷書体で、個々の文字が切り離して書かれていたので、語句の同定を可能にするために、音節と一対一で対応させることが必要であったが、書体を草書体に切り替え、連綿や墨継ぎを組織的に導入した分かち書きによって語句の綴りを形成するように発達した仮名の体系では、最初の段階において、すでに、清濁の対立が捨象されている。それは、非効率的な音韻転写と決別する重要な第一歩であった。したがって、仮名の綴りが、実用の経験をつうじて、いっそう効率的に洗練されてゆくのは時間の問題であった。

アルファベットは表音文字として分類されているが、それぞれの言語によって運用のしかたはさまざまである。たとえば、現代英語のスペリングが個々の文字の表音機能から著しく隔っていることは例示に及ばない。しかし、英語の綴字を改革する必要が強調され、具体的試案まで一再ならず提示されても、実現の曙光すらみえない。その理由を英国人の保守主義に帰したりするのは単純にすぎる。英語を公用語とするほかの国でも、綴字の改革は行なわれていない。

英語の綴字が表音的に改革されない理由は、習得困難な英語の綴字が他方では捨てがたい便益をもたらしていることにある。同音の［nait］を night ／ knight に書き分けなければならないことは煩雑であるが、いったん身につけてしまえば、〈夜の騎士〉を正確に書き表わすことが可能になる。両者に共通のghも、後者の語頭のkも、音韻変化の残滓であることは事実であるが、それぞれに不可欠の機能が賦与されていることを看過すべきではない。

綴字改革運動などと無関係に、頻用度の高い night には nite という綴字が自然に形成されて巷間に行なわれているが、これも単純な音韻転写ではなく、もう一つの類型への転換である。rite があるので、write や right には、それと平行した簡略化が生じていない。

要するに、英語の場合には、アルファベットの直接の表音機能を間接化し、煩雑化の代償として綴字の表語機能が獲得されている。その意味において、英語の綴字は漢字と同じ機能を発揮している。これまでに起こった音韻変化は、借用語にみられる外国式の綴字の導入などとともに、結果として、表語機能の増大に積極的に寄与してきた。分かち書きの徹底や大文字の規則的使用などは、もとより、音韻変化と無関係の、読み取りやすさへの指向である。

3 音韻変化との関係

1 英語の例は、仮名遣について考えるための予備的な一瞥であって、筆者が指摘したいのは、英語の場合ほど顕著でないにしても、それと同じような現象が仮名による表記についても起こっているという事実である。連綿だけでなく、文字の大きさや太さ、あるいは墨継ぎや濃淡の配合など、毛筆の特色を最大限に生かして、語句の分かち書きを発達させるとともに、表語機能への傾斜によって読み取りの容易化が図られている。

母音間のハ行子音は十一世紀ごろにいっせいに有声化し、その結果、ワ行子音に移行したが、ハ行活用の動詞語尾は、発音の変化と無関係に、ハ行の仮名による表記が維持されており、そのために、書記テクストのなかで同定が容易になっている。

ハ行活用であった動詞の活用語尾がハ行の仮名による表記を維持しただけでなく、もとからワ行活用で、発音の変化していない動詞までも、「うへて／すへて／もちひて」という綴りに引きずりこんでいる。本来の発音がどうであったかにかかわらず、――といっても、音韻変化についての認識があったとは考えがたいが――、ワ行音節の活用語尾を統一的にハ行の仮名で表わすことによって、意味のない多様化が回避されている。最初は類推による誤りとして生じ、それが社会慣習となったのであろう。このような効率化は、藤原定家の時期よりもはるか以前に生じている。

形容詞「うるはし」は、他に先がけて「うるわし」と表記されるようになっていたが、右の音韻変化が生じて以後、再び「うるはし」に回帰している。おそらく、動詞「うるふ」に牽引された結果であろう。「うるはし」に回帰したことによって、「うるふ」との関連が修復されている。

ハ行活用／ワ行活用の動詞群、およびそれらの動詞群からの派生語にみられるところの、ハ行表記の温存や、ハ行表記への転換／回帰などは、活用を軸とする統一的行動である。

2　活用を持たない諸語においても、頻用度の高い語句については、綴字の固定化が顕著である。たとえば、前述したように、〈恋〉は、発音が［kowi］［koi］と変化しても「こひ」と表記されている。〈故〉は「ゆゑ」から「ゆへ」に転じて定着している。

以上をつうじて一貫しているのは、英語の場合と同じく、①直接の表音機能を間接化することによって表語機能が獲得されていることであり、また、②文字の表音機能は捨てられても、綴字の類型による表音機能が発揮されていることである。一般に、語の綴りは表音性／表語性を兼備していることが望ましい。

個々の仮名の単純な和として語形が復元できる仕組みよりも、同一の語を他の語から容易に識別できる仕組みのほうが、機能的にすぐれている。音韻変化が生じても、それ以前の綴りが守られ続ける現象を表記の保守性として片づけてしまうとしたら、書記テクストにおける運用を考慮に入れていないことになる。

3 馬淵和夫は、定家以前の文献に仮名表記の固定化が認められることを指摘し、〈平安かなづかい〉と命名した。この命名の適否については、仮名遣の概念規定に関連して議論の余地があるにしても、ともかく、このような動きが自然に生じていることは、書記の社会性からいって当然である。

仮名遣は、仮名文における仮名の遣い分けに関する規則であって片仮名には無関係であるが、この節に取り上げた諸現象が片仮名文のテクストにも併行して認められることは、仮名と片仮名との機能を対比的に捉えるうえで重要な意味をもっている。

4 証本テクストの整定

1 いくつもの音韻変化の結果が累積したことによって音節と仮名との対応関係は複雑化したが、定家の時期には仮名の綴りが混乱の極致に達しており、仮名文による伝達に支障を生じていたという事実はない。言語に代わる伝達手段としての書記がそういう危機的状態に陥ることは原理的にも想定しにくい。前述したように、他人に読めないものを書いても意味をなさないからである。事実は、それと逆に、さまざまの試行錯誤を経て、仮名の綴りの表語機能は増大し、いっそう効率的に運用されるようになっていた。

そういう状況のもとに、定家はどういう理由から仮名の綴りについて規範を設定しようとしたのであろうか。〈いろは〉の普及によって、弁別的な差をもつ仮名の種類が確定され、そのことが誘因になって仮名遣が制定されたという仮説は、「を／お」の二つの仮名の区別については当てはまりそうにみえるが、総体的にみれば説得力に欠けている。定家の時期に、「え／へ／ゑ」の仮名は、単独に読まれた場合、まだ発音の区別を持っていたはずであるから、〈いろは〉があろうとなかろうと、「ゆゑ／ゆえ／ゆへ」の問題は、まったく変わりがなかったからである。理由はどうあろうと、定家にとって仮名の綴りを択一的に決定する必要があったのであり、〈いろは〉は、たまたま、便利なものがあったから利用されたにすぎない。

2　『下官集』の「嫌文字事」の条には、最初につぎの文章が置かれている。

他人摠不然、又、先達強無此事、只愚意分別之極僻事也、親疎老少一人無同心之人、尤可謂道理、況且、当世之人所書文字之狼藉、過千古人之所用来、心中恨之。

「此事」は、仮名の綴りに関わる規則を指している。たいへん屈折した表現になっているのは、師説にもない事柄をかってに定めることが、当時の学問のありかたに反する行為であり、また、当たり障りのある「文字之狼藉」という表現を和らげるためでもある。

表現の含みに立ち入らないことにすると、ともかく、右の一節から確実にうかがえるのは、ほかの識者たちがまったく問題意識を持っていなかったなかにあって、定家だけは、当世の人たちの書く文字が――あるいは、文字の運用のありかたが――でたらめであって、古来の用法を過っていると考えており、古来の用法に戻す必要を切実に感じていたことである。

「当世之人所書文字之狼藉」という表現が、仮名による語句の綴りの乱れをさしており、その原因が音韻変化にあるとみなすのは短絡である。また、「心中恨之」と表現されている理由を、定家の人並みはずれた鋭い言語感覚とか、先覚者的識見などに求めるべきでもない。定家には、「他人」と違って、「文字」の使いかたを「古人之所用来」にもどさないと都合の悪い、なんらかの現実的な必要があったと考えるべきである。

老境に達してから、定家は仮名文学作品のテクスト整定に精励しているが、それは信憑性の高い伝本を選んでそのテクストを忠実に写し取るのではなく、伝本のテクストを克明に解釈して意味のよくつうじるように整えることであった。すなわち、証本の整定である。家学を継承する人たちにとっての拠りどころとなり、彼等によって書写されることを前提として整定される証本であるから、みずから与えた解釈が誤って理解されたり、テクストが誤写されたりする可能性を未然に封じるための工夫が必要であった。そのためには、同一の語の表記を安定させるとともに、その語がテクストに組み込まれた場合、同定に迷うことのないように処置しておくことが第一の条件であった。

5 文字之狼藉

1 『下官集』は、①書始草子事、②嫌文字事、③仮名字かきつゞくる事、④書歌事、⑤草子付色々符事、という五つの条項で構成されている。『仮名文字遣』の祖形に当たる「嫌文字事」の条項が、仮名遣との関連で注目されてきたために、大野晋の前引の論考でも、仮名遣書として捉えられているが、全体としては仮名の草子を書写する際の心得を記した作法書である（→第二章補記）。①に、仮名の草子を書く場合、自分は、見開きの右側ではなく、左側から書き始めることを述べたあと、②に、仮名による綴りの規範を示し、③に、分かち書きの大切さを説き、④に、和歌を二行に書く場合は、上句／下句を別行にすべきことを説き、⑤に、符号について説明している。全体を大きく分ければ、A①草子をどちらの側から書きはじめるか、B②③④仮名の運用、C⑤符号の説明、という三つの部分になる。
「嫌文字事」のつぎの③「仮名字かきつゞくる事」には、まず、つぎのように切った和歌が示されている。

きがは便郵

料金受取人払

神田局承認

5458

差出有効期間
平成19年6月
9日まで

101-8791

504

東京都千代田区猿楽町2-2-5

笠間書院 行

■ 注 文 書 ■

◎お近くに書店がない場合はこのハガキをご利用下さい。送料380円にてお送りいたします。

書名　　　　冊数

書名　　　　冊数

書名　　　　冊数

お名前

ご住所　〒

お電話

ご愛読ありがとうございます

これからのより良い本作りのために役立たせていただきたいと思います。
ご感想・ご希望などお聞かせ下さい。

この本の書名＿＿＿＿＿＿＿＿＿＿＿＿＿＿＿＿＿＿＿＿＿＿

本読者はがきでいただいたご感想は、お名前をのぞき新聞広告や帯などでご紹介させていただくことがあります。何卒ご了承ください。

■本書を何でお知りになりましたか（複数回答可）

書店で見て　2. 広告を見て（媒体名　　　　　　　　　）
雑誌で見て（媒体名　　　　　　　　　）
インターネットで見て（サイト名　　　　　　　　　）
小社目録等で見て　6. 知人から聞いて　7. その他（　　　　　　　　　）

■小社 PR 誌『リポート笠間』（年 1 回刊・無料）をお送りしますか。

はい　・　いいえ

◎はいとお答えいただいた方のみご記入下さい。

お名前

ご住所　〒

お電話

提供いただいた情報は、個人情報を含まない統計的な資料を作成するためにのみ利用させていただきます。また『リポート笠間』ご希望の場合は、個人情報はその目的（その他新刊案内も含む）以外では利用いたしません。

としのうちにハ　るはきにけりひ　とゝせをこ　そとやい　はむ　ことし

『古今和歌集』の冒頭歌であるから、だれでも反射的に記憶と照合できたはずであるが、あえて、それを「としのうちにハ」と読ませたうえで、このように書くと読み解けなくなるから、句ごとに分かち書きをすることが大切であると注意している。草子を書写する場合、書道の技法を優先すべきではないという趣旨である。「としのうちにハ」の「ハ」が、語句の末尾によく用いられる字体であることを思い合わせるなら、これも意図的な文字遣である。

そのあとの③「書歌事」には、有識者ぶった人たちが、故実だと称して、上句の末尾の仮名を次行にまわし、下句の直前に書いたりするが、こういう書きかたをすると上句／下句が弁別しにくくなるので、上句／下句をそれぞれ一行に書くべきであることが実例に基づいて説かれている。

2

「他人惣不然」に始まる文章は②「嫌文字事」の最初に置かれているが、仮名の遣い分けに関する事柄だけでなく、それに続く右の二つの条項も含んでいるから、「仮名字かきつゞくる事」や「書歌事」をもカヴァーしている。したがって、「文字之狼藉」とは、「としのうちにハ」と書いたり、上句の最後の仮名を次行の行頭に書いたりすることをもさしている。定家自筆の仮名文テクストには、そのような「狼藉」がない。

仮名書道は、美しい内容が美しいことばで綴られた文学作品を美しい料紙に美しい文字で書くという総合芸術として発達した。文学作品は、もとより、創造の所産であるが、作品のテクストを書写することもまた創造であった。書写した人物の創造は、文字の美しさに個性を発揮することであった。そのために、さまざまの凝った書きかたが追求された結果、芸術的にはすぐれていても、読むのが煩わしいテクストが多くなった。能書家たちの主たる関心が、より美しい文字を書くことに置かれた結果、テクストの正確さがおろそかになり、文字が視覚的な美を表現する素材になっている。仮名書道のそういう伝統は現今も継承されている。

たとえば、『古今和歌集』の現存最古の完全な伝本は元永本であるが、そのテクストは高く評価されていない。絢爛豪華な美術品ではあっても、定家自筆のテクストと比較すると、異同が多すぎるからである。明白な誤脱も少なくない。それと同筆と推定されている巻子本『古今和歌集』などのテクストもかなり杜撰である。書写した人物がテクストの内容を正確に理解していたとは考えにくい。誤脱の多いあやふやなテクストが仮名書道の名品としてもてはやされていたことは、仮名書道におけることばの軽視が個人を超えた風潮であったことを物語っている。

このような「文字之狼藉」が重なって仮名文学作品のテクストがくずれていったなら、正しい形に復元できなくなってしまう。定家が「心中恨之」といっているのは、まさにそういうことであった。

6 定家のプラグマティズム

1 「嫌文字事」の条に列挙されている実例を通覧して目に付くのは歴史的仮名遣と一致しない綴りが少なくないことである。もし、「嫌文字事」を貫く指導理念が復古主義であるとしたら、それらは不用意な誤りとみなさざるをえない。なぜなら、古い文献のテクストをよく調査すれば、そういう食い違いはもっと少なくてすんだはずだからである。

定家のいわゆる「旧草子」なるものが、実際にはさほど古い時期のテクストでなかったために、音韻変化の影響を受けた新しい綴りを含んでおり、類推のきかない事例は、そういう綴りを踏襲してしまったのであろうという解釈がなされている。しかし、「旧草子」を根拠にしたと記されていることが、ただちに復古主義を意味しているとみなすのは早計である。ここに「旧草子」とよばれているのは、定家の立場からするなら、とりもなおさず、本文整定の中心資料となるべき伝本群であり、それらのテクストが芸術によって汚染されていなかったことを看過すべきではない。

伝統にとらわれずに規範を制定するなら、たとえば〈故〉については「ゆゑ／ゆへ／ゆえ」の三種の綴りがありえたが、いったん、どれかを選べば、それを守らなければならない。上代文献のテクストを参照すれば、古い綴りが「ゆゑ」であったことを確かめられたはずであるが、平安末期、ないしその前後に書写された「旧草子」では、もっぱら「ゆへ」となっており、それが社会的に通用していたから、規範を「ゆゑ」と定めたなら、伝本のテクストに「ゆへ」が出てくるたびに、「ゆゑ」に改めて書写すべきことになる。

「ゆへ」が〈故〉であることは容易に同定できたが、「ゆゑ」を〈故〉と同定するには——というより「ゆへ」であると同定するには——、新たな学習が必要であった。確立された社会慣習と違う綴りを覚えて守りつづけることは記憶の負担であるから、社会慣習と異なる規範を設定するとしたら、それに見合うメリットがなければならない。この場合には、メリットが計算できないから、「旧草子」にみえるとおりの、そして、同時期の慣習でもあったところの、「ゆへ」を踏襲するのが賢明であった。

定家の基本方針の一つは、右の「ゆへ」のように、「旧草子」に安定して用いられており、同時期の習慣にもなっていた綴りを、そのまま規範とすることであった。彼が「当世之人所書文字之狼藉」を正すために規範を設定したことには明確な目的があり、その目的にかなう綴りを規範として設定したのであって、それ以外の基準は介入していない。

2　『下官集』では、「を／お」の二つの仮名が音節の高低に基づいて遣い分けられている。しかし、それは、「旧草子」にみえる表記が混乱していて収拾がつかなくなっていたために、新しい方式を導入して遣い分けたわけではない。前述したように、言語に準じる社会的な伝達手段としての書記テクストにそのような混乱が生じることはありえないからである。また、〈いろは〉のなかにそれら二つの仮名が別々の位置を与えられているから区別すべきだと考えたという説明も、遣い分けのメリット／デメリットが勘案されていない点で説得力に欠けている。遣い分けによる実利的効用が計算されていないはずはない。

「を／お」の二つの仮名は同じ音節に対応しているから一方だけに整理してしまうことも選択肢の一つであった。しかし、せっかく二つあるなら、遣い分けて同定を容易化しようというのも、もう一つの選択肢であった。[wo] で始まる語は非常に多かったから、なんらかの基準を設けて「を」の群と「お」の群とに分けることができれば都合がよかった。もとより、語頭の仮名だけとは限らない。

恣意的にどちらかに振り分けたのでは記憶に負担がかかるだけであるから、振り分けの基準を設けるとしたら、反射的に判断できる基準でなければならない。

発音の違いで振り分ければ記憶にまったく負担がかからない。高低による書き分けはそういう基準として導入されたに相違ない。発音は正確にしていても、音節の高低を認識できるようになるには多少の訓練と習熟とが必要であるが、困難というほどのことはない。『下官集』に「緒之音」「尾之音」とあるように、発音の違いに応じた書き分けであるから仮名遣ではない。

3　設定された基準に従った場合、たとえば、頻出する格助詞 [wo] が「お」になったりしたら、定家はその基準の導入を断念するか、さもなければ、格助詞「を」を適用外としたであろう。定家の意図は、整然たる規則を定めて厳密に適用したりすることではなく、読み誤られることのないテクストを整定することであったから、定めた規則の運用は柔軟である。

「嫌文字事」の条項には定家の実践した文字運用の全貌が集約されているわけではない。定家自筆の仮名文テクストの文字遣いを解析すると、たとえば、つぎのような、行き届いた心くばりが浮かび上がってくる。

①一音節名詞には原則として漢字が当てられている。それは、仮名で表記すると、テクストのなかで析出困難になり、そのうえ、分かち書きが明確でないと、前後の仮名と結び付けられてしまう危険性が大きいからである。漢字で表記しておけば、そういう恐れがないだけでなく、分かち書きの効果が発揮される。

②ふつうに使用される二つの和語が一つの漢字を共有する場合には、一方をつねに漢字で書き、他方をつねに仮名で書いている。「夜《よ》／よる」、「衣《ころも》／きぬ」「又《マダ》／また」などがその例である。

③動詞「待つ」は漢字で書かれることがなく、副詞「まづ」と混同されやすい文脈では、意味のかけ離れた「松」が当てられている。このような細則は枚挙にいとまがない。

④「く／し／ふ」などを無標（unmarked）の字体として、また、「具／志／布」などを有標（marked）の字体として、さまざまの場合に遣い分けている。

4　前節までの検討の結果を整理すると、定家による文字運用のさまざまの工夫は、すべて、整定したテクストが意図どおりに解釈され、しかも、誤写を生じることのないようにという配慮に発していることがわかる。仮名表記も、ただそれだけを切り離して考えるのは誤りであって、全体の用字のなかに漢字とともに有機的に組みこまれた正書法的表記の試みとして評価しなければならない。

定家の仮名遣、という表現は一般に行なわれているが、前節でその一端に触れたように、定家自筆の仮名文テクストにおける仮名は、漢字と補完的関係にあり、また、仮名の字体についても〈いろは〉四十七字以上の細かい区別を行なっているので、正確にいえば仮名遣ではなく、和歌や和文を厳密に表記するために綿密に組織された文字運用として捉えるべきである。従来の研究の盲点は、まさにそのような視点の欠如にあった。

定家自筆の仮名文テクストの文字遣をみると、そこには、確立された原理があり、頭著な傾向があり、そして、ある偏りも認められるが、たとえば、「を／お」の遣い分けのように判然たる規矩によるものについてさえ、それに従っていない例の存在が指摘できる。すなわち、「嫌文字事」の条項には「花をおる」とあるにもかかわらず、『古今和歌集』の詞書には「梅花をゝりてよめる」「むめの花をゝりて人におくりける」などとなっている。いかにも不用意のようにみえるが、しかし、そうではない。『下官集』のリストにただ「おる」としておいたのでは、いくつかの［woru］のうち、どれを指すのか特定できないために「花をおる」と記されているが、実際の文脈で、直前に「花を／枝を」などとあれば、わざわざ「おる」と書かないでも「折る」であることは自明なので、「旧草子」の習慣に従って連読符を使っている。そのほか、「を／お」のどちらにも属さない仮名として「越」の草体を導入し、かけことばや複合語などの表記に効果的に使用している事実もある（第三章）。

5　前項に指摘した事実は、〈いろは〉仮名遣としてみると反則／例外とみなさざるをえないが、むしろ、そのような例が散在することによって、我々は、定家の姿勢が杓子定規ではなく、文脈に即応できる柔軟性をそなえていたことを知ることができる。みずから考案した方式を主体的に実践しているところから生まれる余裕というべきかもしれない。抽出されたさまざまの例外的事象を文脈に戻して検討しなおすと、たいていは、特定の事柄をきわだたせるための臨時的措置であったり、ことさらに区別のための区別をしていないだけであったりする。試行錯誤の跡を示すゆれも明らかに認められる。

古さは正しさなり、とでもいうべき歴史的仮名遣の絶対的な指導理念は、書記の理論から評価すれば、素朴で幼稚な機械的復古主義であって、復元された綴りを文脈の中に織りこんだ場合、はたして、書記の本来的機能を十分に発揮できるかどうかを考慮に入れておらず、したがってまた、そういう歴史的仮名遣を焼き直した現代かなづかいにも、それと同じ欠陥が露呈している。もし現行の仮名遣が改善されるべきであるとしたら、定家の文字運用を貫く精神、すなわち、運用効率を価値基準とするpragmatismに学ぶべきところが多いであろう。

7 『仮名文字遣』の成立

0 定家はみずから開発した文字運用の規範を子息の為家にすら伝授した形跡が認められない。これは、たいへん奇異のようでもあるが、彼のねらいが証本テクストの整定にあったことを思い合わせれば納得できる。要するに、この特殊な技術は定家以外のだれにとっても必要がなかったということである。

『下官集』の「嫌文字事」の条項にあげられている程度のことは、一般性を持つと考えたものであろうし、現に、その道の人びとの間に広く滲透して実践もされている。定家以後、『仮名文字遣』が成立するまでの期間に書写された諸伝本のテクストにもそういう遣い分けに従っているものが多いだけでなく、新たに創作された作品にまで及んでいるようである。兼好などもそれを採用していた一人らしい（→小松②）。定家にとって、「嫌文字事」は複雑な文字運用の重要な一環であったが、それ以後の人びとは、そこに示された綴りを〈いろは〉四十七字の遣い分けの規範として、すなわち、仮名遣として受容した。『仮名文字遣』が編纂された背景にはこのような経緯があったことに注意すべきである。

1 『仮名文字遣』の基本的構成は、「嫌文字事」の条項の内容を大幅に増補した形になっている。「嫌文字事」の条項にはごく僅かな例しかあげられておらず、しかも、それらは和歌の用語に大きな偏りをみせているのに対して、『仮名文字遣』のほうは、ただ語彙の総量が豊富になっているだけでなく、生活に密着したことばにまでその採録範囲が広げられており、その点に両者の大きな質的差異が認められる。仮名文学作品のテクストを書写するためだけでなく、日常的な文章を綴るためにも役立つように作られているということである。あらゆる語が〈いろは〉四十七字の枠づけにおいて表記されることを前提にしている点において、これこそ仮名遣書の名にふさわしい。

所与の語をどうしてそこに示された形に表記すべきなのか、その根拠を明らかにするわけではなく、ともかく、この綴りが軌範なのだという一方的な押しつけであるが、これについては「京極中納言定家卿」のお墨つきがあるのだという旨のことが序文に明記されており、その権威づけは、すなおに受け入れられている。定家仮名遣が定家の文字遣の一部を敷衍したものであることは事実であるが、その体質においては定家卿仮名遣であったという象徴的表現が可能であろう。ただし、『仮名文字遣』が普及したのは定家の権威がうたわれていたからだという説明だけで片付けるとしたら、それは、浅薄な解釈である。

「嫌文字事」の条項に収められている諸語のほかはどのように表記してもよいはずはないが、類推にもおのずから限度がある。したがって、その規範が根を下ろすにつれて、仮名で書き表わされる可能性のあるすべての語について準拠できる共通の典拠が求められる。行阿はそのような社会的気運を察知して、その要請に応えようとしたものであろう。『仮名文字遣』が、「嫌文字事」の条項を増補した形をとっており、しかも、定家による権威づけをもって公にされたのは、いわば必然的な成り行きであった。行阿という特定の人物がいなかったとしても、早晩、余人によって同じような試みがなされたであろうことは疑いない。

8 結語

正書法とは、所詮、これこれの語をこれこれの形に表記すべしという人為的規範であるか、あるいはまた、その形にしか表記しないという社会慣習の追認であって、いちいちの根拠について説明を要求される筋あいのものではない。文字を操る人たちが一定の表記を守ることによって、通達が円滑に行なわれるという、ただその一事だけが肝要である。

定家仮名遣を絶対的規範として護持しようとした人たちは、語の表記がどのようにあるべきかについて、右のような明確な認識を持ち合わせていなかった。そのために、契沖およびその後継者たちと筋の通った理論闘争を展開することができず、受身の泥試合に終始せざるをえなかった。定家の技術は継承されたが、その理念は忘れ去られていた。

歴史的仮名遣が最終的に生き残ったのは、理論的に、あるいは実践的に、そのほうが卓越した方式だったからではなく、その底流をなすところの尚古主義が国粋的風潮に支持されつづけたためであると小稿の筆者は考えている。その意味においても、まさに歴史的仮名遣の名にふさわしい（↓小松①）。

〔補記〕

漢字／仮名の交用という現行の方式に抜本的改革を加えないという前提で考える限り、文章を綴る場合に両者は密接不可分の関係にあり、それぞれを切り離して考えることは許されない。「このにわにははるにはながさきます」といった文面がなぜ読みにくいか、その理由は明白である。助詞ハにも、「を」の場合と同じく専用の仮名を特設するか、分かち書きを採用するか、助詞ハのあとに読点を打つか、さもなければ、ハで始まる語を可能な限り漢字で表記するか、そういう解決法の中から、もっとも効率的な方式を選択しなければならない。その際、読みやすさとともに書きやすさも無視できないので、互いに矛盾する二つの条件の競合による平衡関係において対策を講ずべきことになる。

平安時代の仮名には連綿による分かち書きが発達したが、漢字を交えるなら、間隔を置かないでもそれと同じ効果が期待できる。藤原定家による総合的な文字遣において、「春／花」などが高い比率で漢字表記になっていることや、同じ観点からみて有効な漢字使用が随所に見られることは、その意味で示唆的である。

定家自筆の証本テクスト、ないし定家仮名遣で表記された諸伝本のテクストにおいて、漢字がきの「御」をどう読むべきかにしばしば困惑させられるが、観点を違えてこれを見るならば、「御」のあとに続く語は、事実上、必ず名詞であるから、この表記法はドイツ語における大文字の使用にも比すべき機能を発揮しており、それがそのまま読みやすさにつながっていることがわかる（↓総説）。

国語審議会も、狭義の仮名づかいだけに対象を局限することなく、右のような包括的視野から書記の理想像を追求することが望ましい。「温故知新」の意味で定家の pragmatism をここに再評価したい。

〔引用文献〕

大野　晋「仮名遣の起源についての研究」（『仮名遣と上代語』一九八一年・岩波書店／原論文『国語と国文学』一九五〇年・十二月）

小松英雄①『いろはうた』（『中公新書』一九七九年）第七・八章

小松英雄②『徒然草抜書』（講談社学術文庫・一九九〇年）

馬淵和夫「平安かなづかいについて」（『佐伯梅友博士古稀記念国語学論集』一九六九年・表現社）

第五章　きしかた考

仮名文テクストの文献学的処理の方法

0　導言

0　①コシカタ（来し方）から派生した意味を担う語形として、動詞「来《く》」の未然形を連用形に置き換えたキシカタが、仮名文の用語として形成された。意味のうえから言って、伝存する仮名文テクストでは、コシカタよりもキシカタの使用頻度がはるかに高い。ただし、伝本テクストの用例から帰納される使い分けの原理については、校訂者による本文への積極的介入の可能性をも考慮に入れなければならない。

②右に指摘したのは、仮名文学作品のテクストに顕著に認められる現象である。キシカタは、仮名文にとって必要な語であったが、用域が仮名文に限られていたために口頭言語に基盤をもたず、テクストを整定した人物による個人的な理解のズレが用語の選択に反映しているようにみえる。

③キシカタは、コシカタと共存すべき双形（ダブレット：doublet）として形成された名詞であり、助動詞キの接続関係を記述する対象とすべきではない。

④『土左日記』にみえる、いわゆるン音便の《無表記》は、諺の中の語句という条件のもとに導入され、その

条件のもとに同定可能であった。

1 直接に観察できる現代語についてさえ、孤立的事象に関しては、どうしてそれ一つだけが独立の行動をとっているかを合理的に説明することは困難な場合が多い。まして、伝存する書記テクストにみられる孤立的事象がどのような言語現象を反映しているかについて解釈を加えようとする場合には、依拠する方法の真価が問われることになる。

書記テクストから言語事象を導き出すためには、本来、書記とはどういうものであるか、そして、所与の文字体系がどのような特徴をもつかについての正しい認識が不可欠である。語形が仮名で忠実に表記されているとみなすのは誤りである。

言語運用の一般的なありかたを考慮することなしに、書記テクストを機械的に処理したり、形骸的な伝統文法の枠組みに束縛されて考えたりすると、ことばいじりのことば知らずに陥りやすい。

右の二つの過ちが連動すると、結果は救いがたいものになる。

言わずもがなの事柄を、あえて最初に確認したのは、この小論が、そういう過ちをおかした疑いの濃厚な事例の一つに関する検証だからである。

1　キシカタ／キンジカタ

1 助動詞キは連用形に後接するのがふつうであるが、カ変動詞／サ変動詞に限って未然形に後接し、コシ／セシになるというのが古典文法の説明である。しかし、そういう結合をとっているのは、キキ／シシという同音連続が、確実な同定の妨げになったからであり、活用型による接続関係の違いとして考えるべきではない。語幹一音節の「着る」に「着《き》き」という結合を形成しないことも同じ理由に基づいている。したがって、コシカタが、いわば正統の結合であったが、平安時代以降の仮名文テクストには、コシカタのほかにキシカタが、少なからず見いだされるようになる。

小池清治は、それまで等価とみなされてきたこれら二つの結合が、つぎのように使い分けられていたことを指摘した（以下、「小池論文」）。

きしかた………時間的経過（過去）
こしかた………空間的経過（来た方向・経路）

小池論文では、キシカタの成立事情が推定されており、また、両形の消長が跡づけられている。以下は、小論の筆者の用語を交えた要約である。

平安初期／中期の作品には、右の区別が広く認められるが、平安末期／院政期になるとそれが混乱しはじめ、鎌倉時代以後には用法が逆転した。

本来はコシカタであったが、このシは四段活用をはじめ、多くの活用語において連用形に後接するために、それらへの類推を生じる一方、「住吉のきしかた」のような、「来し」と「岸」との掛詞などの影響も加わって、雅語／歌語としてのキシカタが発生したものであろう。

2　小林芳規は、小池論文に詳細な検討を加え、その内容を全面的に否定したうえで、仮名文に「きしかた」と記されている語句の構成について、従来とまったく異なる引き当てを提示した（以下、「小林論文」）。当該論文の内容は、書記テクストを言語資料として利用する場合の基本的方法に関わるところが大きい。また、提示された結論が受け入れられれば、《古典文法》にも直接の影響が及ぶことになる。全面的には支持されなくても、国語学界のならわしでは、一説として言及が義務づけられることになりかねない。

小論の一次的目的は、小林論文に方法が欠如しており、したがって、導かれた結論が全面的に誤りであることを明確に指摘して、方法上の問題を提起することにあるが、あわせて、小論の筆者の試解を添えて、おおかたの批判をあおぐことにしたい。

二十頁余に及ぶ小林論文の前半は、小池論文の批判である。小論の筆者とは基本的立場が異なるので、批判の当否を正面から問題にしたら、それ以上に長大にならざるをえないが、実りのない議論は省略し、もっぱら、キシカタについての新たな引き当てに関わる部分だけを取り上げる。執筆の一次的目的との関係で、小林論文を主とし、小池論文を従として扱う。

3　「きしかた」の「きし」の部分は、従来、カ変動詞連用形キに助動詞キの連体形シが後接した形として理解されてきた。小林論文の第一の眼目は、その分析を否定し、「き」「し」の二つの仮名の間に完了の助動詞ヌの連用形ニの音便化した鼻音（以下、便宜、「ン」と表記する）が、いわゆる《無表記》で介在しており、「きしかた」はキンジカタの表記であることを、つぎの両点から論証しようとすることにある。
a『土左日記』（三月四日）に「ししこ、かほよりかりき」とある。この「ししこ」は、シニシコのニがン音便化してシンジコ（小林論文と別の表記をとる）となり、その撥音を表記しない形とされている。そういう表記方式に従うなら、キニシカタに由来するキンジカタは「きしかた」と表記される。
b　東寺観智院金剛蔵『十一面自在菩薩儀軌』（一二二五年写）には、「過後」に対する訓注が「キシカタ」と記されている。「キシカタ」には《平上上平》の声点があり、「シ」の仮名の声点は複点である。ここから、つぎの解釈が導かれる。（以下、直接引用）これは、「来ニシ方」が音転して、完了の助動詞「ニ」が撥音化し、回想の助動詞「シ」が濁音化したが、撥音が表記されなかったことを示す例と考えられる。

仮名文テクストに「きしかた」と記されている部分の構成が、これまで「来し方」と誤認されてきたのは、つぎの理由に基づくと小林論文は指摘している。

「きにしかた」が音変化して、「キンジカタ」となっても、和文では「ン」を平仮名で表記する方式が定まらないときには、これを表記せず、しかも濁音を表す濁点も附せられなければ、「きしかた」と表記されることになる。この外見の形が「来《き》し方」と紛らわしかったことに、誤認が生まれた原因がある。

2 キンジカタについての検討

0 小林論文としては、仮名文テクストの「きしかた」がキンジカタの表記であることを文献上の証拠に基づいて証明したことになるのであろうが、結果は、書記テクストに関する基本的認識の欠如を露呈しただけに終わっている。論としての体をなさず、提示された結論も妄説以外のなにものでもない。以下、その誤りを具体的に明らかにすることによって、仮名文テクストを文献学的に処理する方法について考えてみたい。

1 平安時代の撥音便に、ム音便／ン音便の別があったこと、そして、前者には「む」の仮名が当てられ、後者は無表記になっていることが、『土左日記』から証拠をあげて指摘されている。以下に取り上げる後者の例は「ししこ」（二月四日）であり、これは、シンジコ、すなわち、「死ンじ子（死にし子）」の表記であるとされている（→中田）。
平安末期まで二つの撥音便が存在したことは疑いないが、仮名文テクストには、『土左日記』の「ししこ」以外にン音便とみなされる事例が指摘されていないことを、以下の議論のために確認しておきたい。

仮名文では、ふつう、死亡した我が子をさして「死にし子」と表現することはないから、「しし」という仮名連鎖が「死んじ」と確実に同定される保証はない。また、当時、動詞に音便形が生じていたことは確かであっても、所与の場面で非音便形／音便形のどちらを使用するかは選択的であった。（→こまつ）『土左日記』の当該箇所で「ししこ」という仮名連鎖が、「死にし子」として同定できたとすれば、それを可能にする文脈だったからである。そういう条件を考慮せずに法則化して、撥音便の撥音は表記されないと単純に考えられてきたことには、反省が必要である。

『土左日記』の当該箇所は、夭折した娘を偲んで和歌を作り、他人からみれば、どうというほどの子でもなかろうが、「されども、ししこ、かほよかりき、といふやうもあり」と、未練を絶ちきれない心境を述べた一節である。「といふやうもあり」という表現からみて、諺の引用らしいとされている。乳幼児の死亡率が現今と比較にならなかった当時としては切実な実感をともなった諺だったであろう。〈釣り落とした魚は大きい〉という諺が参考になる。

『土左日記』の他の部分では、同じ娘の死について、つぎのように「失す《う》」が使用されている。この作品のテクストに漢文訓読語が多用されていることと、ここに、「死ぬ」が使用されていることとは無関係である。

死亡することを表わす基本的な動詞は「死ぬ」であるが、和文では、ストレートな表現を避けて「なくなる」「うす」などを使用するのがふつうである。

京にて生まれたりし女子、国にてにはかにうせにしかば　［十二月二十七日］

「ししこ」、すなわちシンジコは、語彙的にも、また、ン音便形の使用においても、仮名文から排除される表現であった。したがって、どうして、ここに、社会慣習に合わない表現がなされているのかを考えてみなければならない。

「死ンじ子、かほよかりき」という諺を「うせにし子、かたちよかりき」とでも言い換えて引用すれば仮名文にふさわしい表現になるが、それでは「失せにし子」が自分の娘に特定されてしまうので、ここでは、日常に行なわれている形のままに引用する必要があった。その結果、口頭言語がナマで露出することになった。このように考えれば、仮名文にとって異質のことばづかいが混在している理由が説明可能になる。ただし、もう一つ、仮名表記の問題が残されている。

2　前述したとおり、書記テクストを書く目的は、読ませるため／読まれるためである。読み解きにくい書きかたや紛らわしい書きかたは、書きにくさの限界を超えないことを条件に、いっそう効率的な読み取りの可能な方向に改善される。発達の初期には理想的な書きかたと距離があるのは当然であるが、『土左日記』のテクストをみても、実用上の不便をともなうような未発達な段階ではない。仮名文の書記様式は、このような作品を書くことが可能なまでに発達をとげていた。

仮名は表音文字であるから、音節と仮名とが一対一の関係で対応するのが理想であると考えるのは単純にすぎる。表音文字とか表語文字とかいう名称は便宜的分類にすぎず、いかなる書記様式も、効率的運用のために、表音機能／表語機能の兼備を自然に指向するからである。

『土左日記』のテクストにも、すでに、仮名の綴りによる表語性が確実に認められるから、小林論文のつぎの説明は原理的に誤りである。

「死にし子」が「ししこ」と表記されても、この方には誤認を生じさせるような紛らわしい語はなかったのである。

仮名表記がいまだ未発達な段階にあったから「ししこ」という不完全な表記になっているが、その表記から、唯一の可能性として「死ンじ子」を導き出せるのは、幸運にも、それと誤認される紛らわしい語がなかったからである、という含みが読み取れる。キンジカタを仮名では「きしかた」としか表記できなかったために、キシカタとの誤認は不可避であったという、前節に引用した考えかたも、同じところに根ざしている。仮名表記の表語性とか、あるいは、文脈に支えられた同定とかいうことについての配慮が小林論文にはまったく欠如している。最大の問題は、紀貫之が、意図どおりの語形として認識される保証のない、不完全な書きかたをしていると考えているところにある。書記テクストは、書く側の都合ではなく、読む側の立場で捉えるべきであることが認識されていない。

3　シンジコは、仮名文に期待されることばづかいではなかったので、「ししこ」だけが切り離されたら意味が理解できたかどうか疑わしいが、そのあとに、「かほよかりき（といふやうもあり）」とあることによって、巷間に流布している諺であることがわかり、「ししこ」は「死ンじ子」として確実に同定される。

作者としては、撥音便の撥音に当てるべき仮名がないために無表記のままに残しておいたわけではなく、文脈から諺が復元できることを計算にいれて、「ししこ」と表記しておいたのであろう。

「死ンじ子」は仮名文にふさわしくない表現であるが、諺全体を引用すればそれが同定できるという条件のもとに「ししこ」と記されている。しかし、それは文脈に頼った臨機の処置であった。仮名文テクストで、撥音を含む語形が使用されているのは、「あめり／あなり」、「なめり／ななり」、「ざめり」などのたぐいや、「さうしもの（精進物）」［土左日記・一月四日］のように、多音節語のなかの——というよりも、多仮名語のなかの——、鼻音韻尾、あるいは、サ変動詞と結合した「ゑず」（怨ず）など、きわめて狭い範囲に限られている。

無表記という国語史の術語は、〈対応する仮名を持たない音節を、表記せずに放置する〉という消極的な含みで使用されているが、「あめり」という綴りがアンメリに対応し、「ゑず」という綴りがヱンズに対応しているから、ひとまとまりの綴りとして他の語句の綴りと明確に識別可能であった。そういう綴りを取り入れた仮名文テクストを読み解けるという事実は、書記様式としての機能性を証明している。「ししこ」を撥音の無表記とみなすのは、表音文字という用語による呪縛である。

念のために言い添えるなら、これは、仮名文テクストの場合であって、みかけはおなじであっても、訓読テクストでは事情がまったく異なっている。なぜなら、訓読テクストでは、片仮名表記の語が仏典や漢籍のテクストの漢字に支えられているからである。

4　口頭言語にキニシカタという結合があり、ニの音便化したキンジカタという結合を生じたとしても、それは、俗の側に属するインフォーマルな語形であり、キニシカタと共存したはずであるから、雅の側に属するキニシカタまでが、すべてキンジカタに移行したはずはない。音便化は音韻変化ではない（→こまつ）。また、訓読用語と仮名文の用語との質的な違いも問題である。

口頭言語でキンジカタが生じたとしても、それは仮名文に取り入れられなかったか、さもなければ、キニシカタ／キンジカタがフォーマリティーの差で使い分けられたか、そのいずれかであったと考えなければならない。前者の場合ならキンジカタは排除されるから、小林論文によって提起された問題は振り出しに戻る。後者の場合なら、仮名文テクストに「きにしかた／きしかた」が共存していなければならないのに、「きにしかた」の用例は指摘できない。その事実は、「きしかた」をキンジカタと認めるうえで大きな障害になる。

さらに不都合なのは、「きしかた」がその実例であると強弁しないかぎり、仮名文テクストに助動詞連用形ニのン音便形が導入された形跡が認められないことである。キンジカタが口頭言語に存在したと仮定しても、仮名文からは排除されていたとみるのが穏当である。『十一面自在菩薩儀軌』から引用された声点付きの「キジカタ」が確実に「来ンじ方」に相当すると仮定しても、それを証拠として、仮名文テクストの「きしかた」がすべて「来《き》ンじ方」であると主張したりすべきではない。

5　カ変動詞／サ変動詞には助動詞キが未然形に後接するから、問題はキシカタだけに限られるが、その他の活用型では連用形に後接するから、「取りき／流れし」といった形をとる。小林論文の論法に従うなら、「取りにき／流れにし」がン音便化すると、仮名表記は「とりき／なかれし」となるはずである。そうなると、カ変動詞／サ変動詞に後接している場合を除いて、仮名文では、助動詞キが出てくるたびに、助動詞ヌが介在する可能性を想定しなければならず、その幻影に悩まされることになる。もとより、それは、現代の研究者ではなく、当時における仮名文学作品の享受者たちにとっての問題である。小林論文が、そこまで考えたうえで立論されているとは考えられない。ちなみに、当該論文には、「きしかた」がキンジカタであると主張されているだけで、「来《き》し方／来にし方」の意味／用法の違いは、まったく問題にされていない。

6　撥音無表記のン音便形を含む「ししこ」との対比において、「む」の仮名で表記されたム音便形を含む例として、同じく『土左日記』から、つぎにあげる「つむたる」などが指摘されている。

春の野にてぞ音《ね》をば泣く　わかすきにて　手切る切るつむたる菜を　親やまぼるらむ　姑や食ふらむ　かへらや　［一月九日］

当時の民謡ないし俗謡を船歌としたもので、「つむたる」はツムダル（摘んだる）であり、ツムはツミのム音便形とみなされている。ム音便形もまた、仮名文から排除されるのが通例であるが、ここは、実際に歌われた船歌を素朴な形のままに写し取ったものである。「よむたる」(詠んだる)［二月七日］、「よむたひ」(詠み給ひ)［一月二十日］も口頭言語をナマで引用した形をとっている点で、「つむたる」の場合と共通している。撥音便形の導入という、文体上の禁忌をあえて冒しているが、ン音便の場合と違って、同定の可能性については問題がなかったはずである。

『土左日記』は、『源氏物語』などと比較すると、用語の面でも、仮名文として、いまだ洗練の途上にあったが、それにもかかわらず、撥音便は、右のような条件のもとにしか姿を見せていない。あとの時期になると、仮名文テクストにこういう俗語的な口頭言語を交えることは避けられているので、なおさらである。

国語史では、《無表記》という用語で括っているが、和語の撥音便形と漢語の鼻音韻尾とでは、文体上の位置づけがまったく異なつている。仏典の訓注にキンジカタを「キジカタ」と表記した事例が確認できたと仮定しても、それを証拠として、「キジカタ」をキンジカタとみなすことは、以上の理由をもって許されない。

7　キンジカタの根拠とされた片仮名表記の「キシカタ」についても、いくつかの疑問がないわけではない。小林論文では清濁標示だけが取り上げられており、声点のもう一つの機能である声調標示については言及がない。「キ」がカ変動詞の連用形であるとしたら、片仮名キに、上声点でなく平声点が加えられていることが疑問である。「キジカタ」を「過ぎにしかたこひしきもの」［枕草子］などと結び付けて考える可能性があれば、問題は別になるが、その場合にも、片仮名キには上声点がふさわしい。(↓金田一) 当該文献を実見していないので、これ以上の言及は差し控えるが、当面の議論のためには、「きしかた」をキンジカタの表記と認めるうえで、文体の違いが絶対の支障になることを指摘しておけば十分である。

8　小林論文の第二の眼目は、「古典文法の一問題」という副題から知られるとおり、仮名文テクストの「きしかた」が、キニシカタのニが撥音化したキンジカタであるという帰結に基づいて、古典文法を修正しようとすることにある。カ変動詞の連用形に助動詞キの連体形シが後接した形として疑われることのなかった「きしかた」の「きし」が、仮名表記に惑わされた幻であったとしたら、助動詞キはカ変動詞の未然形に後接するという規則の唯一の例外は解消するからである。しかし、小林論文にあげられた根拠には証拠能力がなく、したがって、キシカタを〈幻〉として消去できないことが明白になったので、小林論文における第二の主張の当否については、もはや、検討する意義が失われた。

3　文献学的方法による処理

0　前節までの検討の結果、小林論文の有効性は完全に否定されたが、そのことが、ただちに小池論文の全面的復権を意味するわけではない。小林論文による批判の当否に関わらず、こちらにもまた、書記テクストを処理する方法と言語史的解釈のありかたとの両面において、問題が含まれているからである。

コシカタ／キシカタの関係について、確実性のあるなんらかの見とおしを与えるためには、原点に立ち戻って考えなおす必要がある。

カ変動詞の場合、キキという連接が形成されるのを回避して、助動詞キが連用形キでなしに未然形コに後接し、コシとなった理由については前述した。ここには、コシという結合を既定の事実と認めたうえで、キシカタの成立事情と、コシカタ／キシカタの絡み合いとについて私見を提示したい。

1　動詞「来《く》」は、人間や他の生物、あるいは具象的事物の移動について用いられるのが基本であったと推定されるが、文献時代の初期には、すでに、補助動詞的用法を含めて、抽象的／観念的対象の移行についても広く使用されている。

さしあたり、仮名文テクストに限定して考えると、多くの場合、所与の「来」がどのような意味であるかは、ごく短い文脈から容易に判断できるが、コシカタという結び付きでは、「来」にも、「かた」にも、ともに、具体／抽象の両様の用法があるために、〈やってきた方向／通過してきた場所〉（以下、地点）を指しているのか、あるいは、〈みずからの経験としての過去〉（以下、経験）を指しているのかを判断することが、文脈によって困難な場合が生じうる。

話線に沿ってそのまま理解しにくい表現類型は、もっと伝達効率の高い言いかたに置き換えられるのがふつうである。その原理は、書記文体にも当てはまる。

多義語について、所与の文脈中における意味識別を容易にするには、意味の違いに応じて別々の語形を配当すればよい。言語史をたどってみると、そういう場合、意味の一部が、既存の他の語の転用によって分担されている場合もあるが、アクセントの分化／母音の転換、語形の縮約などによる語形の分化／分裂という方策がしばしばとられている。コシカタの場合には、本来の結合を具体的地点の意味に当て、一方、経験という抽象的意味を表わすために、コシカタに近似し、かつ明確な対立を持つキシカタが形成された。したがって、コシカタ／キシカタは、意味の分化に応じて形成された双形の関係にある。

地点／経験に別々の語形を当てたほうが理解しやすい文脈が多かったために語形が分化したにもかかわらず、ときには、その分化が、かえって表現に不都合をきたす場合もあった。それは、和歌で「きしかた」の「きし」に「岸」を重ねようとしても地点の意味が排除されることになったからである。経験と地点とを重ね合わせて「住吉のきしかた」と表現することができなくなる。散文の場合にも、仮名文は実用文ではないから、人生に関わる叙述が多くなるために、〈遠くの場所における、みずからの経験〉を回顧する場面もあって、どちらの語形も選びにくいという事態も出来する。そういう点において、この分化は、仮名文の表現にとって不都合な要因を含んでいた。小池論文では、和歌における、「住吉のきしかた」という重ね合わせが、キシカタの成立に関与したと考えられているが、論理は逆であって、キシカタという語形の成立が、この技巧を案出させたと考えるべきである。

2　キシカタの外形は、コシカタの第一音節コの母音を転換したようにみえるが、造語の過程としては、カ変動詞の未然形を連用形で置き換えた語形とみなすべきである。ほとんどの活用型では、連用形に助動詞キの連体形シが後接するから、キシカタのキは、「来」の連用形キとして同定が可能であり、語構成意識は温存される。小池論文では、類推によって、キシカタが、いわば、自然な過程として生じたと考えられている。類推は母語の直覚に基づくもので、一次的には言い誤りである。言い誤りで導かれた結果が便利な語形として評価され、いわば、瓢箪から出た駒として定着したものであろう。キキという結合は忌避されたが、キシが忌避される理由はなかった。

3　〈カ変動詞連用形＋助動詞連体形シ〉という結合がキシカタに限られるという事実は従前から指摘されており、小林論文にもそのことが強調されているが、せっかく提起された問題が、キンジカタの導入によってすり替えられている。しかし、キシという結合の形成が先行して、それにカタが付いたわけではなく、コシカタをモデルにして、意味の距離を語形の距離で象徴する双形としてキシカタが形成されたとしたら、キシカタ以外の結合が見いだせないのは当然である。そもそも、この場合、「きし」が「かた」を修飾しているという捉えかたが杓子定規である。

小池論文が、キシカタ／コシカタを対にして捉えているのに対して、小林論文では、「連語」という認定のもとに、一貫して、カ変動詞と助動詞連体形「し」との接続関係という立場から批判している。これは、古典文法のアトミズムによる硬直である。

小林論文は、〈過去の助動詞の連体形「し」はカ変動詞の未然形と連用形とに後接するという古典文法の説明を改め、前者だけを認めるべきである〉と主張している。しかし、コシカタの分担していた地点／経験の二つの意味のうち、後者の意味を分担するための語形としてキシカタが派生したとすれば、キシカタは最初からひとまとまりの名詞であった。したがって、派生のもとになったコシカタもまたひとまとまりの名詞であるから、助動詞の接続関係を記述する対象からコシカタ／キシカタを除外すべきである。ただし、品詞として名詞であっても語構成は透明であり、助動詞キの意味は十分に生きている。この場合、古典文法の品詞分類にこだわったりすべきではない。

小林論文は、「き」と「し」との中間に、助動詞連用形ニの撥音化したン｜が存在するという仮説を根拠にして、仮名文テクストの「きしかた」の「し」はカ変動詞の連用形に後接していないと主張し、小論の筆者は、キシカタ／コシカタが双形の名詞であることを根拠にしてその接続関係を否定した。「き」をカ変動詞の連用形とみなさない点において両者の帰結は一致しているが、論拠が異なっている

4　小池論文は、キシカタが、『源氏物語』において、時間的経過、すなわち過去の意を表わしているという認定のもとに、他の作品の用例を検討している。小林論文は、いわば、それに釣られて、〈過去〉とみなすべきか、それとも、〈やってきた方向〉とみなすべきかという基準のもとに検証を進めている。

キシカタが不可分の名詞であるといっても、語構成は透明であり、助動詞キの意味は十分に生きていた。助動詞キは、過去を表わすとか（過去）回想を表わすとか説明されているが、キシカタのシによって回想される過去は、なつかしさであれ、悔恨であれ、深い情念のこもった過去である。その意味でも、キシカタは、本来的に仮名文学作品の用語であった。

完了の助動詞ヌは、現在と切り離されていない事態について用いられるのが基本である。現代語の〈私のあゆんできた道〉などは、助動詞ヌの表わす領域に属している。それに対して、キシカタは、もはや、そこに戻ることのない、したがって、気持のうえで、現在と隔絶された過去である。したがって、それは、「来し方」であって「来にし方」ではありえない。小林論文は、助動詞ニの撥音化を主張するまえに、ニの表わす意味を考えてみるべきであった。かりにほかの解釈がありうるにしても、助動詞ヌの機能を無視すべきではない。

5　物語や日記では、取り扱われる内容からいって、地点への言及よりも、経験を振り返り、「ゆくさき」「ゆくする」を思いやる場合の方がはるかに多いから、もとになったコシカタよりも派生したキシカタの用例がずっと多いのは当然である。ただし、諸伝本のテクストにおける用例の分布のしかたが整然としていないことについては説明が必要である。

伝本のテクストがコシカタ／キシカタについて原典の用語を忠実に継承していると仮定するなら、その現象は、つぎのように説明される。すなわち、使用頻度がキシカタの側に大きく傾斜していたために意味分担が曖昧になり、キシカタがコシカタの領域を侵犯する一方、いったんキシカタに譲った意味を、ときにコシカタが表わしたりする場合が生じている、ということである。

キシカタの語構成意識が生きていたために、ふつうの接続のしかたであるコシが、キシカタをコシカタに回帰させる力として作用しつづけていた可能性が考えられるが、その一方、「来《き》し方」のキシと「岸」との重ね合わせの技巧を有効に保持することが、キシカタからコシカタへの回帰を阻止する力になっていた可能性も考えられる。そうだとしたら、コシカタ／キシカタの両語間における語形と意味との対応関係は、右のような境界紛争の歴史として説明できるであろう。

口頭言語に根をもたない書記専用の用語は、時間の経過とともに理解が変わり、新しい作品には新しい理解が反映するが、個人差も無視できないから、甲時代から乙時代へといった単純な捉えかたをしたのでは、いたずらに混乱が目だつことになる。

6　前項では、諸伝本が、コシカタ／キシカタに関して、原典の姿をとどめているという仮定のもとに考えてみたが、現実には、伝本のテクストを書写した人物の不注意によって、あるいは、テクストを整定した人物の規範に基づいて、一方から他方へ書き換えられた事例がありうることは十分に考えられる。時間を経過するにつれて理解が変わってくるために、新しい作品に新しい理解が反映するというのが前項の立場での捉えかたであったが、書き換えられている可能性を考慮に入れるなら、新しい作品だけでなしに、それは、新しく整定された、あるいは、新しく書写されたテクストの問題でもある。

個人差は、以下に述べるような形で具体化される。

小池論文の核となっているのは、『源氏物語』の用例から帰納された、コシカタ／キシカタの分布と、それについての解釈である。

「来《き》し方」五十一例のすべてが、「過去」の意を表わし、異文のない「来《こ》し方」のすべてが、わずか二例ではあるが「やって来た方向・経路」の意を表わしている事実は、単なる偶然としてかたづけるにはあまりにも截然としており、有意的な事実とすべきであると考える。

小林論文は、左に示す表現で、小池論文に指摘されたキシカタの偏在を追認するとともに、この現象について、別の解釈を提示している。

いずれにしても、キシカタの例数が突出していることには変わりはない。紫式部が意図的にか、好んでかして、この作品にこの連語を取り込んだように思われる。

小池論文では、『源氏物語』のテクストが、平安中期の仮名文の一つとして調査対象とされているのに対して、小林論文では、紫式部による積極的選択の結果としてキシカタが多用されていると考えている。「ように思われる」根拠は、つぎのことばによって闡明になる。

紫式部が『源氏物語』を創作する過程で、《源氏物語語彙》の中に取り込むに当り、それまでの王朝文学において散文の場に散見される「きしかた」更には「きしかた行くすゑ」「きしかた行く先」の連語を意図的に用いたことがコシカタに比べて用例数の圧倒的な多さとなって現れたり（中略）、したがって又、キシカタの意味が、「行くすゑ」との対比において、時間的経過、即ち「過去」の意味を表すのに一貫して使われていることになったものであろう。そこに、紫式部の用語使用上の意図を汲み取ることが出来るのである。

例のように、紫式部が〈ことばの魔術師〉として登場しているが、このような捉えかたは、言語的真実を見つめる眼を曇らせる。「意図的に用いた」とあるが、どのような意図に基づくかは説明されていない。

仮名文語彙の卓抜した統御能力をそなえていなければ、『源氏物語』のように繊細な作品が書けるはずはない。しかし、その才能は、文や文章のレヴェルに顕現することであって、この作品に使用されている個々の語句の意味／用法は、他の人物による作品の場合と同様、基本的には、社会慣習による枠づけを逸脱していないと考えるべきである。建造物の独自性は、素材の独自性を条件としない。

かりに、『伊勢物語』や『枕草子』に、それと同じ事実が観察されたとすれば、当該時期における言語事象の一つとして無色のままに記述されるはずなのに、『源氏物語』となると、希代の才女の創造力の発現として特色が指摘されたり、賛辞の対象になる。これは、まさに、源氏物語礼賛症候群であり、紫式部言語神話である。紫式部は、多くの派生形容語を新鋳して駆使したというたぐいの指摘もあるが、日常的な言語感覚に照らして明らかなように、新鋳された語は、多くの場合、抵抗感をともなうものであり、そのような語が満ちあふれた作品は、当時の人びとにとって、読むに耐えないものだったであろう。小林論文の主張は、そこまで極端でないにしても、他の作品と異なる分布のしかたから、ただちに、〈用語使用上の意図〉を引き出しているあたりに、同じ問題が潜んでいる。

紫式部は、どうして、それまであまり使われていなかったキシカタを〈源氏物語語彙〉の中に意図的に取り入れたのか、あるいは、どうして、キシカタを好んだのか、その理由について、小林論文には一言も触れられておらず、ただ、先行論文に、「紫式部の個人的習癖」とされていることを、是非の判断を加えずに引用しているだけである。つまるところ、そのような分布を示しているというにすぎない。

7

『源氏物語』の諸伝本をつうじて、キシカタの圧倒的優位は変わらないが、この一致をもって、原典の用語がそのまま忠実に伝承された証拠とみなすのは短絡である。

藤原定家は、紀貫之自筆の『土左日記』を大幅に手直しして証本を作成している。『源氏物語』の青表紙本もまた、定家による校訂を経ている以上、定家の基準に基づいてテクストが修正されていないはずはない。ただ、どの箇所のどの語句が、もとはどうであったかを知る手段がないだけである。

定家によるテクスト整定の基本方針は、一つの意味にしか理解できないように、用字／用語／表現を整えることであった。その方針を勘案するなら、青表紙本におけるキシカタの優位は、紫式部による選択でなしに、定家の規範の反映かもしれない。不用意な妄言は慎むべきであるが、定家自筆の証本テクストについての調査結果からみると、こういう紛らわしい語句は、統一の対象とされやすい傾向がみえる。したがって、少数のコシカタは、校訂作業の不徹底と決めてかからず、意図的に残されたという仮定で、その理由を考えてみる必要がある。

コシカタ／キシカタになんらかの使い分けがあるとしたら、それが原作者によるものであれ、校訂者によるものであれ、小池論文に提示された帰納の結果が見なおされなければならない。確実に追認するためにはコシカタの用例が少なすぎるが、極端に少ないこと自体に積極的意味がある以上——すなわち、もっと多ければ、帰納された使い分けの原理そのものを疑わなければならないはずなので——、それはやむをえない。

8 『源氏物語』の青表紙本と河内本とのテクストの間には、無数に近い異同があるにもかかわらず、「きしかた／こしかた」についてはは両系統のテクストがほとんど一致している。その理由は、どちらのテクストも原典を踏襲しているためであるとみなしてよさそうであるが、即断は危険である。なぜなら、これら両語の使い分けについて、定家と親行とが同じ規範を共有していれば、校訂の結果が同じになるのが当然だからである。二人の学的背景は、そういう点に関して、さほど違っていなかったと考えてよい。

9 『源氏物語』が十一世紀初頭に成立したことと、その伝本が当時の日本語をそのまま伝えているかどうかとは、切り離して考えるべきである。

訓読文献の調査研究が進展するに伴い、転写を重ねた仮名文テクストの信憑性の低さが強調されがちであった。仮名文テクストのそういう弱点をカヴァーし、言語資料として利用するためには諸伝本の厳密な校合が不可欠であり、諸伝本のテクストに異同のない部分は、原典を継承しているとみなしてよいという暗黙の了解のもとに研究が進められてきた。小池論文も小林論文も、学界のそういう共通理解を前提に立論されている。

青表紙本『源氏物語』のテクストは、和歌を除いて十二／十三世紀の言語資料であるなどと主張するのは極論にすぎるが、藤原定家自筆『土左日記』のテクストは、『源氏物語』その他のテクストを言語資料として利用する場合の参考として重視されなければならない。

4　天秤の傾き

1　『源氏物語』の諸伝本のテクストでは、キシカタ／コシカタの大部分に異同がみられないが、例外もないわけではない。小林論文には別本から五例が指摘されている。断片的異文の処理は仮名文伝本のテクスト一般に関わる問題であるから、ここには議論を省略して、もっと切実な異文について考えてみる。

つぎに引用する一節は、『源氏物語大成』によると、青表紙本系統ではすべてコシカタであり河内本系統ではすべてキシカタになっている特異な事例である。

海の面《おもて》うらうらと凪《な》ぎわたりて、ゆくゑも知らぬに、こしかたゆくさきおぼしつづけられて［須磨］

小池論文では、これを「存疑の例とするほかはない」としている。コシカタとありながら、抽象的な過去の意を表わしているかとも解されること、そして、河内本にはキシカタとあることが存疑の理由である。

小林論文は、この部分を青表紙本のテクストから引用し、これは、時間的過去と将来とを光源氏が思い続けている場面で用いられたものであって、僅か三例にすぎないコシカタのうちの一例が、このように、使い分けの原理にとって例外となるようでは、その原理自体が、思い込みに引きずられたという不安が残る、としている。ちなみに、小林論文では、他の箇所にも、この異同の存在が指摘されているが、そこには、この本文によると、キシカタの用例がもう一つ加わることになる、とされているだけである。

2　明示的には述べられていないが、両論文とも、河内本より青表紙本のテクストに、はるかに高い評価を与えている。小池論文では右の例を存疑としているが、青表紙本と河内本との関係が逆であったなら、存疑の含みは、慎重な処理ということであろうし、小林論文による批判も、はるかに弱い表現がとられたはずである。

小池論文には多少とも未練を残した表現がとられているが、小林論文には、過去を表わすと断定されており、引用も「こしかたゆくさきおぼしつづけられて」だけである。しかし、ここの部分の表現は、コシカタ／キシカタという語だけを抜き出さずに、文脈をよくおさえて読むべきである。

須磨に流された光源氏は、その地でみそぎの儀式を行ない、舟に人形を乗せて流すのを見て、「知らざりし大海の原に流れ来て……」と和歌を作った。その直後の描写がこの一節であって、海が「ゆくゑも知らぬ」ほど遙かに続いているのを見て、住みなれた京を遠く離れた寂しい我が身の上を思い、そして、京でのさまざまの経験を思い出し、これからどこでどうなるのかを思いめぐらしている場面であるから、この例は、地点／経験を混然一体の形で指しているとみるべきである。先行する「ゆくゑ（地点）」が「ゆくさき（未来）」と呼応し、それと対極にあるコシカタ／キシカタを自然に引き出している。

『源氏物語』の諸伝本のテクストにおけるキシカタ／コシカタが原典どおりであるにしても、はたまた、校訂者の規範に基づくにしても、右の場合については語形の選択に当惑せざるをえなかったであろう。結局、天秤の微妙な傾きでどちらかが選択されたであろうが、青表紙本と河内本とのテクストが画然と対立しているのは、天秤の傾きかたについて、二人の校訂者の判断が相違した結果であるとみなすべきでろう。ただし、どちらが原典の用語の継承であり、どちらが校訂者による修正の結果であるかを知るすべはない。

右の推定の線を追うならば、コシカタ／キシカタについて、校訂者が、この特定箇所だけを、主体的判断で修正したとは考えられないから、これまで、無条件に紫式部による使用例とみなされてきたのは、『源氏物語』の伝本における使用例であり、地点／過去の使い分けは、一次的には、校訂者のそれに帰すべきことになる。ただし、紫式部もまた、それと同じ、あるいは、それと同じような使い分けをしていた可能性までが否定されるわけではない。

3　『源氏物語』以外の用例についての小論の筆者の見解は、読者の忖度に委ねてよいであろう。特に締め括りの必要もなさそうである。

補記1　「きしかたゆくすゑ（ゆくさき）」という成句に関連して補足しておきたい。

キシカタの対は、つねにユクサキ／ユクスヱであって、書記テクストにイクサキ／イクスヱの用例を見ず、現代語でも、キシカタユクスエという形に保たれている。それは、この成句が雅語として形成され、巷間に流布したためであろう㊟。

小池論文は、キシカタが「雅語・歌語として発生したのであろう」とみているのに対して、小林論文では、その仮名表記が「来ンじ方」に相当するという前提のもとに、つぎのように、逆の過程を想定している。

出現時に近い平安中期の作品では、和歌の詞書とか地の文や会話文とかに用いられている。この舌内撥音を含む新しい音変化を持つ連語は、未だ和歌の用例を見ず、和歌に取り入れるとしても、掛詞のような技巧を弄するために音声上の無理をしうる場であったのであろう。

批判は省略する。

補記2　伝本のテクストに「きしかた／こしかた」と仮名で表記されており、「来」字が当てられていないことを、第三章との関連において指摘しておく。

［引用文献］

金田一春彦『四座講式の研究』（一九六四年・三省堂）第二章第二節・第三節
河野六郎「文字の本質」（岩波講座『日本語』8・一九七七年）（『河野六郎著作集』3・平凡社・一九八〇年）
小池清治「〈来《き》し方〉〈来《こ》し方〉」（『国文学言語と文芸』第63号・東京教育大学国語国文学会・一九六九年三月）
小林芳規「幻の〈来し方〉——古典文法の一問題——」（『汲古』第10号・一九八六年一二月・汲古書院）
こまつひでお（小松英雄）「音便機能考」（『国語学』第101集・一九七五年六月）
小松英雄『いろはうた』（『中公新書』558・一九七九年）第六章
築島　裕「土左日記と漢文訓読」（『日本の言語学』第七巻・大修館書店・一九八一年／原論文一九五一年）
中田祝夫『古点本の国語学的研究』総論篇（講談社・一九五四年）第五編第三部

第六章　日本語書記史からみた法隆寺金堂薬師仏光背銘

0　導言

法隆寺金堂に安置された薬師仏像の光背裏面に五行九十字の銘文が刻まれている。『法隆寺金堂薬師仏造像銘』『薬師仏造像記』などともよばれているが、造寺／造像の由来が記されているので「造像記」「造像銘」を避けて表題のようによんでおく。この銘文は推古遺文の一つとされている。七世紀前半の文献とみなす理由については後述する。

法隆寺を建立し、薬師仏を造像した由来が記録されているので、この銘文は、仏教史や仏教美術史の立場から多角的に検討されているが、表題に示したとおり、小論の目的は、日本語書記史の立場から、この銘文のテクストを解析することにあるので、法隆寺の建立や造像に関する事柄は検討の対象外に置く。

わずか九十字のテクストではあるが、この銘文は、まとまった事柄を日本語に基づいて記録した、事実上、現存最古の書記テクストとして知られており、上代日本語の資料として引用される機会が少なくない。短いテクストに敬語が豊富に使用されているので、敬語史研究では、最初に言及され、あるいは、引用される重要な資料になっている。

右に最古と言ったのは、同類の多くのテクストのなかでの最古という意味ではない。漢字文で記された本格的なテクストは、八世紀に撰述された『古事記』まで待たなければならないから、前後の時期に同類の書記テクストがなく、これだけが孤立している。直接に比較すべき対象がないだけに、立論の都合に合わせて短絡的に利用すると、恣意的解釈を与えても反証があげにくいので、言語運用の基本に反する帰結を導く危険が大きい。事実、その危険はすでにおかされている。率直に言って、この銘文があるばかりに、かえって上代語における敬語の様相が、そして、日本語の敬語の本質までが、誤った解釈で歪められている。その反面、この銘文のテクストから導くことができるはずの重要な事実が、国語史研究の既成の枠組みにとらわれて、見逃されたままになっている。

表現の適否にこだわらなければ、このテクストは日本語で記されているから――あるいは、日本語が記されているから――、日本語研究の資料になりうることは疑いない。しかし、特定の研究の資料として利用するまえに、この銘文が、どのような目的のもとに作成されたものであるかを明らかにしておかなければならない。公式の記録は中国語古典文で記されるのがふつうであった当時にあって、この銘文が漢字文で綴られた理由は、銘文が作成された目的と表裏をなしているはずである。そうだとしたら、中国語古典文では、この銘文のテクストのどういうところが叙述できなかったかという点に、その理由を解明するカギがある。

書記テクストを資料とする場合には、右のような事柄について十分の吟味をせずに、ただ、こういうテクストが伝存しているというだけの理由で、表面に現れた現象をあれこれと論じてみても、事の本質に迫ることは期待できない。この銘文と前後する時期に、そして、この薬師仏と同じような動機で釈迦三尊を造像した経緯を記した『法隆寺金堂釈迦三尊造像銘』(c. 六二三年)を含めて、金石文のテクストの多くが、中国語古典文で記されていることとの際だった相違に、まず、注目すべきである。

右のような観点から検討を加えるなら、ほかならぬこの銘文の内容を記録するうえで、中国語古典文では表現することのできない、日本語のどういう特徴を生かす必要があったのかが明らかになるはずである。そもそも、日本語が記されていることと、日本語で記されていることでは大きな違いがあるし、〈日本語で〉とか〈日本語が〉とかいう表現における〈で〉や〈が〉の意味するところにも理解の幅がある。

小論の目的は、この銘文のテクストを、従来の国語史研究の延長としてではなく、書記史の立場から見直すことにある。

1　光背銘のテクスト

0　次頁に示す図版は光背銘の拓本である。テクストを現行の活字に置き換えて図版の左下に示す。ただし、活字体への翻字は、テクストの内容をひととおり理解するための便宜的手段であることを強調しておきたい。以下の考察から明らかになるように、小論の立場からは——すなわち、この銘文を書記テクストとして包括的に解析するためには——、原テクストの形に基づいて考えることが不可欠である。

1　銘文のテクストを的確に理解するには、個々の漢字の意味や、「池辺大宮治天下天皇／小治田大宮治天下大王天皇／東宮聖王／薬師（仏）」などの固有名詞だけでなく、中国語古典文の構文に関する基礎的知識が必要であった。目的語が動詞のあとにくる語順や、「於／与／而」など、機能語の用法を身につけていないと、たとえば、「召於大王天皇与太子而誓願賜」という一節が〈大王天皇と太子とをお呼び寄せになり、（以下の事柄を）誓願なさった〉という意味であることが理解できないからである。

もう一つ必要なのは、日本語についての知識であった。中国語古典文につうじていても、日本語を知らなければ

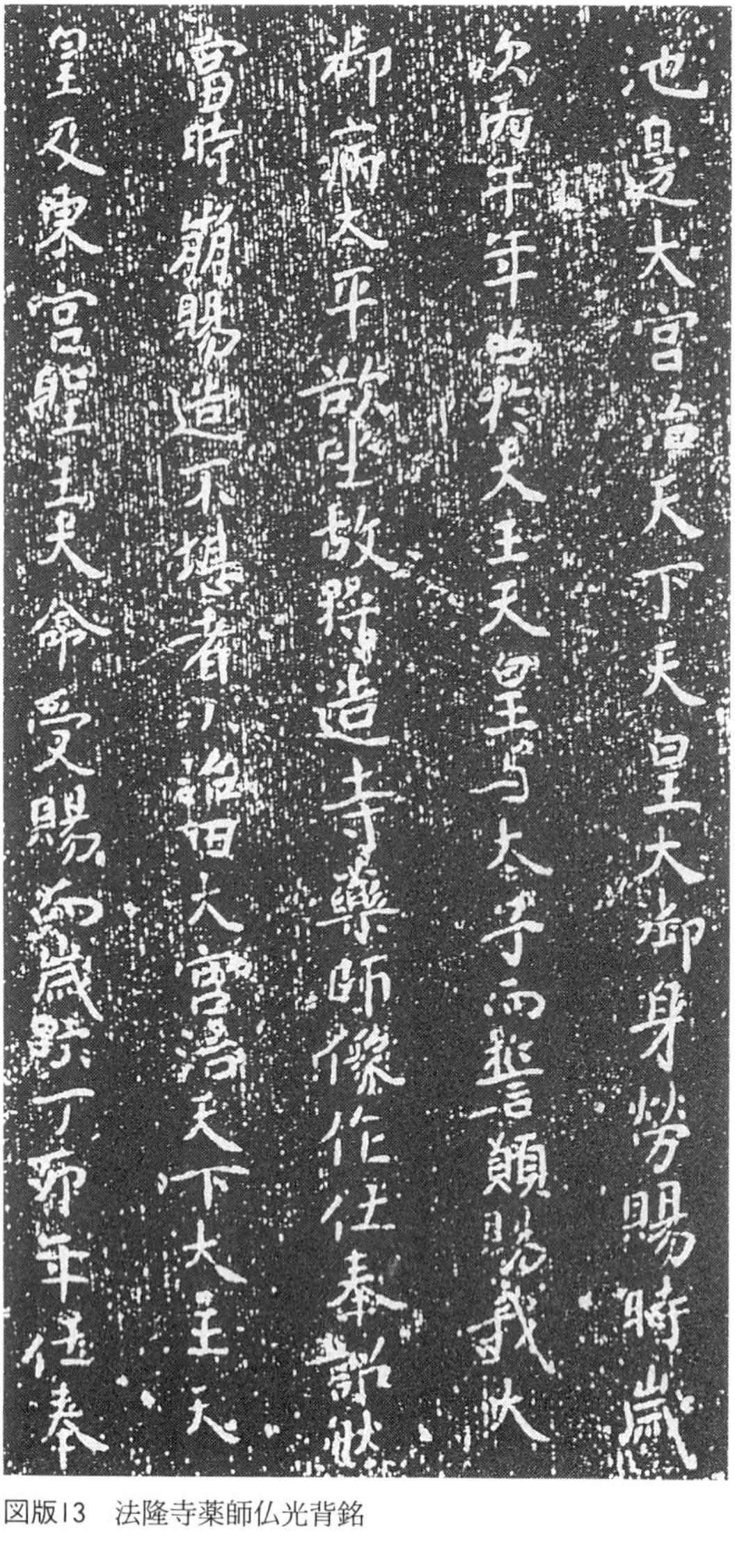

①池辺大宮治天下天皇大御身労賜時歳
②次丙午年召於大王天皇与太子而誓願賜我大
③御病太平欲坐故将造寺薬師像作仕奉詔然
④当時崩賜造不堪者小治田大宮治天下大王天
⑤皇及東宮聖王大命受賜而歳次丁卯年仕奉

図版13　法隆寺薬師仏光背銘

ば、このテクストは全体として奇妙であり、判読困難な部分を含んでいたからである。

「賜」で表わされる日本語の語形に、また、中国語古典文におけるその文字の用法として、敬意の表明が含まれることは事実である。しかし、この文字が、中国語古典文では〈(物を) 賜わる／下賜する〉という意味に使用されるのに対して、銘文のテクストにおける「御身労賜時／誓願賜／崩賜」などの「賜」は、直前の動詞に〈〜なさる〉という意味を添える日本語の補助動詞タマフに当てられている。この「賜」は、中国語としての一次的意味を捨象し、敬意を表明する機能だけを残した用法であり、日本語の表現に即した転用である。いわゆる尊敬の補助動詞タマフは、〈賜わる／下賜する〉という意味の動詞タマフからの派生であるが、補助動詞化した用法でも、もとの語形が保たれていたために、動詞に当てた漢字「賜」が、そのまま補助動詞にも当てられたものであるから、日本語話者にとっては自然な用字である。

右と同様に、「大御身／大御病」の「大御（おほみ）」、「欲坐」の「坐（います／ます）」、「奉（まつる）／受賜」なども、漢字本来の用法として読んだのでは意味がつうじない。なお、「受賜」をどう訓むべきかについては、あとで検討する（→第4節）。

これらの敬語が、この銘文のテクストで、どのような機能を果たしているかを究明することもまた、この小論における主要な課題の一つである。

この銘文の語順は、ひとまず、中国語古典文の構文にならっているが、その規則に必ずしも厳密には従っていない。たとえば、「我大御病太平欲坐（故）」は中国語古典文ではなく、日本語の語順に合致している。「欲太平」なら中国語古典文の構文規則に合致するが、「欲」に補助動詞「坐」を添えて「欲坐太平」としたのでは、「坐」が日本語の尊敬語でなく、〈座る〉という意味の動詞として理解され、〈座りたい〉という意味になってしまうために、「太平欲坐」としたものであろう。「造不堪者」の「不堪」の部分は中国語古典文の構文規則に一致しているが、まとまりとして見れば、〈造ることができなかったので〉という日本語の構文が露出している。

以上の事実を整理するなら、この銘文は、日本語話者が日本語に基づいて考えた内容を中国語古典文の構文規則を利用して綴ったものである。和／漢の要素が交えられているという意味では和漢混淆、ないし和漢折衷であるが、中国語と日本語との構文規則を、無秩序に、あるいは、恣意的に混和して綴られた文章ではない。比喩的に言うなら、当時、書記に関して無脊椎動物であった日本語が、中国語古典文の脊椎を借用し、疑似脊椎動物として行動している、といったところである。当時の日本語を無脊椎動物にたとえたのは、脊椎を借りなければ、日本語に基づいた書記テクストを綴ることが不可能であったし、また、脊椎を借りれば、それが可能であったということである。

中国語古典文についての基礎知識を身につけている日本語話者であれば、つぎのように区切って、ひととおり、このテクストの文脈をたどり、その内容を把握することが可能であった。

池辺大宮治天下天皇、大御身労賜時、歳次丙午年、召於大王天皇与太子、而誓願賜、我大御病太平欲坐故、将造寺薬師像作仕奉詔、然当時崩賜、造不堪者、小治田大宮治天下大王天皇、及東宮聖王、大命受賜而、歳次丁卯年仕奉

2 この銘文が、もし、日本語で考えられた文章を漢字の連鎖として記録したものであるとしたら、逆の過程をたどって――すなわち、漢字の連鎖を解きほぐすことによって――、もとになった日本語の文章が復元できるはずである。すなわち、前節の比喩でいうなら、疑似脊椎動物から脊椎を取り除けば、もとの無脊椎動物の姿にもどるはずである。比喩を変えるなら、漢字の連鎖を解凍すれば日本語になる、ということである。しかし、そういう期待のもとに、この銘文を日本語にもどそうと試みると、克服しがたい困難に逢着する（→総説）。

具体例をいくつかあげてみよう。

①「池辺大宮治天下天皇大御身労賜時」という漢字連鎖についてみると、どこまでが主部で、どこからが述部であるのか、択一的には判別できない。すなわち、〈天皇ガ御大身ヲ〉という日本語の構文に相当するとしたら、前節に示したように、「池辺大宮治天下天皇、大御身労賜時」という区切りになるが、〈天皇ノ大御身ガ〉という日本語の構文に相当するとしたら、「池辺大宮治天下天皇大御身、労賜時」という区切りになる。銘文の作者が、どちらのつもりであったかを確定すべき根拠はない。

②「我大御病」の「我」は、「われ」とも「わが」とも理解できる。

③「我大御病太平欲坐故、将造寺」と続いているのか、「我大御病太平欲坐。故、将造寺」と続いているのか判別できない。

④「大御身労賜時」の「労」は、意味領域の広い漢字である。負《ふ》の含みをともなう用法にも、〈疲れる／苦しむ／骨を折る〉など、さまざまあって、その極に〈病気になる〉がある。具体的病名として「労咳／労症」、すなわち、肺結核をもさすが、ここは、そういう負の含みを漠然とこめて、天皇が病気になったことを示唆した婉曲表現であると読み取るべきである。ただし、当時の日本語で、天皇が病気になったことを婉曲に表現する場合、どのような表現がふつうであったかを知る手掛かりはない。多様の表現がありえたと考えるのが自然であるが、この「労」が、日本語のどういう表現に対応しているのかを、あるいは、どの表現にも直接には対応していないのかを、明らかにすることは不可能である。

具体例の提示は省略するが、平安末期の字書をみると、『類聚名義抄』諸本には、一つの漢字に多数の和訓が鈴なりになっている事例が目立つし、三巻本『色葉字類抄』でも、特定の和語に当てるべき漢字をおびただしく列挙した事例が少なくないから、こういう字書をみていると、漢字と和訓との対応関係はきわめて複雑であり、また、不安定であったかのような印象を受けかねない。しかし、所与の漢字に対応する和訓や所与の和語に対応する漢字を徹底して網羅することとは、それらの字書の編纂方針に関わることであって、日常的な運用の実態を示すものではない。大局的にみるなら、漢字と和訓との間には、早い時期から、一対一の可逆的対応関係が支配的であったという事実を見のがすべきではない。

複数の和語に対応する漢字や、複数の漢字に対応する和訓も、ほとんどの場合、文脈が与えられれば択一は容易であった。銘文のテクストに例をとるなら、「池辺大宮」を「いけ（の）へ（の）おほみや」と確信をもって訓むことができるのは「池／大／宮」のいずれもが、この結び付きにおいて、事実上、対応する和語を一つしかもたなかったからである、現在では、助詞ノを挿入すべきかどうか確定できなくなっているが、語があってそれが漢字で表記されているのであるから、当時としては問題にならなかったし、また、挿入するかどうかによって、指す対象が違ったわけでもない。

全体として、和語との単純な対応関係が支配的であった状況において、「大御身労賜時」という文脈が与えられても「労」字に対応する和語を客観的に特定できないことは、特定する必要がなかったことを意味している。すなわち、時間の壁を破れないために特定できなくなってしまったのではなく、天皇が病気になったことの婉曲表現であることさえ理解できれば十分であって、どのような日本語と結びつけようと、あるいは、特定の日本語に結びつけなくても、自由だったということである。可能性の一つには、「らうしたまひしとき（に）」という音読も含まれていたであろう。『類聚名義抄』所載の和訓から適切と思われるものを選択してこの文字を訓読するような作業は意味がない。

右に例示したとおり、当時の日本語に確実には還元できない部分が残るのは、この銘文の文章が、日本語の文章として択一的に還元されることを計算に入れずに書かれているからである。すなわち、日本語が背後にあることで再述する。

とは事実であるが、必ずしも日本語で書かれているわけではない、ということである。このことに関しては、あとで再述する。

法隆寺をなぜ建立したのか、また、なぜ薬師仏を造像したのか、その事情を記録しておくことが、この銘文の記された目的であった。すなわち、どういう事情で、そして、どういう目的のもとに、いつ、だれが造寺／造像の任に当たったのか、ということである。テクストの表現によって右の事柄が正確に伝達されなければ記録として意味をなさないから、この文章は慎重に推敲され、曖昧な表現があれば、推敲の過程で排除されているはずである。

この銘文のような書記様式で記録された書記テクストは、記録された事柄が過不足なく伝達されるならそれで十分であって、日本語の文章として択一的に復元される必要はない。したがって、表現意図さえ理解できるなら、どういう日本語に相当するのか特定できない部分があっても支障にならなかった。

日本語の文章に還元されることを最初から計算に入れていないとしたら、どうして、このように素性の知れない書記様式でなく、正統の中国語古典文で記録されなかったのであろうか。筆録者にそれだけの素養がなかったからであろうか。それとも、正統の中国語古典文で綴ったのでは、ふつうの人たちに読み解けなかったからであろうか。あるいは、まったく別の理由によるのであろうか。

右の疑問に明確な解答が与えられなければ、この書記様式が担う独自の機能についてさきに提示した仮設(assumption)は正当化されないから、そのことを念頭において考察を進めなければならない。

「池辺大宮治天下天皇大御身労賜時」は、前述のように、〈天皇ガ大御身ヲ〉とも、〈天皇ノ大御身ガ〉とも読むことが可能である。ただし、日本語として同じ表現ではないが、どちらに読んだところで天皇が病気になったことには変わりがない。この書記テクストが、事柄を正確に記録することを目的とするものであって、日本語を記録することを目的としていないなら、筆録者としては、どちらに読まれようとかまわなかった。

この銘文にとってもっとも肝要なのは、記録した情報が記録したとおりに引き出せることであった。造寺／造像という宗教上の大切な記録であるから、洗練された表現であることは不可欠の要因だったであろうが、完全な日本語の文章への還元可能性は、必要とされなかったはずである。

原理的にいって、社会慣習に従って運用されるかぎり、記録された情報を正確に引き出すことができない不完全な書記様式は存在しない。時期と方処とを問わず、また、依拠する言語の別を問わず、すべての書記様式に、完全な伝達可能性が保証されている。そうでなければ書記として機能できないからである。この銘文のテクストがその原則の例外ではありえない。したがって、〈天皇が大御身を〜〉と〈天皇の大御身が〜〉との区別が紛らわしいことを根拠にして、この時期には、まだ、事実を正確に記録できる書記様式が発達していなかった、などと考えるべきではない。

3　銘文のテクストに使用されている語句について検討してみよう。

史実と照合すると、ここにいう「丙午年」とは五七四年に当たるとされている。法隆寺の建立された「丁卯年」は六〇七年であるが、法隆寺は天智九年（六七〇年）に炎上し、その後、再建されている。現存の薬師像が、寺院再建以後の制作であれば、六七〇年が事実上の上限になる。

この薬師仏を仏像として研究する立場からは、造像をどちらの年代に定位すべきかが問題であるに相違ない。再建されるまでの数十年間に仏像の様式などが変化しているかもしれないからである。しかし、光背の銘文を書記史の資料としてみるかぎり、そういう詮索は、事実上、必要がない。

銘文に記された内容が事実と符合しているかぎり、寺院が完成すると同時に、あるいは、完成して間もなく、薬師仏が安置されたとみるのが自然である。寺院の完工は主仏の開眼を意味したはずだからである。天皇が急逝したために、実際には間に合わなかったが、本来、寺院建立の目的は、薬師仏の利益によって天皇の病気が平癒することであった。

寺院が炎上した際に薬師像は持ち出されて難を免れ、寺院の再建とともに再び安置されたと仮定するなら、この銘文の年代は六〇七年である。他のなによりも優先して主仏を持ち出すのが当然だったであろうから、ありえない仮定ではない。ただし、法隆寺が再建され、薬師像が再び鋳造されたとしても、もとの薬師像に刻まれていたのと同じ銘文が新しい薬師像に刻まれて安置された公算はきわめて高い。そうだとすれば、銘文のテクスト自体は、やはり、六〇七年とみなしてよいことになる。この程度の短い文章であるから、最初の薬師仏に付されていた銘文が正確に記録されていて、あるいは、記憶されていて、新しい仏像に再刻されたと考えてよいであろう。この銘文に、火災について記載されていないことは、現存の薬師像が六〇七年に造像されたものであるか、あるいは、銘文がもとのテクストのままに再刻されたためと考えてよさそうである。

鋳造しなおされた仏像に銘文が再刻されたと仮定した場合、可能性のレヴェルで考えるかぎり、字句が部分的に改められていないという保証はないが、この程度の年代の開きであれば、書記史の資料として問題にするに当たらないから、下限を六七〇年ごろとみなしておけばよい。いずれにせよ、各行の文字の配分など、あとの節で指摘する事実からみても、この銘文が丹念に推敲された文章であることは疑う余地がない。

この銘文は、数少ない上代の散文資料として国語史研究の領域で重視されてきた。しかし、前述のように、その領域では書記の概念が確立されておらず、しかも、次節に述べる漢字文の、書記としての特質が現今でも正しく認識されていないために、誤った帰結が導かれている。

年代推定に多少の幅はあるにしても、書写を重ねたテクストと違って、金属面に彫られた文字であるから誤写や改竄などの可能性を考える必要はない。そういう意味でも貴重な文献に相違ないが、小論にとっての一次的関心は、この銘文から、日本語書記史に関するどのような知見を引き出すことができるかにある。その知見に基づかないかぎり、このテクストを支える日本語に関して信頼性の高い情報を引き出すことはできない。

2 漢字文の訓読

1 中国語の構文は——したがって、中国語古典文の構文もまた——、日本語の構文と類型が異なっている。また、個々の漢字の担う意味も、当然ながら、和語と正確には対応しないものが少なくない。そのために、日本語話者が中国語古典文を綴れば、多少とも不自然さをともなうのは必至である。まして、習熟度の低い書き手による場合には、日本語の特徴が随所に露呈し、中国語の話者にとって理解困難な文章にさえなりかねなかった。それは、母語以外の言語一般について言えることである。ただし、対外的文書でなければ——すなわち、この銘文のように、日本語話者だけを対象とする場合には——、中国語古典文の規範から逸脱した、日本語的特徴の著しい文章であっても、実用上の支障を生じることはなかったし、むしろ、日本語話者にとっては、そういう文章のほうが、書きやすくもあり、読みやすくもあったはずである。

この銘文のような書記様式は、日本語的に変形された漢文（中国語古典文）であるという認定のもとに〈変体漢文〉とよばれ、また、日本語化された漢文という意味で〈和化漢文〉などともよばれてきた。ただし、最初から厳密に定義されてそのように命名されたわけではない。

変体漢文を特徴づける日本語的諸要因は、〈和習〉とか〈和臭〉とかよばれている。「正格の漢文（純漢文とも）に対する概念」（峰岸）という変体漢文の定義は、くずれた漢文であり、不純な漢文であるという基本的認識を反映している。しかし、中国語古典文が和習に汚染されることによってこの書記様式が形成されたと考えるとしたら、中国語古典文にはない、この書記様式に固有の機能を無視することになる。

こういう場合に陥りやすい誤りは、古代人の知的な潜在能力が、現代人よりも低かったはずだと無意識に決めてかかることである。発掘された遺跡を見て古代人の知恵に驚いたり感嘆したりするのは、彼らの潜在能力についての期待が低すぎるためである場合が少なくない。まして、長い歴史からみた七世紀は、日本文化の曙どころではなく、むしろ、最近のことに属するといってよい。この銘文についても、古代や古代人についてのそういう思い込みを排除したうえで検討する必要がある。

この銘文を撰録した人物は――そして、当時の知識階級の人たちは――、まともな中国語古典文が書けなかったために、こういうくずれた書記様式で銘文のテクストを綴ったわけではなく、中国語古典文と、この銘文のテクストのような書記文体とを、目的に合わせて使い分けていたと考えるべき根拠がある。伝存する文献が限られているために、上代の具体例を提示するのは困難であるが、平安時代まで下るなら、同一人物が、目的に合わせて、それら二つの書記様式を使い分けていた証拠は少なからず残されている。

七世紀には仮名や片仮名の体系がまだ形成されていなかったから、日本語を日本語のままに表記する必要がある場合には借字によるほかなかった。本書にいう〈借字〉とは、表語文字としての漢字を表音文字に転用したものである。〈万葉仮名〉という名称がふつうであるが、『万葉集』は文学作品であるから、用字にもそれにふさわしい工夫が随所にみられるので、むしろ、『古事記』の歌謡や訓注に見られるような、単純な原理に基づく用字を念頭に置いて借字とよぶ。たとえば、「恋」を「孤悲」、「川」を「河波」と表記するたぐいは、音節単位の表記であっても表語的であり、漢字の意味が捨象されていないから、文学作品としての万葉仮名の用字であって、無条件に借字とはみなしがたい。

借字を連ねて日本語の散文を書くと、意味の単位ごとに区切って読むことが極端に困難になる。そのために、固有名詞や訓注、あるいは、音数律を手掛かりに区切ることの可能な韻文を表記するためにしか使用できなかった。それらの表記に借字が使用されているのは、日本語を表音的に表記しなければ意味をなさなかったからであって、いわば、当時の状態におけるやむをえない選択でもあった。借字の連鎖として表記された韻文は、音数律を頼りにして、不完全ながら、いちおう意味の単位に区切ることが可能であったが、いったん切れ目を見失うと、再び文脈を取り戻すことが困難であった。

法隆寺を建立し、薬師仏を造像するに至った経緯を日本語の文章で綴るとしたら、借字の連鎖によらざるをえず、借字の連鎖を表記するには音数律を解読の手がかりとする韻文であることが不可欠の条件であった。読み解けなければ、書記として意味をなさないからである。しかし、本来、韻文は美的な内容を叙述するための文体であるうえに、音数律による表現の制約が大きいので、事実を正確に記録する目的には適していなかった。したがって、銘文の撰録者に与えられた選択は、中国語古典文をとるか、日本語に基づいて、可読性の保証された書記様式によるか、そのいずれかであり、結果として、後者が選択されている。

日本が漢字文化圏の一員に加わったことにより、共通の伝達手段として中国語古典文が導入されたが、七世紀初頭ごろまでには、それを母胎として、日本語による日本語話者のための新しい書記様式が形成されていた。それが、この銘文のテクストにみるような書記様式である。

こういう書記様式は、日本語に基づいた記録を残す必要を満たすために工夫されたものであり、後世に至るまで、もっぱら、事柄の記録を目的とする書記に使用されつづけている。その事実に基づいて、近年は変体漢文という名称を回避して、記録体とよぶことも多くなっている。

くずれた漢文という把握に基づく変体漢文という名称は適切でないが、近年の風潮に従って記録体と改称することにも問題がある。なぜなら、平安時代以降、日本語による日本語話者のための書記様式として、この書記様式と共存してきたところの仮名文／片仮名文と、命名の基準が異なるからである。たとえば、仮名文を雅文体とよび、片仮名文を実用散文体とよぶなら、機能と目的とに着目した一貫した命名という意味で、この書記様式を記録体とよぶこともありうるであろうが、一つの用語の不都合を解消するために、不都合のない二つの用語を巻き添えにすることは混乱のもとになるだけであるし、雅文とか実用文とかいう概念の定義までが必要になる。それよりも、使用される文字体系の相違が書記様式の目的の相違に対応しているところの、仮名文／片仮名文に合わせて、漢字文とよぶほうが簡単であり、わかりやすくもある。ただし、仮名文も片仮名文も漢字との交用が前提になっているのに対し、漢字文は、原則として漢字専用である。

2　漢字文にとって大切なのは、記録された情報が正確に伝達されることである。記録のもとになったのは日本語の文章であっても、中国語古典文の構文を模して綴られることによって——すなわち、前節の比喩でいうなら、中国語古典文の構文を骨格とすることによって——、日本語の文章との可逆性は放棄されており、語句のレヴェル以上に文のレヴェルにおいて、対応関係にかなりの幅が生じている。銘文の作者の脳裏には、すぐれて日本語的な文章があったにしても、完全に整った日本語の文章ではなかったはずである。したがって、漢字文として整えられた形については、日本語として、どの語句がどの語句に続いているのか、あるいは、句読点をどのようにほどこすべきか、というたぐいのことにこだわらず、記録されている事柄を読み取ればよい。

書記テクストに句読点が加えられていないのは漢字文に限ったことではない。実用的な片仮名文にも、また、美的に洗練された仮名文にも、句読点は使用されていないが、それは、日本語の書記が中国語古典文をモデルにして形成され、その延長として発達したために、句読点を使用することに思い及ばず、長期間にわたり、不便な書記様式を使用しつづけたわけではなく、テクストの筆者の脳裏に、そういう区切れの意識がなかったために、句読点が加えられていないにすぎない。現今では、仮名文や片仮名文のテクストを復刻したり引用したりする場合、当然のように句読点が加えられているが、そのつもりで読むなら、句読点など気にせずに読み取ることができるし、文章のリズムが自然に把握できるという事実を重視すべきである。もとより、あらゆる書記に学習と習熟とが要求される以上、日本語の伝統的な書記テクストだけが例外ではありえない。漢字文のテクストの場合は、当然のように訓読されているが、書かれているとおりに読むという原則はこの書記様式にも同様に当てはまる。

漢字文について、和習（和臭）の有無は問題にならない。中国語古典文の規範に合致しないことを和習とよぶとしたら、和習の強いことが、まさに、漢字文であることの必要条件だからである。

中国語古典文として書かれた文章であれば、和習がどれほど濃厚であっても、この銘文のように、日本語のいわゆる敬語が使用されることはありえない。また、動詞が目的語に後置されたりすることも起こりにくいはずである。敬語に〈いわゆる〉を付した理由は、あとで明らかになる。以下には〈いわゆる〉を省略する。

中国語古典文のテクストは中国語として音読されることを前提として書かれており、それを訓読することは日本語話者がテクストの内容を理解するための便宜的手段にすぎない。それに対して、「日本人の作成した漢文は、（略）漢文様式によって自身の感情・思想を表明した、いわば日本語文とでもいうべきものであって、訓読という行為を予想して作成されることはあっても、音読されることを作成の前提条件とはしていなかったと推測される」（峰岸①）と説明されている。

右の説明は、音読か訓読かの二者択一で考えられている。しかし、個々の漢字の意味用法がわかり、中国語古典文の基礎的な構文原理を身につけていれば、訓読の過程を経なくても、日本語話者には、この銘文の内容をつぎのように理解できるという事実を指摘しておきたい。もとより、全文の音読は最初から問題にならない。

池邊大宮治天下天皇が体調を悪化させた折（それは、丙午の年であったが）、大王天皇と太子とを呼び寄せて、つぎのように「誓願」なさった：病気が平癒し、健康になりたいので、寺を建立し薬師像をお造りしたいと。ところが、病気の天皇はすぐに亡くなってしまい、造るのが間に合わなかった。そこで、小治田大宮治天下大王天皇と東宮聖王とが、その命を奉じ、丁卯の年に、寺を建て仏像をお造りした。

こういう理解が可能であるという事実は、この書記テクストに凍結されているのが言語ではなく、文字の連鎖を媒体とした情報であることを意味している。漢字文を解凍して得られるのは、文字連鎖によって記録された情報であって、日本語の文章ではない。この銘文のテクストは、日本語の文章として、一義的に、あるいは、それに近い形で、復元されることを前提にしていない。一義的とは、動かない表現で、という意味である。また、訓読しないでも理解できる以上、「訓読という行為を予想して作成され」たものでもない。

亀井孝は、「古事記はよめるか」という問題を提起し、『古事記』のテクストは、意味が理解できるように書かれているが、日本語の文章に復元できるようには書かれていないという帰結を導いている。この節までに述べたことは、考察の対象とするテクストが違い、用語や表現が違うだけで、漢字文一般について、亀井孝の主張の正しさを裏付けたにすぎない。

3

漢字文で記されたテクストには日本語が露出しておらず、そのままでは日本語の資料にならないので、まず、全文を訓読し、漢字の連鎖を日本語の文章にもどす作業から着手することが、研究の手順として確立されている。変体漢文が――すなわち、小論にいうところの漢字文が――、「いわば日本語文というべきものであって、（略）訓読という行為を予想して作成され」ているとみなす立場からは、そういう手順を踏むことが正当化される。ちなみに、小論の筆者には、「訓読という行為を予想して作成され」たとみなすべき漢字文のテクストの存在を具体的に指摘することができない。

漢文訓読の発達にともなって、中国語古典文の一定の類型を、日本語の一定の類型に置き換える方式が確立された。訓読の類型が集積されて、訓読体とよばれるところの、日本語の新たな書記文体になったというのが、国語史研究の考えかたである。この考えかたに従うなら、訓読体で綴られた文章は、訓読と逆の過程で変体漢文にすることができるはずであるから、その立場からは変体漢文と訓読体とが可逆的関係にあるとみなされる。この銘文の内容を理解するには、なによりもまず、テクストの全文を訓読する必要があるし、また、訓読は可能であると、これまで、ほとんど無条件に信じられてきた理由は、そのような考えかたに基づいている。

峰岸明②には、「変体漢文という文章様式の背後に国語文が存在したことを、又そのような文章様式についてかかる国語文に基づく書記・読解の共通基盤が当時の人々の間に存在したことを想定するのである」と述べられている。そうだとしたら、漢字文を訓読する目的は、「変体漢文」と「日本語文」との可逆性に基づいて、背後に存在する国語文を正確に復元することにある。

3　銘文の訓読

1　この銘文のテクストについては、訓読の試みがいくつもなされているが、以下には、四つの訓読例を選んで引用する。宮沢俊雅による訓読文は原文の文字と対応していないので、他の訓読文と対比しやすいように、訓み下し文に書き換えて示す。いずれも、平安時代の訓読文献から得られた知見を、ほとんどそのままに投影した訓読文になっている。

「池邊大宮治天下天皇」は用明天皇、「大王天皇／小治田大宮治天下大王天皇」は、ともに推古天皇、「太子／東宮聖王」は、ともに廐戸皇子、すなわち、聖徳太子をさしている（狩谷）。

○池辺《いけのべ》の大宮に天《あめ》の下治《しろ》しめしし天皇《すめらみこと》、大御身労《いた》はり賜へりし時、歳次丙午《としなみひのえうま》の年、大王天皇《おほきすめらみこと》と太子《ひつぎのみや》とを召して、誓《うけ》ひ願ひ賜ひしく、我が大《おほ》御病《みやまひ》太平《たひらか》に坐《ま》さんとするが故に、寺を造り、薬師の像造り仕へ奉らむとすと詔《の》りたまひき、然るに当時《そのかみ》崩《かむあが》り賜ひて造り堪へたまはざりき。小治田《をはりだ》大宮に天の下治しめす大王天皇と東宮聖王《ひつぎのみやのひじりのおほきみ》と大命受賜はりて、歳次丁卯の年仕へ奉る。（吉沢義則）

○池辺《いけのへ》の大宮に治天下《あめのしたしら》しめしし天皇《すめらみこと》大《おほ》御《み》身労《みや》み賜ひし時、歳丙午《としのひのえうま》に次《やど》る年に大王《おほきみ》の天皇と太子《ひつぎのみや》とを召して、誓ひ願ひ賜はく、我が大《おほ》御病《みやまひ》太平《たひらか》に坐《いま》さむと欲《おも》ほすが故に、寺を造り薬師の像を作り仕《つか》へ奉《まつ》らむと詔《のりたま》ひき。然《しか》あれども、当時《そのかみ》、崩り賜ひて造り堪《あ》へざりければ、小治田《をはりだ》の大宮に天下治しめしし大王天皇と東宮聖王《ひつぎつみやのおほきみ》と大命《おほみこと》受け賜はりて歳丁卯《ひのとう》に次る年に仕へ奉りつ。（佐藤喜代治／前田富祺分担）

○池の辺の大宮に天《あめ》の下治《しら》しめしし天皇《すめらみこと》、大《おほ》御《み》身《み》労《つか》れ賜《たま》ひし時に、歳次丙午年、大王天皇と太子とを召して誓願《こひちか》ひ賜ひしく、我《あ》が大御病太平《おほみやまひたひら》かにあらむと欲《おも》ひ坐《ま》すが故に、寺を造り薬師像を作り仕へ奉《まつ》らむと詔《みことのり》したまひき、然《しか》あれども当時《そのとき》に崩《かむあが》り賜ひ作り堪《あ》へずありしかば、小治田《をはりだ》の大宮に天《あめ》の下治《しら》しめす天《すめら》皇《みこと》と東宮聖王と大命《おほみこと》受け賜ひて歳次丁卯年に仕《つか》へ奉《まつ》る。（宮沢俊雅）

○池辺大宮《いけのべのおほみや》に治天下天皇《あめがしたしらしめししすめらみこと》（用命天皇）大《おほ》御《み》身労《みいたづ》き賜ひし時、歳《ほし》は次《やど》る丙午の年。大王天皇《おほきみすめらみこと》（推古天皇）と太子《ひつぎのみこ》（聖徳太子）とを召し誓願し賜ふ。我大御病《わがおほみやまひ》太平ならむと欲し坐《ま》す。故《かれ》、寺を造り、薬師像を作り仕へ奉《まつ》らむとすと詔《の》りたまふ。然れども当時、崩《かむさ》り賜ひて造り堪《あ》へざれば、小治田大宮《をはりだのおおみや》に治天下天皇《あめがしたしらしめししすめらみこと》（推古天皇）と東宮聖王（聖徳太子）大命を受け賜りて、歳は次る丁卯の年（推古一五年）に仕へ奉りき。（西田直敏）

2

対応する箇所を比較すると、それぞれの訓読文ごとに、大きく違っていたり微妙に違っていたりする。このような違いが生じるのは、「文章作成者が表現しようとした国語文が漢字表記という媒体を隔てて読者に完全には再現することができなくなった」（峰岸②）ことに起因するのであろうか。

「漢字表記という媒体」を介したことによって、「文章作成者が表現しようとした国語文が（略）読者に完全には再現することができなくなった」としたら、漢字文は書記様式として不完全であったことになる。しかし、不完全なはずの書記様式が、不完全さを修復されることなく後世まで継承されているという事実がある。その矛盾を正当化できないとしたら、「文章作成者が表現しようとした国語文」という前提の当否が改めて問い直されなければならない。

末尾の「仕奉」に例をとれば、「仕へ奉る」（吉沢／宮沢）、「仕へ奉りつ」（佐藤）、「仕へ奉りき」（西田）となっている。助動詞を添えなかったり、「つ」を添えたり、「き」を添えたり、と一定していない。

右のような相違が、先行する訓読の誤りを、あとの訓読が訂正したためであるとしたら、研究の進歩の足跡であるから問題はない。しかし、実際に比較してみると、それらの相違は単なる相違であって、しだいに信頼性が向上しているとは考えがたい、アアも訓めるしコウも訓めるというだけのことであれば、小論の筆者も、小異を交えて、もう一つの訓読を提示することが可能である。しかし、そういう無意味な積み重ねをするよりも、このような食い違いが生じる理由を、原点に立ちもどって考えなおしてみたほうがよい。

訓読文を比較することによって明白になったのは、①どの訓読文によろうと、記録されている事柄についての理解は変わらないこと、そして、②その理解は、訓読の過程を経ずに到達したところの、前節に示した概観をまったく超えないことである。その事実を、ここに明示的に確認しておきたい。

「労賜時」の部分の訓読も、「いたはり賜へりし時」（吉沢）、「やみ賜ひし時」（佐藤）、「つかれ賜ひし時に」（宮沢）「いたづき賜ひし時」（西田）と、さまざまであり、「労」字の訓は四者四様である。前述したように、この文脈における「労」は、結果として、天皇が病気になったことを指している。しかし、結果を踏まえてこの文字を「やむ／いたづく」などと訓んだのでは、「病」という直截の表現を避けた筆録者の意図が見失われてしまう。ただし、そういう点を除くなら、どの訓読が正しいのか、あるいは、どの訓読も正しくないのかを積極的に判断すべき根拠はない。

どれが正しい訓読であるのか、あるいは、それぞれに正しい訓読であるのか、それとも、正しい訓読は一つもないのか、客観的に評価することができないのは、そういう判断をくだせるだけの研究水準に達していないからではない。また、当時の訓読と平安時代以降の訓読とをつなぐ環が失われてしまったからでもない。前述したとおり、当時の人たちにとって、この文脈における「労」字の訓は一定していなかったか、さもなければ、訓読しなかったか、そのどちらかであったとみるべき公算が大きい。換言するなら、こういう用法の「労」に特定の和語は対応していなかったであろうということである。ただし、訓読しなかったことは、それが音読語であったことをただちには意味しない。声に出すなら「ラウ」でしかありえなかったであろうが、要するに、この文字が、病気になったことを婉曲に表現していることさえ理解できれば、それで十分だったと考えるべきである。

『法隆寺金堂釈迦仏光背銘』には、大后が年末に崩じ、翌年正月には上宮法皇(聖徳太子)が「枕病」で食事ができなくなった。そのために王后も「労疾」で床に着く事態になった。そこで、「王后皇子等及與諸臣」が憂慮して発願し、止利仏師に釈迦像を造像させたという経緯が記録されている。同じく法隆寺に安置された仏像の光背銘であり、どちらにも聖徳太子が関わっており、また、病気平癒の祈願という動機も同じであるから、この銘文の筆録者は、当然、薬師仏光背銘を参看したであろう。

「枕病」とは、俗にいうところの、枕も上がらぬ重病であろうが、当面の課題と関連するのは、「王后仍以労疾並着枕於床」という表現における「労疾」である。文脈からは、心労のために疾病になったとか、看病疲れで寝込んだとかいう意味のようであるが、「枕病」に比べれば程度は軽そうである。

『釈迦仏光背銘』の「枕病」と「労疾」とを参考にして考えるなら、「大御身労賜時」の「労」は、重病になったというほどの表現ではないようにみえる。ただし、婉曲表現であるから、事実はまた別である。「誓願」を「うけひ願ひ」（吉沢／佐藤）とか「こひちかひ」（宮沢）とか訓読してみたところで、この文脈におけるこの文字連鎖の意味が理解できるわけではない。正確に理解するためには、当時の漢字文に使用された「誓願」の使用例から帰納するほかはない。

最後に引用した西田直敏の訓読文で「誓願」が漢語とみなされていることが注目される。他の三つの訓読文には、銘文のテクストが原則として和語だけで構成されていると暗黙裡に前提されているのと比較すると大きな違いである。原則として、と条件を付したのは「薬師」が例外であり、また、「像」に振り仮名がないことが漢語であるという認定に基づいているかどうかが不確実だからである。

漢字文は訓読体の日本語を漢字だけで綴った〈変体漢文〉であり、訓読体の日本語の文章に還元できるという、証明されていない、また、証明できるはずのない臆定（presumption）のもとに訓読文を作成するまえに、訓読した結果がどういう意味をもちうるかについて考えてみるべきである。すなわち、先行する試みと異なる新たな訓読文を作成した結果、この銘文のテクストに関してどのような事柄が解明できたのか、あるいは、どういう事実が新たに発見できたかが示されないかぎり、その作業は浜辺の砂遊びと選ぶところがない。もとより、それは、ただ、この銘文のテクストに限ったことではない㊟。

4　いわゆる敬語の機能

0　前節までに指摘したとおり、この銘文のテクストには、日本語の敬語に対応する文字が少なからず使用されている。敬語の使用は、漢字文の書記文体を特徴づける典型的な指標の一つである。以下、実例について検討を加えるが、そのままに、当面の課題に関連する範囲で、現在、敬語の概念がどのように規定されているかをみておきたい。

国語学会編『国語学大辞典』（東京堂出版・一九八〇年）には「敬語」という項目がない。それに代わるものとして「待遇表現」が立項されているのは、「敬語」とよばれている現象を「敬」だけでなく「卑」にも拡大して捉えるべきだという立場に基づくものであろう。ただし、「敬語史」（辻村敏樹執筆）「敬語論」（同）の項目があって、「待遇表現史」や「待遇論」などは立項されていないから、その意味で粗雑な編集である。この混乱は、この領域の専門家の見解の相違を端的に反映している。

学界のレヴェルを離れて、敬語についての社会通念がどのようになっているかを知る手掛かりとして、中型国語辞典から任意に二種を選び、「敬語」の項を検索すると、つぎのように説明されている。

○松村明編『大辞林』（三省堂・一九八八年）

聞き手や話題にのぼっている人物・事物に対する話し手の敬意を表す言語的表現。日本語の敬語には、聞き手・話題に対して話し手の敬意を表現する「尊敬語」「謙譲語」と、聞き手に対して話し手の敬意を直接に表現する「丁寧語」とがある。

○新村出編『広辞苑』（第四版／岩波書店・一九九三年）

話し手（または書き手）と相手と表現対象（話題の人自身またはその人に関する物・行為など）との間の地位・勢力・尊卑・親疎などの関係について、話し手（または書き手）が持っている判断を特に示す言語表現。

ふつうには、尊敬語・謙譲語・丁寧語に分ける。

後者の説明のほうが用語も表現も硬いので厳密のようにみえるが、「…について、話し手（または書き手）が持っている判断を特に示す」という、肝心な部分の表現が曖昧である。「特に」という限定の意図も判然としない。それに比較すれば、前者の説明は簡明でわかりやすい。ただし、そういう常識化した説明の当否こそが、ここでの問題である。

つぎに引用する小型国語辞典の説明は、右の二つの説明よりもいっそう常識的である。

○西尾実他編『岩波国語辞典』（第五版／一九九五年）

聞き手や話題にのぼっている物事に対する、話し手の敬意・へりくだりなどの気持を表す言葉づかい。また、そのための特別なことば。

術語を持ち込まず日常的な日本語で説明されているが、「言葉づかい」が具体的にどういう表現をさし、「特別な言葉」が具体的にどういう語句をさすかもまた常識的判断に委ねられている。

尊敬語／謙譲語／丁寧語という三分類は、学校教育にも採用されて社会常識にもなっている。以下には、尊敬／謙譲／丁寧という概念規定そのものに——したがって「敬語」の概念規定そのものに——根底から疑義を提起することになるが、混乱を避けて、さしあたり、〈いわゆる〉を省略してそれらの用語を使用する。なお、この銘文のテクストが筆録された時期には、丁寧語が使用されていないので、以下には、尊敬語／謙譲語を敬語とよぶことにする。

つぎの諸例は、国語学で、ふつう、敬語とみなされている語句や接辞に相当する。

尊敬……大御身　労賜　誓願賜　大御病　崩賜　太平欲坐　大命

謙譲……（仕）奉（二例）　受賜（→次項）

1　「つかへまつる」を二字で「仕奉」と表記していることは、「つかへ／まつる」という語構成意識の反映である。動詞「仕ふ」に謙譲の補助動詞「まつる」が後接した結合である。

「仕奉」という同一の結合が二箇所に使用されていることは、二つの形態素が熟合し、語形の縮約された動詞「つかまつる」が形成され、さらに、補助動詞としても使用されるようになる変化の萌芽が、こういう古い時期にあったことを示唆している。継起的変化の過程を、どの時期までは単純な連接で、どの時期からは一つの動詞で、どこからは補助動詞になっているなどと段階的に捉えるべきではない。なお、『元興寺露盤銘』には「奉仕」が二個所に使用されている。これも「つかへまつる」の表記であるとしたら、文字の順が逆であることは、熟合の裏付けになる。

個々の例について検討しよう。

「将造寺薬師像作仕奉」の「仕奉」は動作主が用明天皇であり、「歳次丁卯年仕奉」の「仕奉」は動作主が推古天皇／聖徳太子であるが、いずれにも「賜」は添えられていない。敬語についての既成の理論で説明しようとすると、天皇を動作主とする行為について尊敬の補助動詞を添えないことについての説明は難しくなりそうであるが、あとで述べることを先取りして言うなら、ここで大切なのは、「賜」がなくても動作主の判別に迷うことはないという事実である。

「小治田大宮治天下大王天皇及東宮聖王、大命受賜而」の「受賜而」の訓読は、前引の訓読文で、「うけたまはりて」（吉沢／佐藤＝前田／西田）と「うけたまひて」（宮沢）との二つに分かれているが、これは、訓読の単なるユレではなく、推古天皇／聖徳太子の行為について「たまふ」を添えるべきかどうかについての考えの対立を反映している。

「受け賜ひて」なら、――すなわち、動詞「受け」に尊敬の助動詞タマフを添えた「うけ／たまふ」なら――、大王天皇／東宮聖王の行為に「賜」が添えられていることになる。したがって、銘文テクストの作成者は、それら二人以外の第三者とみなすべきことになる。推古天皇も聖徳太子も、「賜」を添えるにふさわしい地位にあったとすれば、「受け賜ひて」と表現されていても、その限りにおいて矛盾はない。

「受賜而」が謙譲の動詞「うけたまはりて」であるとしたら、故天皇の大命を拝受したのは推古天皇／聖徳太子の二人であるが、彼等がみずからを「大王天皇」とか「東宮聖王」などとよぶのは不自然である。同じように、みずからの行為についてタマフを添えるのも不自然である。なお、不自然ではないという、いわゆる〈自敬表現〉としての説明があるが、それに関しては次項で取り上げる。

「受賜」が「うけたまはる」であるとすれば崩御した天皇に対する謙譲語であるから、推古天皇／聖徳太子の二人に対して尊敬語は使用されていないことになる。したがって、原テクストの筆録者は第三者であるとしても、この銘文は、彼等二人の立場で書かれていることになる。

「受けたまひて」にせよ、「うけたまはりて」にせよ、推古天皇／聖徳太子の二人が、崩御した天皇の生前の命令に従って造寺／造像に当たったことに変わりはない。問題は、このテクストのこの文脈において、推古天皇／聖徳太子の行為に「賜」を添えるべきであったか（受けたまひて）、あるいは、添えるべきでなかったか（うけたまはりて）である。「受賜」が「うけたまひて」であるとしたら、推古天皇／聖徳太子の行為について尊敬の補助動詞が添えられていることになる。

単純な敬語の枠組みで考えると、天皇およびそれに準じる人物の行為に「賜」が添えられるのは当然至極のようにみえる。しかし、繰り返すなら、このテクストのこの文脈においてどうであるかが問題である。『延喜式』所載の祝詞「祈年祭」の結びの部分にみえるつぎの表現は、「受賜」をどのように理解すべきかについて、一つの有力な手掛かりになる。

持由波利仕奉礼留幣帛乎、神主祝部等受賜弖、事不過捧持弖宣

幣帛を神主や祝部らが「受賜」て、それぞれの神社に間違いなく持ち帰って奉納せよということである。「神

主祝部等」が〈受ける〉行為に補助動詞「賜」を添えるのは適切でない。「受賜」がひとまとまりで、〈お受けする〉とか〈いただく〉とかいう意味であろう。「受け／賜はる」という語構成が生きているから、上位にある立場の人物から〈賜わる〉という形で〈受ける〉、という含みをもっている。

「受賜」の対象が、銘文のテクストでは命令ないし指示であり、「祈年祭」では幣帛である。抽象的か具体的かの相違はあるが、後者の場合にも、幣帛を受け取るだけでなく、その後の処置が命令ないし指示されているので、基本的には同じことであるから、両者の違いは、「うけたまはる」の語義の広がりの範囲内にある。

「祈年祭」の成立年代は八世紀と推定されているから、この銘文よりもかなり遅い。また、『延喜式』の表記が成立当初のままであるという保証もない。慎重を期すなら、その点についても留保が必要である。しかし、「受賜」という同一の表記によって、ある場合には「うけたまふ」を表わし、ある場合には「うけたまはる」を表わしたのでは、書記テクストによる円滑な伝達に支障をきたすことになるし、また、七世紀に「受け／たまふ」を表わした「受賜」が、八世紀には「うけたまはる」を表わすようになっていた可能性を想定すべき理由もないから、この文字連鎖は、一貫して「うけたまはる」を表わしていたとみなすのが妥当である。

2　西田直敏は、前引の訓読文のあとに、つぎのように説明している。

「我大御病太平欲坐」という用明天皇の詞は第一人称者である天皇自身に関して「我大御病」「太平欲坐」と記しているのであるから「自敬表現」と認められる。（略）

敬語が、支配する王と支配される民との対位構造における上下関係をあらわすことばとして成立したとすれば、これは、国家社会の秩序を反映するものであり、敬語を正しく用いるということは、そうした社会秩序を維持することになる。すなわち、敬語は社会秩序を維持することばのルールとして機能することになる。

前段の説明は、「我大御病太平欲坐」が天皇のことばの引用であるという判断に基づいている。発言の趣旨は、〈自分の病気が平癒することを希望する〉とか、〈自分は、病気がよくなりたいと思う〉とかいうことであるが、天皇は自分自身の病気を〈御病気〉と表現し、自分自身の意志を〈希望なさる〉と表現している。したがって、これは「自敬表現」だという判断である。

同書の冒頭には、「自敬表現」がつぎのように定義されている。この著者独自の立場の表明ではなく、一般的了解の確認である。

ここに「自敬表現」というのは、話手（第一人称者）が自分の動作や自分に関するものごとを尊敬語によって表現し、聞手や第三者の第一人称者（話手）に対する行為を謙譲語によって表現する言語表現である。（略）つまり、話手が自分自身を聞手、第三者よりも上位に位置づけた形の敬語表現が「自敬表現」である。

また、現代の敬語で「尊大語」と言われている表現が、表現のメカニズムとしては「自敬表現」と全く同じである、とも述べられている。

〈自敬表現〉に関しては、本居宣長以来、今日まで多くの議論がなされてきたが、専門家の意見は現在もなお区々であり、客観的にみるなら、この概念が学界の共通理解として確立されているとはみなしがたい。

西田直敏による右の専書には、序章につぎの立場が明言されている。

〈自敬表現〉が、古代の神のことばから天皇語となり、権威として国家に君臨する者、支配する王者のことばとなって、近代に至るという視点から、実証的にその史的様相を明らかにするものである。

「付説」として、百余頁にのぼる「〈自敬表現〉研究史」が添えられていることからみても、この問題に一つの締めくくりを与えようとした著作といってよさそうである。

口頭言語でどのようであったかを証明する手段はないが、天皇の行動や言動に言及する場合、すくなくとも公式の場では、最高の敬語を使用することが、当時における社会慣習であったと措定してよいであろう。そこまではよいとして、天皇もまた、自分自身の行為に関して、最高の敬語を使用して表現したと考えるのが、「我大御病太平欲坐」を自敬表現とみなす立場である。しかし、そのように考えるためには、次節以下に指摘する大きな障害がある。

敬語ないし自敬表現に関する本格的議論を展開する用意はないので、さしあたり、以下には、この銘文のテクストに関わる範囲だけに議論を限定する。筆者が指摘したいのは、要するに、口頭言語に関する右の措定を前提にして漢字文における敬語の使用を考えるべきではないということである。

3　書記テクストを言語研究の資料として利用する場合、警戒しなければならないのは、①書記テクストを言語そのものの記録であるかのようにみなしたり、②書記文献に記録されているのが、当時の言語のすべてであるかのようにみなしたり、③書記をつうじて得られたところの、言語に関する情報を、当該時期における当該言語の実態そのものであるかのようにみなしたりすることである。古い時期ほど文献資料の絶対量が乏しく、質的な広がりも限られているので、右のような単純な認識にもとづいて資料を処理すると、しばしば、大胆すぎる帰結が導かれるからである（→総説）。

書記文献だけを根拠にして、敬語が「古代の神のことばから天皇語となり」という、神がかりの把握をしたり、あるいは、「支配する王と支配される民との対位構造における上下関係をあらわすことばとして」敬語が成立したと考えたりするのは短絡にすぎる。短絡の原因は、右に指摘した取り違えが自覚されていないことにある。

右のように非現実的な帰結を提示するまえに、朝鮮半島の言語についても、やはり、王権の確立が敬語を成立させたといえるかどうか、あるいは、敬語の体系をもたない言語の使用者たちは、国家社会の秩序をどのようにして維持しているのか、そして、それらの言語と同じ制御機構は日本語に存在しないのか、というたぐいの事柄について巨視的立場から考えてみるべきである。右のような理解のしかたが、同書の著者だけの独自の考えかたではないだけに、問題の根はいっそう深い。

上代文献のテクストにみえる敬語表現が神や天皇に関わるものに限られていることは事実である。しかし、それは、当時における日本語の敬語体系が階層を形成する段階まで発達していなかったからではなく、事実上、天皇を中心とする最上層社会の記録だけしか残されていないためである。公的記録はもとより、『万葉集』までが、その例外ではない。

前節に引用した自敬表現の定義には話手／聞手という用語が使用されている。「我大御病太平欲坐」が自敬表現であるというのは、用明天皇が「話手」であり、推古天皇／聖徳太子が「聞手」であるという認定に基づいた判断である。その意味において、平安時代の仮名文学作品の文章における〈会話文〉とか〈地の文〉とかいう枠づけと区別されていない。しかし、この銘文のように、事柄の正確な記録を目的とする書記テクストの場合には、敬語の使用についても、物語や日記などの文章の場合と異なる基準がある。ただし、当面の課題は、「大御病太平欲坐」という表現が、いわゆる自敬表現であるという右の説明の当否を明らかにすることにあるから、右の定義にそって、話手／聞手という捉えかたをした場合にどうなるかを考えてみる。

4　自敬表現に関する疑問の一つは、同一の書記テクストのなかでも使用のされかたが安定しておらず、使用／不使用の基準が帰納できないことである。

つぎに引用するのは『万葉集』の長歌の一節で、古くから、自敬表現と認めるべきかどうかで意見が対立してきた事例である。

虚見津　山跡乃国者　押奈戸手　吾許曽居　師吉名倍手　吾己曽座［巻一・一］

「吾己曽座」という表記は、「われこそませ／われこそいませ」と訓じるのがふつうである。真偽はともかくとして、題詞に「天皇御製歌」とあり、岡で菜を摘む女性に対する作者の語りかけであるから、そのように訓じるなら、この事例は、天皇が自敬表現を使用していたことの有力な根拠になる。時期的定位は明確でないが、『万葉集』の編纂された時期よりかなり遡ることは確かである。ただし、自敬表現であると無条件には認めがたい理由がある。

「居」はヲリ、「座」はイマス／マスに当てるのが、上代における社会慣習であった。この小論でも、「我大御病太平欲坐」の「座」をその慣習に従ってマスと訓じることを前提に考えてきた。『万葉集』のこの一節も、社会慣習どおりに訓読すれば、「おしなべて我こそをれ、しきなべて我こそませ」となるが、問題は、この部分が対句になっていることである。天皇が自分自身の存在を最初はヲリで表現し、つぎに自敬表現のマスで表現して対句をくずしていることについては、しかるべき説明が必要である。もとより、音数律は無関係である。

一部の注釈書は、テクストの文脈にしばしば無神経である。その直前にどのように記されているかを考慮することなしに、注記の対象とする語句だけについて、その場かぎりの説明を加える〈スポット注釈〉が少なくない。たとえば、日本古典文学大系『万葉集』では、「われこそ居れ」に注記がなく、「われこそ座せ」に、「マスはいらっしゃる意。天皇は常に敬語的表現にかこまれて暮すので自分の行為に敬語を用いる」と注記されている。これなども、典型的なスポット注釈である。

自分に対して周囲の人間が特別に丁寧なことばづかいをしていることに気付かず、自分自身の行動についても周囲の人たちが自分に対して使うのと同じことばづかいをしたというのがこの注釈の趣旨であるが、それが事実であるとしたら、天皇は、自分に対する周囲の人たちの発話の意図を理解できていなかったことになるし、また、彼等が自分自身の行為についてそれと違った表現をしていることにも気付かなかったとか、あるいは、天皇は、自分を交えない会話を耳にしたことがなかったとか、およそ現実にはありえない事態を想定せざるをえなくなる。当面の課題との関連でもっとも大きな問題は、「自分の行為に敬語を用いる」とありながら、それと対句をなす先行句が敬語を使用せずに「我こそをれ」と表現されている理由が説明されていないことである。

西田直敏は、右の長歌の訓読について、つぎのように説明している。

　この訓については「ワレコソヲレ」と訓む説も有力である。「おしなべて吾許曽居…しきなべて吾己曽座」と対にして反復している形式から見ると、「…ヲレ…マセ」よりも「…ヲレ…ヲレ」の方が適当であるとも言える。この場合は「自敬表現」ではなくなる。

この部分の表現は対句であるから末尾表現は同じでなければならない。そうだとすれば、「…マセ…マセ」か「…ヲレ…ヲレ」かの二者択一である。自敬表現なら「…マセ…、マセ」であるが、「居」をマセと訓じることはない。一方、「座」のほうはマセのほかにヲレと訓じることも可能であるから、「…ヲレ…ヲレ」と訓じるのが適切である、したがって、この部分に自敬表現は含まれていない、ということである。

西田直敏は、以上の筋道で「…ヲレ…マセ」という訓読を排除し、この部分に自敬表現を認めていない。右には、「ヲレと訓む説も有力である」ことが指摘され、「ヲレと訓じることも可能である」ことが追認され、「…の方が適当であるとも言える」という判断が表明されているようにみえるが、問題にしたいのは、それらのすべてがモをともなって表現されていることである。

第一のモは、〈マセと並んで、ヲレも同様に有力である〉という含みであり、第二のモは、〈マセとも訓めるがヲレとも訓める〉という含みであり、第三のモは、〈「ヲレ…マセ」も否定しがたいが、「…ヲレ…ヲレ」も同様に適当である〉という含みである。

そのような根拠から、「この場合は、〈自敬表現〉ではなくなる」ということなら、もう一つの場合、すなわち、「吾已曽座」を「われこそませ」と訓んだ場合には自敬表現になるはずであるから、そちらの可能性についても検討したうえで、最後的判断を下すのが正統の手順である。確実な根拠も論拠も提示できないなら、二つの可能性を残すべきである。確認するまでもなく、〈自敬表現〉が同書に掲げられた主題である。ほんとうに言いたいのは、モを除いた表現であることを察してほしいということでは、学術的水準の議論になりえない。ここに自敬表現を認めると、他の事例に関する説明にも影響が及ぶために、うやむやな表現で抹殺したようにみえるが、こういう御都合主義では、問題の核心に迫ることができない。

「吾已曽座」を自敬表現から除外する理由の一つとして、右には、「対にして反復している形式」であるから「居」と「座」とを同訓と認めるのが適当であることが述べられているが、対句（的）表現であることは、「居」と「座」とが同一の語であることを保証しない。一方、「われこそませ」と訓んで自敬表現と認める立場をとる人たちも、自敬表現の分布を法則化したうえでそのように認定しているわけではない。要するに、どちらの側にも決定的根拠はない。すなわち、どういう条件がある場合に自敬表現が使用されるか、あるいは、使用されないかについては、予知可能性（predictability）がない。

銘文からは逸脱するが、いわゆる自敬表現に関わる事柄であり、また、右のような批判をした立場としては、この部分の解釈についても私見を述べておくべきであろう。

この長歌における「居」と「座」との関係については、つぎの二つの可能性が想定される。

第一の可能性は、まず、「おしなべて我こそ居れ」と事実を提示したうえで、その事実を「しきなべて我こそませ」と強調的に確認したとみなすことである。自分は大和の国を統治する立場にある、すなわち、大和の国に君臨しているのだ、と念を押すことによって、君主であることを強調的に印象づけたとみなすことである。

右のような二段がまえの表現であるとしたら、はじめの「居」は「をれ」でなければならず、つぎの「座」は「ませ」でなければならない。ただし、この解釈をとるとしたら、それはこの長歌における設定であって、むしろ、実作者が天皇でないことを示唆していると解釈すべきである。したがって、「吾己曽座」の「座」が自敬表現の事例であるとは認めがたい。

第二の可能性は、「吾己曽座」を「吾こそヲレ」の表記とみなすことである。最初は「居」と表記して「吾こそヲレ」と訓ませたうえで、二度目には同じことばを「座」と表記して、それが天皇のことばであることを視覚的に明確にするという表記の手法である。そういう方式の表記は、この長歌の筆録者の独創ではない。「座」はイマス／マスに当てるのが社会慣習であったことをさきに指摘したが、文脈によって鉄則ではない。「吾己曽座」が「我こそヲレ」と確実に訓読されたとすれば、その訓読は、天皇であろうとだれであろうと、自分自身についてマスを使用したりするはずはないという常識的感覚に支えられたことになる。

第二の可能性のほうに、より高い蓋然性があると筆者は判断するが、いずれにせよ、自敬表現とはみなしがたい。自敬表現と認めないことにおいて西田直敏と同じであるが、帰結を導く手順はまったく異なっている。

5　前述したように、自敬表現については、そのような表現がなされていたことを認める立場と認めない立場とがある。認める立場でも積極派と消極派とでは具体的事例についての認定が一致していない。

自敬表現の認定に関する議論をみると、当然ながら、どの事例についても、認める立場の人たちが火付け役になり、認めない立場の人たちが火消し役になってきた。すなわち、肯定論者たちが指摘した事例について、否定論者たちが受け身の立場で、別の解釈を提示してきた。肯定論者たちは不規則な分布に目をつぶってきたし、否定論者も各個撃破にとどまって、問題を根底から考えなおそうとはしてこなかった嫌いがある。「我大御病太平欲坐」という一節についていうなら、肯定論者たちは、「我大御病」とか「太平欲坐」とかいう表現だけを取り上げて自敬表現であると判断し、「将造寺薬師像作仕奉」や「歳次丁卯年仕奉」などは、双方の立場から無視されてきた。

従来の国語史研究は、もっぱら、書記テクストに顕現した事柄を追いかけてきた。逆にいうなら、顕現していない事柄について、なぜ、そういう事例が書記テキストに姿を見せないのかを問うことを怠ってきた。文献資料にみえる新しい事実の収集に関心を集中させて、言語史研究の立場から大局的に展望する余裕がなかったということかもしれない。しかし、ある事柄が書記テクストに見いだせないことは、他の事柄が見いだせることと同様に——ときには、それ以上に——、重要な意味をもつ場合が少なくない。見えるものだけを追ってきたこれまでの研究には、方法上の致命的欠陥があったことを認識すべきである。

体系的にみた場合、どういう事象が書記テクストに確認できないかを明示的に指摘し、その事象が見いだされないのは偶発的であるのか、存在していても書記に反映されない現象であるのか、はたまた、そういう事象が存在しなかったのか、存在しなかったのは偶然なのか運用上の理由にもとづくのか、というたぐいの検討が十分になされなければ、書記テクストを資料として過去の言語の実態を包括的に把握することはできない。

一例をあげるなら、動詞終止形に助動詞ナリの接続した事例を収集することによって、その助動詞が〈伝聞〉または〈聴覚に基づく推定〉を表わすという帰結が導かれており、現在では、〈伝聞・推定の助動詞〉などとよばれて、事実上の共通理解にまでなっている。しかし、右のような帰結を提示するためには、伝聞によって得られた知識や、聴覚に基づいて推定された事柄に言及される場合、必ずナリが添えられているかどうかという、逆の視点からの検証が、証明の手順として不可欠である。実際に調査してみると、明らかに伝聞で得られた知識でありながら、あるいは、明らかに聴覚に基づいて推定された事柄でありながら、ナリをともなわずに表現されている事例のほうが、それをともなっている事例よりもずっと多いことが明らかになる。そういう調査結果を踏まえたうえで、動詞終止形に助動詞ナリが後接した事例を見直すなら、人づてに聞いた事柄であるから確言できないとか、霧が深かったり暗かったりするために姿を見ることができないとか、そういう含みを積極的にこめて表現するのが、この助動詞の機能であることが明確になる。もとより、これと同じような検算の手続きは、他の多くの助動詞についても不可欠である。

右に例示したような方法上の問題は、文法事項に関わる事柄だけに限らない。

より古い時期の書記テクストで「オ」が当てられていた音節に、新しい時期の書記文献で「ヲ」が当てられている事例が見いだされれば、「オ／ヲ」の混用例として指摘される。公開されていない訓読文献などの場合には、しばしば、そのまま引用される。しかし、①混用例として指摘された語が当該文献のなかにそれ一つしか出てこないのか、それとも、②当該文献に同じ語がいくつも出てくるなかで、ただ一例だけが「ヲ」になっているのか、というたぐいの情報が同時に提供されないために、指摘された事例を歴史的にどのように位置づけてよいのかわからない。要するに、より古い時期の表記と異なる事例が出てくれば、その事例だけに注目する習慣が国語史研究では定着している。

自敬表現についても、神や天皇がみずからの言動や行動について尊敬語を使用しているとみなされる事例は克明に報告されているが、同じ書記テクストのなかで、同じ神または同じ天皇が、同じ条件で尊敬語を使用していない事例があっても問題にされることがなく、報告されることもないのがふつうである。したがって、こういう表現について議論するには、当該文献のテクストを調べなおすほかはない。確実な帰結を導くために不可欠なのは、テクスト全体についての包括的考察である。

6　「我大御病太平欲坐」が天皇による自敬表現であるとしたら、自敬表現を含まないふつうの表現は「我病太平欲」となるはずである。しかし、以下に指摘するように、そのように書き換えると、文脈の理解に支障が生じることに注意すべきである。

問題の重要性を認識するためには、既成の知識を白紙に戻してテクストを読みなおす必要がある。

「我病太平欲」の「我」は、「我は」とも訓めるし「我が」とも訓める。そして、それぞれについて複数の理解が成立する。

「我は」と訓んだ場合、「病」は、①「我」、すなわち、天皇自身の病気を指すともとれるし、②世の中に蔓延している病気、すなわち、伝染病などを指すともとれる。また、③銘文の筆者の病気をさしている可能性も否定しがたい。ただし、その蓋然性は低い。

「わが」と訓んだ場合、「病」は、①天皇自身の病気を指すともとれるし、②銘文のテクストの筆者の病気を指しているともとれる。ただし、後者の蓋然性は低い。

「労」を、婉曲表現ではなく、ふつうの意味で〈疲れる〉とか〈働く〉とか理解したなら――あるいは、この文脈における意味がよく理解できないままに読み進んだなら――、そのつまづきは、あとの部分の理解に大きく影響する。

前節に引用した四種の訓読文は、「我大御病」の「我」を、いずれも、「わが」と訓じており、「われ」と訓じたものはない。しかし、「われ」を積極的に排除すべき理由はなさそうである。

訓読してもしなくても、「我大御病（太平欲坐）」の「我」を動作主とみなせば、「われは」という理解になる。尊敬語を除いた「我病（太平欲）」でも、それは同じである。しかし、「病」が、すべての人のすべての病気をさしうるのに対して、「大御病」なら天皇の病気でしかありえない。重病であることも文脈から明らかである。したがって、「われ」と訓んでも「わが」と訓んでも、事態を理解するうえでは同じことになる。

以上の検討から明らかになったのは、「大御病」の「大御」が、天皇に対する敬意の表明であるかどうかにかかわらず、病気になったのが天皇であることを明示する機能を担っていることである。

「我病太平欲」と表現された場合でも、病気をしているのが天皇であることは高い蓋然性をもって推定できるが、そうでない可能性も残される。あとの部分まで読めば、天皇でしかありえないことは明確になるが、書記テクストは線条にそって理解しながら読み進むものであって、通常の文章なら、後の部分を読まないと前の部分の意味が理解できないとか、確定できないとかいう構成で綴られることはない。

四種の訓読文は、どれも「我大御病太平欲坐故、将造寺薬師像作仕奉」に対応する部分に引用符を付けていない。それは、和文や片仮名文と違って、韻文や訓読文には引用符を付ける習慣がないからである。しかし、自敬表現という概念は、当該部分が直接引用であるという認定を前提にしなければ成立しない。

「我大御病太平欲坐」以下が天皇のことばの直接引用であるとみなす立場からは、「大御病」の「大御」を自敬表現とみなし、天皇がみずからの高貴な地位を自覚していたからだとか、あるいは、常に敬語的表現にかこまれる環境にあったからだなどというたぐいの説明が加えられる。しかし、「大御」を取り去った「我病太平欲」と対比してみるならば、天皇が自身の地位をどのように位置づけていようと、または、どのような言語環境にかこまれて生活していようと、そしてまた、天皇が日常の口頭言語で自己の行為をどのように表現していようと、この記録の内容を正確に理解させるには「大御」が不可欠であったことになる。

次項に述べる理由から、「我大御病太平欲」とすると天皇以外の人物が天皇の病気平癒を願っているという意味になる。したがって、天皇の意志であることを示す「坐」もまた不可欠であった。

7　前項までの検討から得られた帰結は、自敬表現とよばれている用法に限らず、尊敬語や謙譲語の基本的機能一般について再検討が必要であることを示唆している。そこで、以下には、このテクストで天皇に関する叙述に使用された尊敬表現について考えてみる。

従来の観点からするなら、「大御身労賜時」は、この銘文のテクストの筆者が天皇に関する叙述に使用した尊敬表現である。尊敬語の定義に従うなら、この表現から尊敬語の「大御」と「賜」とを削除すると、天皇に敬意を表明しない表現になるはずである。当時の社会慣習からするならば、そういう表現をすることは、たいへん失礼で非常識な行為だったであろう。待遇という用語を使用して言い換えるなら、天皇を不当に低く待遇したことになるからである。

「大御身労賜時」から「大御」「賜」を削除すると、「身労時」になる。ただし、病気になったのが天皇であるために「病」が婉曲に「労」と表現されているとしたら、ふつうの表現は「身病時」であるし、また、「大御」を除けば「身」も必要がなくなるから「病時」だけでよい。

「池辺大宮治天下天皇、病時」と表現したら、失礼すぎる表現になったであろうというのが、敬語についての従来の理解であるが、そうではなく、病気になったのが「大御身」や「賜」などが添えられることのない地位にある人物であることを意味することになる。換言するなら、婉曲表現をとらず、直接に「病」と表現されていれば、天皇は動作主の候補から積極的に除外される。

右と同じように、「我大御病太平欲坐」から尊敬語の「大御」と「坐」とを除いて「我病太平欲」とすると、天皇以外の人物の病気が平癒することを祈念する意味になる。それは、尊敬語を使用することと同じく、使用しないこともまた、動作主を標示する機能をもっているからである。使用することが積極的動作主標示であるとしたら、使用しないことは消極的動作主標示になっている。〈顕示〉に対する〈潜示〉といってもよい。現代語に投影するなら、〈手紙をお書きになる〉は動作主の顕示された表現であり、〈手紙を書く〉は動作主の潜示された表現である。

天皇に関わる叙述に尊敬語の「大御身」や「賜」を使用したり、天皇については、病気になることを婉曲に表現したりすることは、選択的（optional）でなく、強制的（compulsory）、ないし義務的（obligatory）であった。すなわち、それが書記における社会慣習であった。その慣習に従って叙述しなければ、天皇についての叙述であると理解されなかったからである。

尊敬表現とよばれる言語形式によって対象に対する敬意が表明されることは事実であるが、それが唯一の、あるいは一次的な機能ではない。この銘文のテキストにみられるように、尊敬表現は、動作主を特定する機能をも果たしている。尊敬語が顕示されるか潜示されるかによって動作主が特定されるから、尊敬表現とよばれる言語形式は、敬意の表明と動作主標示との双機能（bifunction）で運用されている。

敬意の表明と動作主表示との双機能をもつ言語形式が〈尊敬語〉と命名されたことによって、動作主標示の機能が切り離されたまま、敬語論が空転している。

〈敬語〉の体系が〈敬〉の側だけについて構築されていることに批判的な立場をとる専門家のなかには、対等の表現や軽卑／罵詈までをも含めて、〈待遇語〉とか〈待遇表現〉とかいう用語を使用する人たちも少なくない。しかし、それは、同一次元における全方向への拡大であるから、双機能としての把握につながらないだけでなく、そういう概念の導入によって、言語形式としての〈敬語〉の機能がいっそう把握しにくくなっている。また、副作用として、社会言語学にいうところの〈丁寧さ（politeness）〉の概念も確立を妨げられている。大切なのは、言語形式と言語運用とを混同しないことである。敬語が〈敬〉の側に発達して、〈卑〉の側に発達していないのは、〈敬〉の側に顕示され、〈卑〉の側には潜示されるからであるという原理を認識すべきである。

尊敬表現の二つの機能は一体であって、主機能と副次機能という関係にあるわけではない。ただし、口頭言語では、場面が支えになるので、古代においても敬意を表明する機能のほうは弾力的に運用されていたであろうと推定される。それに対して、事柄の記録を目的とする書記テクストの場合には、動作主を特定する機能を中心にして機械的に運用されている。そこに二つの機能の運用上の相違がある。

平安時代の仮名文学作品などのテクストでは、蓄蔵される情報が言語による表現であるから、この銘文のテクストの書記様式よりも、はるかに現実の言語に近いが、忠実度の差は相対的であって、所詮、書記テクストであることに変わりはない。したがって、尊敬表現も、動作主標示の機能に傾いて運用されている。

双機能という特徴は、謙譲語についても同様に当てはまる。謙譲とは、へりくだりであり、国語辞典には、謙譲語が、「話し手が聞き手や話中の人に対して敬意を表すために、自分または自分の側に立つと思われる物や動作をへりくだって言い表すもの」（松村）とか、「話し手（書き手）が、自身および自身の側の物や動作を、他に対する卑下・謙譲を含ませて表現する語」（新村）とか規定されており、学界の共通理解も、ほぼそのあたりにある。しかし、他者にそのような態度を表明することが謙譲表現の担う機能のすべてであるとしたら、敬語の体系に謙譲語を組み込むべき理由はない。なぜなら、他者を高く位置づけることは、とりもなおさず、自己の卑下／謙譲にほかならないからである。そうだとしたら、尊敬表現／謙譲表現の併用は、敬語の運用をいたずらに複雑化するだけである。自他の差を大きくして表現したいなら、それに見合う高い尊敬表現を使用すればよい。

現代語の例でいうなら、相手を高めた〈いらっしゃる〉のかわりに、自己を低めた等価の表現をすることはできない。また、自己を低めた〈参ります〉のかわりに相手を高めた等価の表現をすることもできない。したがって、尊敬表現／謙譲表現は他者を高めるか表現者を低めるかの違いとしては説明できない。謙譲表現の重要な機能は、動作主が話者であるか、話者の側にある人物であることを明示することにある。

〈尊敬語〉と同様に、〈謙譲語〉もまた双機能の一方だけについての命名であり、その命名に呪縛されて動作主標示／対象標示という重要な機能が見逃されている。

〈敬語〉という用語は、そして、その下位概念としての尊敬語／謙譲語もまた、ダレガ／ダレニという関係標示の機能を無視して命名されている。比喩的にいうなら、月の片側が、そっくり見過ごされている。この銘文のテクストに使用された敬語についての自敬表現という説明は、その典型的事例の一つである。

以上の指摘から明らかなように、敬語とか尊敬語／丁寧語などの伝統的概念は再検討の必要がある。ただし、それに代わるべき適切な用語をただちには提示できないので、さしあたり、懸案として識者にゆだねたい。もとより七世紀の日本語と二十一世紀の日本語とでは、別の扱いが必要である。

8　前述したように、「大御身労賜」の動作主は、「大御」や「賜」によって標示されている。天皇に最高の敬意を表明することはテクストの筆者にとって自然な心理の発露であり、心理的葛藤はなかったであろうが、それはまったく別の問題である。

低いレヴェルの敬語を使用するか、敬語を使用しなければ、天皇より身分の低い人物が動作主であることを表わしたから、テクストの筆者にとって、事実上、敬語のレヴェルを選択する余地はなかった。換言するなら、テクストの筆者には動作主に対する待遇を敬語のレヴェルを操作して変える自由はなかったことになる。そこに、場面に依存して柔軟に運用される口頭言語との相違がある。

この銘文では、天皇という地位が敬語の選択を決定している。しかし、そのような表現機構がどのような運用原理に基づいて構成されているのか、そして、書記テクストにおいて、どのような機能を果たしているのかについては――逆にいうなら、そのような表現機構になっていないと、運用上、どのような不都合があったのかについては――、互いに両立しない二つの解釈が可能である。その一つは従来の解釈であり、もう一つは、以下に提示する解釈である。

銘文のテクストでは、天皇についての叙述ばかりでなく、天皇自身による行為の叙述にも最高の尊敬表現が使用されている。そのような用法が自敬表現とよばれていることはすでに述べたが、特定の敬語が、天皇という特定の地位と結びついているという意味で、絶対敬語ともよばれている。この用語は、敬語に階層が形成されていなかったという認識を反映している。

上代の敬語は、もっぱら絶対敬語であったという認定のもとに、「敬語が、支配する王と支配される民との対位構造における上下関係をあらわすことばとして成立した」（西田）という前引の解釈も導かれている。

「今日のように相手によって敬語の言い方をかえる」（辻村）用法は、絶対敬語との対比において、相対敬語とよばれている。「古代の敬語では、このような聞き手によって話題の人物に対する敬語の選び方が変動する相対敬語は、平安時代になって行われるようになる。（略）相対敬語と相対敬語意識は宮廷社会の最高部の人々の間で成立したことは確かである」（西田）という明快な帰結も提示されている。

右のような明快さには、文献に反映された事象が、事実上、当該時期における日本語のすべてであるとみなす国語史研究の欠陥が端的に露呈している。書記テクストに顕現している事実だけを追跡すると、上代は絶対敬語の時代であり、平安時代になって、相対敬語に転換したかのようにみえる。しかし、実際には、敬語が急激に質的変容をとげたのではなく、平安時代になって、散文で複雑な人間関係を描写する和文が発達したことによって、敬語の階層構造が書記テクストに顕現するようになったのではないかと疑う必要がある。

個々の書記テクストの特質を考慮することなしに、年代順に配列すると、みせかけの歴史が浮かび上がってくることを警戒すべきである。

書記テクストを資料にして言語事象を解明することには大きな限界がある。平安時代になると新しい書記様式が発達し、それにともなって、質的にも量的にも豊富な書記テクストが残されているために、上代よりも、はるかに広い視野が与えられていることは事実である。しかし、それだけに、当時の言語の全貌に近いものがみえてくるような錯覚を生じかねない危険がある。敬語のシステムについても、上代文献に姿をとどめる敬語があまりに限定されているために単層的様相を呈しており、平安時代になると急に複層的様相を呈するために、絶対敬語から相対敬語へという歪んだ理解を生む結果にもなっている。繰り返し指摘するとおり、書記テクストに顕現しているのが当該言語のすべてではない。

『源氏物語』にせよ『枕草子』にせよ、あるいは『大鏡』にせよ、天皇を中心とする極端に狭い宮廷社会の生活を叙述した作品であり、和文で綴られている。

和文は、頂点言語（acrolect）を、すなわち、上層の日本語、それも最上層の日本語に基づいて、繊細な文学的表現を目的に発達した書記文体であるから、それらの作品のテクストにみられる敬語システムは、多層化の限界にあるといってよい。したがって、同時期における基底言語（baselect）の敬語システムも同じであったとはとうてい考えられない。

庶民階級のほとんどは、天皇と直接に話を交わしたり、日常的に天皇を話題にしたりするどころか、高位にある人たちの顔を見る機会さえも、事実上、なかったであろう。そういう生活環境において、天皇や、それに準じる地位の人たちについてしか使用されない敬語が、基底言語に安定して存在していたはずはない。基底言語における敬語の階層構造は、頂点言語に比して、はるかに単純だったはずである。

もっぱら仮名文学作品を中心にみていると、敬語のシステムも、それが日本語として規範ないし基本であったかのように捉えてしまいやすい。しかし、あらゆる言語がそうであるように、日本語の場合にもまた、あえて意

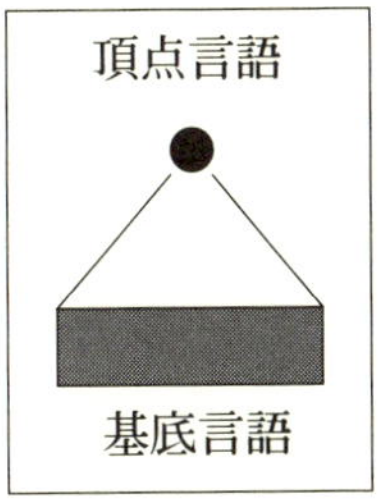

味の重複する用語で表現するなら、基層をなしているのは基底言語である。日本語の歴史は、基底言語の流れにほかならない。

過去の日本語における基底言語の実態は、現代諸方言をつうじて推測する以外に方法がない。当面の課題に関しては、社会言語学の方法による接近が不可欠である。

再説するまでもなく、「我大御病太平欲坐～」は天皇のことばそのものの引用ではない。原テクストの筆者が、この表現によって、当該部分が天皇の意志表示であることを示したものであるから、すくなくとも、この一節に関するかぎり——そして、他の文献にみえる同様の事例についてもまた——、自敬表現とか絶対敬語とかいう用語による説明は撤回されなければならない。

9　「労賜」「誓願賜」「崩賜」には、いずれも、「賜」が添えられているから、動作主は天皇である。しかし、天皇を動作主とする表現では、動詞に「賜」が必ず添えられているわけではない。

「召」の対象が「大王天皇」や「太子」であれば動作主は天皇である。また、「詔」の動作主は天皇以外にありえない。しかし、天皇が動作主であっても「召賜」「詔賜」とは記されていない。

「召」については、「召於大王天皇与太子而誓願賜」という文脈であるから、最後の「賜」が、直前の「誓願」だけでなく、「召」をもカヴァーしているという説明がありうるかもしれない。あとに取り上げる補読に関連して言うなら、前引の四つの訓読がすべて「召し（て）」となっており、タマフを補読していないのは、そういう解釈に基づいているのかもしれない。しかし、素直に読むなら、ここは、「召於大王天皇与太子、而～」という表現になっている。

「詔」については、四種の訓読文が、すべてタマフを補読して、「のりたまひき」（吉沢・前田）「みことのりしたまひき」（宮沢）「のりたまふ」（西田）などとなっている。テクストに「詔賜」とは記されていないが、「労賜」「誓願賜」「崩賜」との関係からみて、当然、ここにもタマフを補読すべきであるという判断に基づいているに相違ない。

この銘文のテクストについて、「漢文として変態な措字の上に、例えばオホミミ・オホミヤマヒ・マサムトオモホスのごとき尊敬語が載せられているし、更には「詔りたまひき・造り堪へたまはずありき」のごとく、いわゆる尊敬語を補読せねばならぬところもあるのである」（春日）という指摘がなされている。その指摘は、吉沢義則による訓読文に基づいている。古い時期に記された素朴な文章であるために、必ずしも整然とは記されていないという含みが、「補読せねばならぬ」という表現の背後に読み取られる。

右の説明は、日本で発達した日本語のための独自の書記様式である漢字文の自律性を認めていない。このテクストの書記様式を「変態な措字」を含むくずれた漢文とみなすとしたら、「変態」であっても基本的には漢文であるから、テクストの研究は、漢文と同じ方法で訓読することから着手すべきことになる。「詔」を「のる」とか「みことのりす」とか訓んだのでは、天皇の行為にふさわしい表現にならないと判断されれば、あとにタマフを補読することが、当然の処置として認知される。しかし、このテクストは漢文ではなく、日本語に基づいて事柄を記録した漢字文であるから、漢籍や仏典の訓読における場合と同じ感覚で補読をすべきではない。

尊敬語を補読する必要のある場合として例示されているのは、「詔」と「造不堪者」とであるが、まず、後者について検討してみよう。

「造不堪者」は、尊敬語を補読して「造り堪へたまはずありき」と訓読しなければならないとされているが、当該部分について、前引の四種の訓読文を比較すると、右の説明の根拠とされた吉沢義則の訓読文がそのようになっているだけで、あとの三種の訓読文では、「造り堪へざりければ」（佐藤）「作り堪へずありしかば」（宮沢）

「造り堪へざれば」（西田）というように、いずれも、尊敬語が補読されていない。言い添えるなら、「欲坐」についても、尊敬語オモホスを補読して「まさむとおもほす」としているのは、吉沢義則の訓読文だけである。「造り堪へたまはず」と「作り堪へず」との相違を生じたのは、だれが造れなかったのかについての解釈の違いかもしれない。すなわち、造寺／造像を志した天皇が造れなかったという表現であるとみなして「たまはず」と訓じ、命を受けた二人が造れなかったという表現とみなして「ず」と訓じた、ということである。

造るとは、みずから実作業に携わることを必要としない。しかし、天皇が二人に命じ、その二人は、第三者に具体的指示を与える責任を負う立場にあったから、この表現から、「造」の動作主がどちらであるとは決しがたい。事実として、作業に従事した職人が除外されるだけである。すなわち、崩御した天皇も大王天皇／太子の二人も、ともに動作主であった。銘文の表現が曖昧なのではなく、この書記文体にはそういう理屈が介入しないし、介入させる必要もないからである。要するに、造ろうとしたが間に合わなかった、という事実が伝達されれば、それで十分であった。タマフを補読していない訓読文のなかには、崩御した天皇が動作主ではないと認定したからではなく、理論的に、あるいは、感覚的に右のように捉えたものもあるであろう。

崩御した天皇が動作主なら尊敬語を添え、それ以外の人物が動作主なら尊敬語を添えないという原理を教条的に適用するなら、動作主はどちらでもよいという理屈が通用しなくなる。しかし、右のような場合には、いわば、尊敬語の使用／不使用の原理が中和されるとか無効になるとか考えればよい。したがって、ここにタマフを補読して、あるいは、補読しないで、動作主を特定すべき理由はない。漢字文を忠実に訓読して漢字文の内容を理解しようとすると、しばしば、こういう末梢的な事柄に無用の神経を使うことになりかねない。

前述したように、変体漢文という名称は、中国語古典文に習熟していない人たちが書いたために、日本語ふうの「変態な措字」が交えられているという認識に基づく命名である。この銘文が、古い時期に記された、そういう稚拙な文章であるとしたら、用字や表現は整っていないのが当然であるから、「いわゆる尊敬語を補読せねばならぬところもあるのである」という立場は正当化される。ただし、背後に「国語文」の存在を想定する立場をとるとしたら、同一の動作主にタマフを付けたり付けなかったりする稚拙さもまた、もとの「国語文」に起因すると考えざるをえないであろう。

漢字文は、日本で発達した、日本語話者による日本語話者のための書記様式であって、未熟な中国語古典文ではない。したがって、中国語古典文の規範に合致していないことは、不完全な表現や未熟な表現であることを意味しない。銘文のテクストが十分に推敲された文章であることは、次節で、さらに明らかになるはずである。

中国語古典文で「詔」は帝王の行為をさす。漢字文もそれを継承して天皇の行為をさして使用されている。四つの訓読文が、当然のようにタマフを補読しているのは、「詔」の動作主が天皇以外にありえないという認定に基づいている。

尊敬語の機能は敬意の表明であるという定義をそのままにして、しかも、こういう古い時期の変体漢文なら整った文章になっていないのが当然であるという先入観をもってこのテクストを読むと、「詔」のあとに、本来なら「賜」がなければならないという判断が抵抗なく合法化される。したがって、同じく補読であっても、仏典や漢籍の訓読における補読と違って、このテクストの場合、訓読する人たちは稚拙な文章を、平安時代の漢文訓読を規範にして添削する姿勢で臨んでいる。

尊敬語には、動作主の明示という重要な機能があるから、「労」や「誓願」に「賜」を添えることは不可欠であった。しかし、「詔」の場合には、漢字そのものに動作主標示の機能が組み込まれているから——すなわち、「詔」には動作主標示の「賜」が包摂されているから——、「詔賜」とする必要はなかった。

「詔」に「賜」の機能が包摂されているとしたら、「尊敬語を補読せねばならぬ」と考えずに、この文字そのものを「のりたまふ」とか「みことのりしたまふ」などと訓じればよい。

このテクストを訓読すべきかどうかという根本的な問題は別として、結果だけを評価するなら、「のりたまふ」とか「みことのりしたまふ」とかいう訓読は、この文字の意味を正しく表わしていると言ってよい。逆に捉えるなら、「賜」が添えられていないという理由で、「のる」と訓読するとしたら、それは、「詔」の意味を完全には表わしていないから、半読あるいは欠読になる。

尊敬語による敬意の表明と動作主標示機能とは不可分であるから、動作主標示機能が組み込まれていることは、同時に、敬意を表明する機能も組み込まれていることを意味している。

『新撰字鏡』（天治本・言部）では、「諗」字に、「宣命也告也念也謀也、乃太万不」と注記されている。七世紀にこの熟合が成立していたかどうかは不明であるにしても、和訓が「乃太万不」という語形で示されていることは、タマフの担う機能が「詔」に組み込まれているという説明の正しさを裏付けている。

つぎに引用する『源氏物語』（桐壷）の事例では、〈言う〉に相当する行為を「のたまはす」と表現することによって、動作主が天皇であることを明示している。それに対して、きわめて高い地位を占める弘徽殿の女御については、同じ行為が「のたまふ」と表現されている。

> 手車の宣旨などのたまはせても、また、入らせ給ひては、さらに許させ給はず、（略）とのたまはするを、女も、いといみじと見奉りて
>
> 亡きあとまで人の胸あくまじかりける人の御おぼえかなとぞ、弘徽殿などには、なほ、ゆるしなうのたまひける

上代に天皇の行為について使用されていたノタマフが、平安時代には、それよりも階層の一つ低い尊敬語になり、天皇の行為については、ノタマハスが使用されていることがわかる。この種の語句に生じやすい、意味の価

値低下（degeneration）の一例である。

上代には絶対敬語であったと考える立場では、平安時代に相対敬語に移行したために、このような階層化が生じたという説明になる。しかし、待遇に関わる語句の価値低下と、他の語句による補塡とは、日本語に限らず、言語一般に広く認められる現象であるから、天皇だけに関して使用されていた尊敬語を、その下の地位にある人物に使用し、天皇には、いっそう高次の尊敬語を形成して使用するという過程で、ノル∨ノリ・タマフ∨ノタマフ∨ノタマハスという補塡がなされたと解釈するのが自然である。そうだとしたら、上代から平安時代への急激な変化ではなく、漸移的変遷であるから、絶対敬語から相対敬語へという質的変化の裏付けにはなりえない。

平安時代の和文には「（御門に）奏す」「（宮に）啓す」などと表現されており、「奏し奉る」とか「啓し奉る」などという結び付きは見いだせない。すなわち、尊敬語の場合と同様、行為の対象が天皇や皇后あるいは皇太子などに特定されている動詞には、さらに謙譲語を添えて対象を示していない。「詔」に関する説明と並行させるなら、「奏す」や「啓す」には「奉る」の担う機能が包摂されている。こういう原理が、上代に限らず平安時代にも基本的に共通していたことの証明である。

「崩賜」の「崩」は、死亡した人物の地位による「崩／薨／卒／死」の区別に従って使用されているから、「崩」の動作主は天皇に限られる。「賜」の担う機能が「詔」に組み込まれているとしたら、「崩」にもその説明が当てはまるはずであるから、「崩賜」の「賜」は剰余になる。

一方に「詔」とあり、他方に「崩賜」とある事実を、どのように解釈するかによって、このテクストの洗練度についての評価は大きく変わる。なぜなら、テクストが十分に推敲されていないために「詔」と「崩賜」とが共存しているとしたら、小論における検討をつうじて導かれた帰結は破綻せざるをえないからである。

「崩」を当てれば死亡したのは天皇であり、敬意も込められているから、ふつうに考えるなら「賜」を添える必要はない。ただし、「詔」は天皇の日常的行為であるのに対して、天皇の死は衝撃的な悲しい出来事であるから、さらに「賜」を添えて丁重に表現したとすれば矛盾はない。添える必要がないことは添えてはならないことを意味しない。この場合には、動作主が天皇に限られる動詞に「賜」を添えることが必要であり、可能でもあった。動作主が二重に標示されても、伝達に支障をきたすことはない。いずれにせよ、これは特別の場合の特別の表現である。天皇の死は、「かむあがりたまひて」（吉沢／宮沢）とか「かむさりたまひて」（西田）とかいう訓読文に反映されているとおり、神の世界に戻ることであった。

10　以上は、一つの説明であるが、可能性のレヴェルで考えるなら、つぎの解釈も無条件には消去できない。後述する推定が正しいとしたら、この銘文は九十字という絶対的な枠づけのもとに整えられており、一字の過不足も許されなかったはずである。その制約の厳しさを理由にするなら、天皇の行為については取捨が可能な「賜」を添えたり添えなかったりすることで調整を図った可能性が考えられる。すなわち、草稿の段階では、「詔」にも「崩」にも「賜」が添えられていなかったが、全体として一字不足になったために、「詔」と「崩」とを天秤にかけ、比重の大きい「崩」に「賜」を添えて九十字に整えた、ということである。その逆に、草稿の段階では「詔賜」「崩賜」であったが、一字余分になったために、比重の小さい「詔」から「賜」を削除して九十字に整えた可能性も対等に成立する。なお、「召」は、天皇だけの行為をさす文字ではないが、そういう理由からは、やはり、同じ問題があったことになる。

右のように、字数を増減する必要があった場合を想定するにしても、「賜」だけを加除の対象として考えるのは、当面の課題に引きつけすぎている。そのような、もっともらしいつじつま合わせよりも、「賜」を添えて、天皇の崩御を強調的に表現したという説明のほうが真実に近いであろう。

「詔」と「崩賜」との相違については、ひとまず説明がついたようでもあるが、これをもって最終的な帰結にはできない。なぜなら、まったく異なる根拠に基づいた、もう一つの解釈がありうるからである。

漢字文の背後に日本語の文章があったと考えるのは、国語史研究の支配的な立場である。しかし、漢字文は、すぐれて日本語的であったにしても、整備された日本語の文章には基づいていないとみなすのが小論の筆者の立場である。

どちらの立場をとるにしても、この場合、もっとも大切なのは、〈日本語の文章〉とか〈日本語に基づいた文章〉とかいう場合の〈日本語〉から、漢語が排除されるかどうかである。端的にいうなら、このテクストの「崩」がホウ（ズ）であった可能性を排除すべきかどうかである。

「詔」が日本語の「のりたまふ」に当てられているとしたら、敬意を表明するタマフが語形として顕在しているから、それに「賜」を添えた「のりたまひたまふ」という結び付きはありえなった。それに対して、「崩」は、中国語古典文の用法として帝王の死を表わす語であるから、文字そのものに最高の敬意をともなっていても、漢語の語形はホウ（ズ）であり、日本語としてみると、動作主を明示するタマフがないから、「崩じ給ふ」に相当する表現として「崩賜」と表記されたという解釈が可能である。「崩／薨／卒／死」の「崩」が、荘重な表現に漢語として使用されているなら、「崩」の和訓は問題にならない。

さきの解釈との最大の相違は、書記テクストを視覚のレヴェルだけで捉えるか、背後にある日本語を考慮に入れるかにある。

書記テクストは文字連鎖であるから、書記から引き出されるのは文字連鎖を媒体にして蓄蔵された情報であって、言語ではない。その基本原理をくずしたり否定したりすべきではないが、書記テクストが、言語を使用する人間の営為であることもまた事実である。

言語を媒体にしなければ書記による記録は成立しない。個々の文字は特定の語を代表しているから、和訓の確定していない文字を、中国語古典文の規範に従って漢字文に導入する場合にも、日本語として違和感を感じさせない形式で表記しようとするのは、きわめて自然な心理である。「崩賜」という文字連鎖には、そういう心理が反映されていると小論の筆者は考える。

観点を異にする二つの解釈は、これで完全に融和したことになる。

5　『古事記伝』の憶定

本居宣長は、『古事記』のテクストが和語だけで綴られているという前提のもとに全文の訓読を試みている。日本は外国文化と無関係に成立した国家であるから、口承に基づいて日本の由来を叙述した『古事記』に漢語が交えられているはずはない、という確信があったからであろう。換言するなら、〈からごころ〉に汚染される以前の〈やまとごころ〉は、〈やまとことば〉によって叙述されていなければならない、ということである。

巨視的には、国学の思想も、そして、その思想の顕現された『古事記伝』もまた時代の産物ではあるが、彼をそういう思い込みに誘導し、その確信を裏付けるような条件が存在したことも無視すべきではない。

『古事記』が〈やまとことば〉だけで叙述されているという確信を彼に植えつけた条件の一つは、『万葉集』の訓読が、『古事記』を訓読するための方法的基盤となり、また、そのモデルにもなったことである。

『万葉集』の韻文は多様な方式で表記されているが、すべてが、{n(5＋7)＋7}という形式で構成された韻文である。韻文の語彙からは漢語が排除されており、巻十六の一部のような、アソビの場合だけが例外になっているにすぎない。

『万葉集』の訓読は進んでいるが、『古事記』は全文を訓読できるまでに研究が進んでいないという認識のもとに『古事記伝』の作業は出発した。『古事記』のテクストは『万葉集』よりもいっそう古い時期の日本語で記されているから困難が大きいにしても、訓読の基本的方法は『万葉集』と共通しているはずだと本居宣長は考えたに相違ない。『万葉集』を訓読して得られるのは和語だけで綴られた日本語であるから、さらに古い時期の『古事記』に漢語が交えられているはずはなかった。すなわち、「天地初発之時」の「天地」はアメツチが唯一の可能性であって、テンチという選択肢はありえなかった。祝詞や宣命が和語だけで構成されていることも、右の確信を支えたであろう。

国語史研究は国学の延長として発達した。そのために、『古事記』だけでなく、それ以外の漢字文のテクストも和語だけで訓読する習慣が確立されたまま、その妥当性について原理的な議論なしに今日に至っている。しかし、平安時代のフォーマルな語彙に一字の漢語名詞や漢語動詞が少なからず含まれている事実を勘案するなら、この銘文の「労」や「崩」なども、「ラウス」「ホウズ」であったと推測される。同様に、「誓願」はシャウグワン、「太平」はタイヘイという二字の漢語として使用されているようにみえる㊟。

6　テクストのレイアウト

0　本章の目的は、書記史研究の立場から書記テクストを解析する方法を実践的に提示することにある。そういう観点でこの銘文のテクストを見直すなら、最初から言語資料とみなす立場からは目に入らない事実も浮かび上がってくる。

1　銘文のテクストを一見して受ける印象は、文字の並びが端正でないことである。具体的な対比は省略するが、これと時期的に近い金石文と比較しても、その点で際だっている。「いわゆる尊敬語を補読せねばならぬところもあるのである」という表現の裏には、文字の並びが乱雑であるという印象に基づいたマイナス評価もあるようにみえる。しかし、このように大切な内容を記録した銘文が、なげやりに書かれているはずはないから、乱雑な外見を呈していることには、なにか理由があると考えてみるべきである。

図版から知られるように、銘文の最後の文字「奉」は、先行する各行の末尾の文字「歳」「大」「然」「天」と、ほぼ水平に近い位置にあり、余白がない。もし、このテクストが、自由に綴られた文章を五行に分割して刻まれたものであるとしたら、最後の行の末尾が過不足なく収まる確率はきわめて低い。したがって、最後の行の末尾の文字が、それに先行する他の行末の文字と並んでいるのは、意図された結果であると考えてよい。ちなみに、前述の『釈迦仏光背銘』は、各行十四字、全十四行（14×14＝49×4）で、末尾には、やはり、余白がない。

重要な記録を金属板に刻んで末代まで残すのであるから、このテクストは草稿の段階で丹念に推敲され、各行の文字の配分も慎重にレイアウトされているはずであるが、それにしては、各行の文字が横にきれいに並んでおらず、また、文字の大きさにも差が目立つ。そのために、全体として乱雑な印象を受けることは否定しがたい。ただし、文字の配分が乱雑であり、また、文字の大きさが区々であるにもかかわらず、個々の文字を見ると、断言のかぎりでないが、小論の筆者の判断では相当の達筆のようにみえる。

全体としては乱雑な印象でありながら、最後に余白が残されていない。また、洗練された書風でありながら、文字の大きさは区々である。矛盾したようにみえるこの現象については、どのような説明が可能であろうか。

2　各行の文字が横にそろっていないのは、各行の字数が一致していないためである。

各行ごとの字数を数えると、次頁の表のようになっている。

総字数九十を各行に十八字ずつ配分すれば、すべての文字が横にそろうことになる。90÷5＝18とか、18×

5＝90とかいう単純な計算ができなかったはずはないから、均整を犠牲にしてもこのような配分にすべき理由があったと考えるべきである。

そのつもりで見ると、第三行と第五行とは、まさに十八字である。第二行と第四行とは、いずれもそれより一字多い十九字である。第二行以下は、交互に十九字／十八字になっているから、明らかに計算された配分である。

第一行だけは十六字であるから、それ以下の各行よりも、文字がひとまわり大きい。銘文のテクストを読む人たちは、各行の字数を数えたりしなかったであろうが、第一行が卓立して印象づけられたはずである。直接に対比される第二行に比べて三字も少ないから、明確なコントラストが生じているのは当然である。しかも、二割増し程度であるから、バランスを大きく崩すほどの極端なコントラストではない。

行	1	2	3	4	5	計
字数	16	19	18	19	18	90

第一行の最初に記されているのは、法隆寺の建立と薬師仏の造像とを誓願した「池邊大宮治天下天皇」の名である。このコントラストが計算されたレイアウトであるとしたら、それは、もっとも重要な人物の名が、すぐに目に入るようにするための工夫であったとみなしてよい。天皇の名のあとに続く「大御身労賜時歳」の七字も同じ大きさになっているのは、この部分から急に小さな文字に切り替えたのでは、第一行が尻つぼみになることを嫌ったためであろうというのが、いわば、常識的な推定である。しかし、造像されたのがほかならぬ薬師仏であるから、「大御身労賜」という部分を強調的に印象づけるべき理由は十分にあった。そういう計算のもとに、「大御身労賜時」を第一行にもってきた可能性は否定しがたい。

一般に、情報を正確に記録することを一次的目的とする漢字文では、年次を最初に記すのが自然であり、現に、この種の銘文は、そのようになっているものが多い。同じく法隆寺関係の金石文から例をあげるなら、前引の『釈迦像光背銘』は「法興元世一年歳次辛巳十二月」、『観世音菩薩造像記』は「戊子年十二月十五日」と書きはじめられている。〈いつ、だれが、どうしたか〉という順序である。そういう類型に従うなら、この銘文は、「歳次丙午年、池辺大宮治天下天皇」と書きはじめられているはずである。

「池辺大宮治天下天皇、大御身労賜時、歳次丙午年」という順序による叙述は、〈だれが〉を第一に据え、また、〈どうした〉ないし〈どうして〉を第二に据えることによって、もっとも大切な二つの事柄、すなわち、造寺造像を志した人物の名と、病気平癒がその動機であったことを、そういう順序で卓立的に印象づけようという意図に基づく操作の結果であると推定される。そうだとしたら、均衡を大きくくずさない程度に第一行の字数を減らして文字を大きくしたこととの相乗効果によって、原テクストの筆者の意図は十分に達成されている。

3　漢字文に限らず、毛筆で記された書記テクスト一般について当てはまることであるが、与えられたテクストの内容を読み解くだけでなく、どうしてその特定の文字が選択されたのか、また、どうしてそのような書きかたが選択されたのかを、テクストの筆者の立場に立って考えてみることが、所与のテクストを包括的に理解するうえでしばしば有効である。
九十字を五行に配分するという枠づけで考えるとしたら、単純計算で、各行の配分は十八字ずつになる。しかし、「池邊大宮天下治天皇」と「大御身労賜時」とを視覚的に卓立させるために第一行の字数を十六字に減らすと、はみだした二字は次行以下で吸収しなければならない。

二つの文字をどの行に配分するかについては、いくつかの方法があった。

一つの選択は、第二行を二十字（18＋2）にすることであった。そうすれば、大切な第一行を際だたせる効果が大きくなるが、二つの障害があった。すなわち、16：20では二つの行のコントラストが大きくなりすぎることであり、また、第二行と第三行以下との間に意図しないコントラストが生じてしまうことであった。そういう不都合を生じないようにするには、残り四行のどれか二つの行に一字ずつ配分すればよい。ただし、いずれか二行に一字ずつという配分にもいくつかの選択の可能性があった。

もっとも単純な配分は、第二行／第三行を十九字にすることであった。第四行／第五行は十八字のままになる。16/19/19/18/18なら、第一行／第二行の間に三字の差が生じてコントラストが明確になるし、また、第二行／第三行と第四行／第五行との差も小さくなる。

さらに工夫するなら、第二行以下を一行おきに十九字／十八字にする方法がある。そうすれは、第一行だけが卓立されて、あとは、事実上、均等な印象になる、銘文に採用されたのはその方式である。

草稿を作成する段階では各行の字数が十八字であったという推定に基づいて、右のような考察を試みたが、その推定が正しいとしたら、十八という数字の根拠はどこにあったかが説明されなければならない。

十八字からすぐに連想されるのは、仏典のテクストが各行十七字を標準として書写されていることである。十七字経の起源は二世紀の中国にあるとされている（→藤枝）。各行の文字を一定にしたのは、おそらく、誤脱を発見しやすくして校合の便を図るためだったのであろう。行頭の文字も行末の文字も、もとのテクストと一致しており、どの行の字数も一定で、すべての文字が横にきれいに並んでいれば、脱字や衍字はないとみなしてよいから、誤写があっても、個々の文字のレヴェルに限られる。十六字でも十八字でもなく、十七字に固定されるべき積極的根拠があったかどうかは知らないが、実用上、適切な字数の一つであったことは確かである。

経文が各行十七字に固定されていたという事実に基づくなら、この銘文のテクストの第一次の枠づけになった十八字は、経文のテクストと一字の違いである。実際には、コントラストを明確にするための調整がなされたが、結果を見ると、初行は十七字と一字差の十六字、また、それ以下は十八字／十九字になっていて、十七字の行はない。それは、経文の字数にそのまま一致させることを意図的に遠慮した結果と解釈される。

思いがけない不思議な偶然が起こった事例はいろいろと指摘されている。この場合にも、絶対に偶然ではありえないと断言することは控えておくが、右の筋道で考えるなら、①銘文のテクストを起稿する条件として、経文のテクストと一字違いの一行十八字という枠づけが最初に決定され、②その五倍の九十字を総字数としてテクストが作られ、③重要な字句を強調的に印象づけるために各行の字数の再配分がなされたが、その際にも、経文の字数との一致を避けながら、各行がその字数にもっとも近くなるように工夫された、とみなすべき蓋然性がきわめて高い。十八が9×2という、意味のある数字であることにも注意すべきである。

以上のように順序を立てて考えると、綿密な計算のもとに総字数が決定され、また、各行の字数も慎重に再配分されたことになるが、そういう立場で銘文のテクストを見ると、そのような想定を根底から覆すようにみえる現象がある。それは、文字の大きさが一定していないことである。十九字と十八字との行を交互に配分するほど細かい神経を使ったとしたら、文字の大きさにこれほどの幅があることは不審とせざるをえない。しかし、どのような文字が大きくどのような文字が小さいかを検討してみると、この不均衡は、視覚的にメリハリをつけた結果であることがわかる。いちいちについてはきれいに説明できない例が残るが、全体としては、おおむね、文字の大きさが語句の重みに比例している。これは、各行に字数を配分したうえで、それぞれの行のなかでさらに印象付けの工夫がなされたことを意味している。内容を読まずに文字だけを見ると、それが乱雑な印象を与える原因にもなっている。

4

経文のテクストの字数と一字違いにすることが、最初から最後まで一貫していることは疑いない。その事実を、前節には、経文との一致を遠慮したためとみなしたが、すべての可能性について検討したうえでなければ決定的な帰結を導くべきでないという意味で、もう一つ、神道の立場から経文との一致を忌避したのではないかということも検討の対象であることを指摘しておくべきであろう。もしそうならば、一字違いという選択に、神道と仏教との共存の限界が象徴されていることになる。

遠慮と忌避との二つの動因は互いに排除しあう関係になかったから、字義どおりの敬遠――すなわち、敬して遠ざける――ということであったかもしれない。ただし、小論の筆者としては、そういう可能性を指摘しておくだけであって、蓋然性は低いと考える。類例が出てくるなら、そのときに改めて考えなおせばよい。この程度の事実に基づいて推測に推測を重ねるのは危険である。

5　この節に取り上げた事柄は、どの領域の研究でも関心の対象とされてこなかった。いわば、従来の研究の盲点になっていた。そういう事実の存在に気づいたとしても、既成のどの領域にも属さない事柄であった。たとえば、国語史研究の場合、各行の字数の配分などは言語にとって有関（relevant）ではないから、乱雑な印象が気にならない。要するに、このような事柄を正面から扱うことのできる学的な枠組みが用意されていなかった。

書記史の観点から、前節に取り上げた事実に着眼して解析した結果、発願した人物の名と発願した理由とが文章の最初に据えられ、しかも、次行以下よりも大きな文字で書かれることによって、二重に卓立されているという事実が、かなりの確度をもって裏付けられたしたら、効率的伝達のための工夫の一つとして正当に評価すべきである。

言語史研究からのアプローチでは看過される事柄が、書記史からのアプローチで解明され、その結果が言語史研究にフィードバックする価値をもつとしたら、言語史研究の方法が改めて問い直されなければならない。

7　結語

書記の歴史は、大切な情報を効率的に蓄蔵するための創意の歴史である。この小論で指摘したような、もろもろの工夫のあとを書記テクストのなかに見いだし、書記の機能という観点から、その意義を的確に評価することは、書記史研究の重要な課題である。

最後の節で試みた解釈には、事実をもって証明できない推定が含まれているが、あえて解釈を試みたのは、書記について考える場合、〈どのように書かれているか〉という、その〈どのように〉を、さまざまの角度から設定して検討する必要があることを具体的に指摘したかったからである。

如上の解釈に立脚するなら、この銘文のテクストの用字や表現は十分に推敲されたものである。この銘文のテクストは最初期の漢字文として位置づけられるだけに、素朴で不完全な文章であるという先入観で捉えられてきたようにみえるが、それは、メリハリの工夫が乱雑な印象を与えやすいための誤った把握である。一字一句が慎重に吟味されていることは、字数の配分や重要な語句の優先などから明らかであるから、すくなくとも理念的には、最適の字句を最適に配置して構成されているという前提のもとに内容を検討すべきである。

〔引用文献〕
大西修也「再建法隆寺と金堂薬師如来坐像」（小学館ギャラリー・名宝日本の美術・第一巻『法隆寺』・一九九〇年）（注）詳細な「参考文献」を付す。
春日和男「古代の敬語」（講座国語史・5『敬語史』大修館書店・一九七一年）
亀井　孝「古事記はよめるか――散文の部分における字訓およびいはゆる訓読の問題――（『古事記大成』言語文字篇・一九五七年・平凡社／『亀井孝論文集』4・一九八五年・吉川弘文館）

狩谷望之『古京遺文』（一八一八年／『勉誠社文庫』1）
佐藤喜代治『国語史概説』（桜楓社・一九七三年）
新村　出編『広辞苑』（第四版・岩波書店・一九九一年）
高木市之助・五味智英・大野晋校注『万葉集』一（『日本古典文学大系』・岩波書店・一九五七年）
武田祐吉『祝詞』（『日本古典文学大系』、『古事記・祝詞』所収・岩波書店・一九五八年）
築島　裕『平安時代の漢文訓読語につきての研究』（東京大学出版会・一九六三年）
辻村敏樹「敬語史の方法と課題」（講座国語史・5『敬語史』大修館書店・一九七一年）他
東野治之「（法隆寺）釈迦三尊像銘（金堂）」（『国史大辞典』12・吉川弘文館・一九九一年）
東野治之「（法隆寺）薬師如来像銘（金堂）」（同右）
西尾実他編『岩波国語辞典』（第五版・岩波書店・一九九四年）
西田直敏『「自敬表現」の歴史的研究』（和泉書院・一九九五年）
藤枝　晃『文字の文化史』（同時代ライブラリー・岩波書店・一九九一／原著・一九七一年）
松村明編『大辞林』（三省堂・一九八八年）
峰岸明①「変体漢文」（国語学会編『国語学大辞典』・東京堂出版・一九八〇年）
峰岸明②『変体漢文』（『国語学叢書』・東京堂出版・一九八六年）
宮沢俊雅「金石文」（国語学会編『国語史資料集』・武蔵野書院・一九七六年）
吉沢義則『国語史概説』（立命館出版部・一九三一年）

＊「法隆寺金堂薬師仏造像銘札記」（『愛文』第28号・愛媛大学法文学部国語国文学会・一九九三年一月）を大幅に増補／改稿。

第七章　書記テクストの包括的解析

『讃岐国司解端書』を例にして

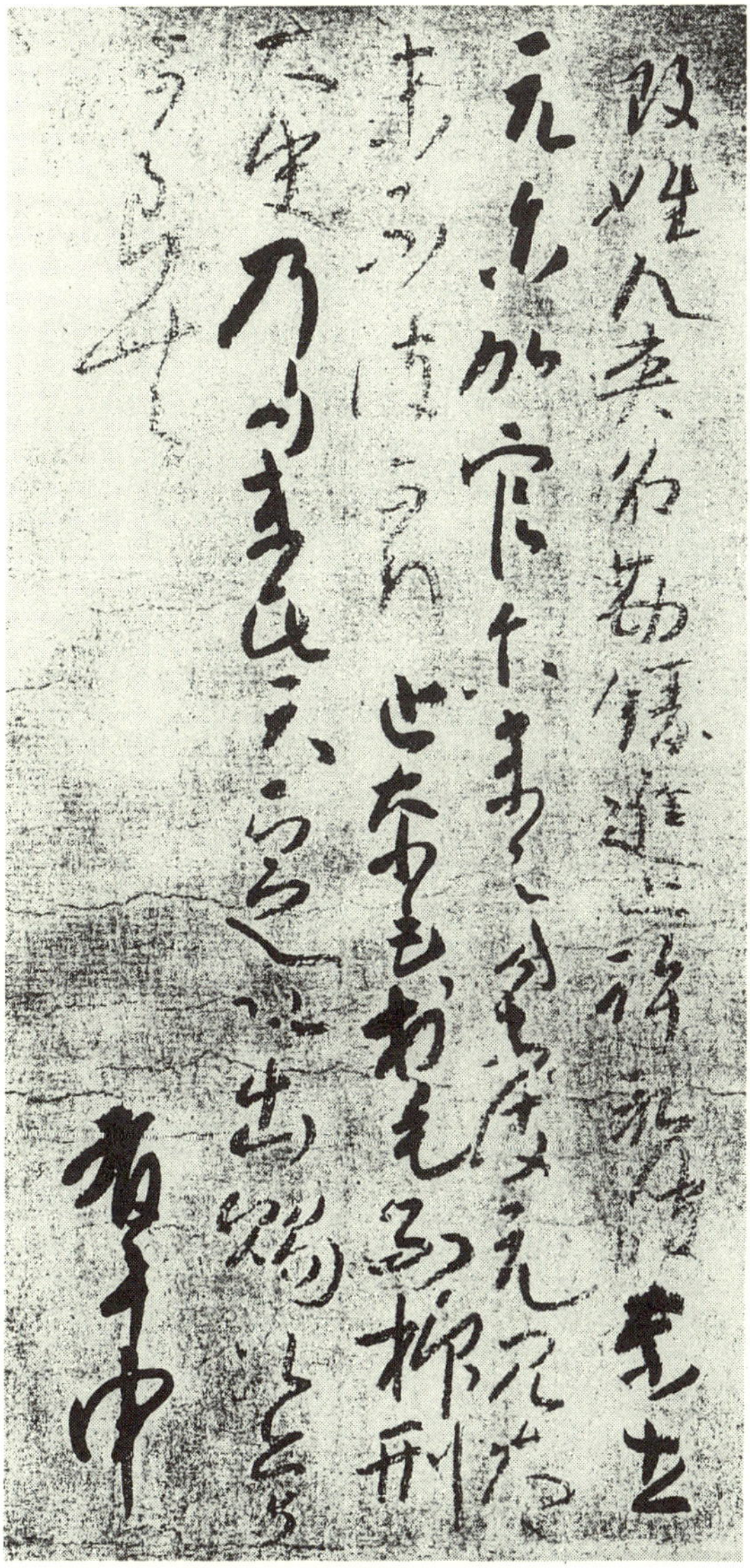

図版14　『讃岐国司解端書』

0 導言

1　本章に指摘する事柄を以下に列挙する。抽象のレヴェルを高くすれば、すべてが❶と❿とに収斂する。

❶書記テクストはコヘレント（coherent）なテクストとして包括的に解析すべきである。

❷書記テクストを特定の研究に利用する場合には、まず、それが書かれた目的を確認すべきである。

❸文字や書記に関する研究は、資料とする書記テクストに、どのような事柄が、どのように記録されているかを確認したうえでなされなければならない。

❹一次的目的が美的表現にある書記テクストは、事柄の記録を目的とする書記テクストと区別して取り扱う必要がある。

❺毛筆で書かれた書記テクストは、他の筆記用具によるものよりも、言語外的諸要因を細かく顕在させることができる。

❻書記テクストでは、様態が伝達上の重要な役割を担っている。様態は文体と連動している。

❼漢字文では日本語の微妙な含みが表現できないし、和字文は事柄の客観的記録に適していない。『讃岐国司解端書』には、漢字文／和字文が、それぞれの特質を生かして使い分けられている。

❽『讃岐国司解端書』の和字文は丁寧で柔らかな口頭言語の文体である。

❾漢字文はすぐれてフォーマルであり、和字文はインフォーマルであった。フォーマリティーの度合いは書体／字体や文体の差にも顕現される。

❿書記は、書く立場よりも読む立場を優先させて捉えなければならない。

2　小論で使用するいくつかの用語について簡単に説明を加えておく。

◇借字……「耶麻（山）／久毛（雲）」などのように、六書《りくしょ》の仮借《かしゃ》の原理に基づいて漢字を転用し、日本語を表記した表音文字。〈万葉仮名〉という名称がふつうであるが、『万葉集』は文学作品であり、「河波」「孤悲」などをはじめ、用字にも文学的な工夫が多くみられるから、実用的な表音文字をさす用語として適切ではない。この用語の直接の典拠は、承暦三年（一〇七九）抄本『金光明最勝王経音義』にある。〈真仮名〉という名称もあるが、矛盾を含む命名であるから使用しない。

◇草仮名……個々の文字ではなく、テクストあるいはそのなかの特定部分に使用されている表音文字全体としてみた場合の名称。必ずしも個々の文字が草書体とは限らず、楷書体に近い字体が交えられていても、連綿の有無を指標として借字と区別される。

◇仮名……日本語の散文を表記するために、連綿や墨継ぎなどによって語句の境界を明示できるように発達した表音文字の体系。仮名は仮名文に使用されている。

◇漢字文……日本語に基づき、中国語古典文の構文規則を利用して、漢字で綴られた書記様式。

◇和字文……借字あるいは草仮名と漢字表記の漢語とを交用して日本語の文章を綴る書記様式。美的表現を目的としない点で片仮名文と共通する。和字文は漢字文と親和性をもつ。『讃岐国司解端書』にも『円珍病中上申案文覚書』（→第9節）にも、漢字文／和字文が交用されている。和字文は、美的表現を目的とする仮名文と対比される。

◇テクスト……ひとまとまりの内容を伝達するために組み立てられた言語表現の単位で、テクスト解析（ディスコース分析）の対象である。書記テクストを資料とする言語研究では、テクスト言語学と文献学との方法が密接に関連する。

書記テクストは全体が不可分である。いかなる目的の研究でも、テクストとしての包括的把握が先行しなければならない。大切なのは、所与の書記テクストに、どのような情報がどのように記録されているかである。なお、本書で考察の対象とするのは発話されたテクストではなく書記テクストだけであるから、自明の場合には、書記テクストだけを指してテクストとよぶ。

3

『讃岐国司解端書』は、国語史研究や書道の領域で、いわば基本資料の一つとみなされているために、これまでにもしばしば引用されたり言及されたりしているが、実際には、コヘレントなテクストとして把握されることなしに、それぞれの研究者の興味に合わせて断片的かつ恣意的な〈つまみぐい〉がなされてきた。そのために、それらの領域の研究にとって重要であるはずの事柄が見逃されたままになっている。

このテクストについて指摘されてきたのは、いずれも、他に類例が見いだせないとか、希少な例であるとかいう事例であり、そういう事例が、どうしてこの書記テクストに認められるのかについては考えられていない。総字数が六十字にも満たない片々たるテクストを解析するのに、包括的解析を標傍し、テクスト言語学を持ち出して足場を組んだりするのは、鶏を牛刀で割こうとするに等しいと考えるべきではない。解析の方法はテクストの総量に関わらない。

『讃岐国司解端書』のような文書を検討の対象とするなら、まず、全文を楷書体に改め、句読を施し、漢字文の部分を訓読した〈釈文〉を最初に示すのが通例であるが、あとに述べる理由から、墨書のテクストについて直接に検討を加える（↓図版14）。いわゆる釈文に近い形の書き換えは第4節に示す。

1　従来の研究

1　冒頭に示した「図版14」は、『讃岐国司解』（八七六年）の右端に、解文と離して書き添えられた文書である（→図版19）。『讃岐国司解端書』『有年申文』などとよばれており、名称は一定していない。ただし、『讃岐国司解末記仮名文』（→吉沢①）は事実誤認に基づいた命名である。

当然ながら、この文書は解文の内容と密接に関わっているが、以下には、その事実を確認したうえで、便宜上、独立の、あるいは、半独立の書記テクストとして取り扱う。

『讃岐国司解』には、因支首から和気氏に改姓したいと希望する人たちの名簿が記されており、そのなかに智証大師円珍の名があることから、円珍関係文書の一つとして知られている。この解文は国司から太政官に提出されないままになり、申文のなかに「刑大史」とよばれている刑部真鯨の仲介で円珍がもらい受けたものであるという（→佐伯）。

この文書は、大矢透の『音図及手習詞歌考』（一九一八年）に、つぎのように紹介されて以来、平安初期の草仮名文献として広く知られるようになった。

是弘仁より天暦に至る大略百年の間に人々実際に使用せる草仮名の概略を知るに足るべし。而して最も簡略の体を必要とする傍訓は勿論、ふつうの文書に於いても、若し伊呂波字の如き略体の仮名あらんには、盛に之を使用すべきなるに、一二字類似のものを除きては他は悉く伊呂波字以外のものなるにて当時、まだ空海作などいへる極略草の伊呂波歌の無かりし一証となすに足るべきなり。

このテクストに使用されている表音文字を、大矢透は、上代の借字から極略草の仮名に発達する過渡的段階にある草仮名とみなしている。「伊呂波字」との関連で説明されているのは、「手習詞歌」が同書の主題だからであり、「伊呂波字」が「略体の仮名」で作られたという前提で考えられている。

2　米田雄介は、この申文のテクストに使用された表音文字について、「後の平仮名の原初形態を示しているものもいくつか見ることができる」として具体例を指摘したあとに、「漢字の草体から、日本独自の仮名の発生を窺わせる根本的な史料ともいってもよいと思う」と述べ、「しかし、この文書はまだ完全な仮名書きではなく、漢字すなわち真仮名から平仮名への過渡期のものといっても差し支えのないものである」と結んでいる。

助詞モが多用されているために全体が曖昧であるだけでなく、「完全な仮名書きではなく」という表現が、①全文を仮名だけで書かずに漢字文を交えているという意味なのか、それとも、②仮名とよべる段階にまで字体が漢字から遊離しきっていないものが残っているという意味なのか判然としない。

国語国文学者でもあり書家でもあった吉沢義則は、「草仮名から女手に発達する道に、男女の二筋あったという架空論」が「日ごろの私の持論」であるとして、「讃岐国司解なる藤原有年の奥書に用いられた仮名などは、男子所用の草仮名であって、自家集切の仮名と系統を同じうするものである」と述べている。その当時、女子は極略草の仮名をすでに使用していたが、ここに使用されているのは、それと別系統の、男子所用の草仮名であるという考えである。しかし、女性が極略草の仮名を使用していたのに、男性がそれを使用しなかった理由については説明がない。右の「架空論」に基づくなら、男性の男性らしさ／女性の女性らしさにでも理由を求めるほかはないであろう。

右の「架空論」では、女性と男性とが、それぞれの草仮名を用いて、どういう事柄をどのように書いたのかが問われていない。文字は書記テクストを書き記すためにあるという事実を棚上げした「架空論」だとしたら意味がない。

3　小林芳規②は、全文を楷書体に書き改め、区切りを施したテクストを示したあとに、つぎの解説を加えている。

仮名はその発達史上、平安初期の男子による、「さう(草)」の体を知る一つとして重視される。また実用的な仮名文の初期の様相が知られ、用語の係助詞「なも」、撥音「な(何)せむ」も国語史上注目される。

数十年を隔てても、吉沢義則の「架空論」から一歩も出ていない。また、このあとに発達したはずの「実用的な仮名文」が具体的にどういうテクストをさすのかも明確でない。

あとで明らかにすることを先取りしていうなら、この申文は公的事務に関わる非公式の書簡である。それに対して、後述する伝紀貫之筆『自家集切』(図版16)は、美的表現を一次的目的とする歌集である。目的をまったく異にするこれら二つの文献に使用された表音文字を、「系統を同じうする」男性の草仮名として一括したのでは書記の本質を無視することになる。ここにいう書記の本質とは、どのような情報をどのように記録するかということである。文字そのものに自律性があるかのような認識のもとに書記について議論すべきではない。

4　中田祝夫は、この申文の歴史的背景を説明したあとに釈文(引用略)を示し、つぎの解説を加えている。

国語の上でも「ナ(何)セムニ」「マ(申)シタマハム」などに音便が現われ、助詞「ナモ」が残っているのが目立つが、その仮名が平仮名(女手とも)になる以前の草仮名(=単に「草」とも)であることが特に注目される。

これに関して、貞観年間にまだ極略草の(女手)ができていなかったとする説(=大矢透『音図及手習詞歌考』)と、当時はすでに平仮名ができていたかもしれない、ともかくこの申文はそれにかかわらないとする説（＝吉沢義則『昭和新修日本古筆名葉集』）とがある。公用文書の漢文書の初めであるから、平仮名ではなく、草仮名となっているとし、草仮名は男・女ともに用いたとするのである。「奈世无尓加」の「加」を脱して「ナ(何)セムニ」とし、釈文に「何トカシテ」と注記していることは修正されなければならない（→馬淵）。また、大矢透と同じ立場で、「その仮名が平仮名になる以前の草仮名である」と説明したあとで、改めて二つの立場が紹介されているが、国語史研究のおおよその水準はこのあたりにある。なお、吉沢義則の著書の引用は誤りである。

右の解説に指摘されている事柄は、つぎの四項に整理される。

①〈音便〉が現われていること。

②助詞ナムの古形ナモが残存していること。

③ここに使用されているのは、「平仮名になる以前の草仮名」であること。

④仮名発達史上、この文献の草仮名をどのように位置づけるべきかには異説があること。

「奈世无（尓加）」と「末之（多末波无）」との二つの縮約形が〈音便〉として指摘されているのは、その時期に音便が存在したことの証拠としてである。また、助詞「奈毛」の使用が指摘されているのは、九世紀末葉になっても、まだ、ナムに変化していない語形が使用されていた証拠としてである。古典的国語史研究が、新しい語形の出現や古い語形の残存に反射的に反応するのは、国語史研究が本来的に編年史を指向してきたからである。

新しい語形の出現や古い語形の残存の証拠を見いだして国語史年表を更新しつづけることだけに重きを置かず、そういう事象が見いだされるのは、どういう目的の、どういう書記様式のテクストなのかについて十分に目を配るべきである。比喩的にいうなら、所与の植物標本の形態的特徴は、採集された場所の自然環境との結び付きで、適応／進化の観点から説明されなければならない。

5　堀江知彦は、書家の立場から、この申文の仮名字体について、つぎのように解説している。

当時、既に平仮名が出来ていたかも知れないのであるが（略）、申文のようなやや儀式ばったものを書く場合には、やはり一応点画の整った字体を用いてこそ、その時の緊張した筆者の心持ちに相応しいものとなるであろう。こう考えると、この申文の草仮名を以て当時まだ平仮名が発達していなかった証拠とすることは何としても早計となるであろう。

すでに仮名は使用されていたが、申文は多少ともフォーマルな文書であるから、かしこまった態度を表明するには、極草体の仮名よりも、楷書体に近い草仮名のほうが適切だったということである。

仮名ができていたら、それを使わなかったはずはないという大矢透の考えに対して、堀江知彦は、仮名ができていても、フォーマルな文書に使用すべき文字体系ではなかったと考えている。卑近な例をとるなら、ボールペンを持っていても、祝儀袋は筆ペンで書くといったたぐいのことであるから、後者のほうが、書記様式の現実的運用のありかたに即している。どういう事柄がどのような姿勢で書かれているかについて考慮されていることは、吉沢義則の「架空論」に比して大きな進歩である。ただし、冒頭の一節が漢字文で書き始められており、途中にも漢字文が交えられているにもかかわらず、漢字文／和字文が交用されていることの意味について考えることなしに、草仮名だけに注目しているために、著しく説得力に欠けている。

フォーマルな文書であるとしたら、漢字文／和字文を交用したりするよりも、全文を漢字文で綴ったほうが「緊張した筆者の心持ちに相応しいもの」になったはずではないかという単純な疑問に、右の説明は答えることができない。

堀江知彦の説明は、さらに続いている。

書風を見ると第一に気のつく点は、いかにも無造作に書かれていることである。無造作とは、奈良時代からこの平安時代の初期にかけて殆ど絶対の権威となっていたらしい王羲之の書風などと真正面から取り組んで刻苦して成ったと云った感じがまったくしない。もっと自由に気楽に筆を運ばせているという意味である。

ここにいう書風とは、もっぱら、漢字の書風であろう。中文の筆者は緊張した心持ちに相応しい字体として草仮名を選択したが、漢字のほうは無造作に、また、自由に気楽に筆を運ばせているという説明は、表現に即して理解するかぎり明白な矛盾である。

その部分の説明は、つぎのことばで結ばれている。

（略）いかにも豊潤な筆触といい、悠揚迫らぬ運筆といい、見る者の心をおおらかに豊かにする一種の風格をもっている点で、やはり注目に値する筆跡だと思う。

ともあれこれは平安時代初期の書道を考えるうえからも、又仮名の発達史の上からも極めて大切な資料と云わねばならない。

筆触とか運筆とかいうたぐいの用語は、書家以外の立場からみると、厳密な定義なしに、いわば、以心伝心で書家の間に通用しているようにみえる。いずれにせよ、そういう印象は多分に主観的であるから、門外漢が当否を論じても意味をなさないが、中文の草仮名が、書道の作品として書家の立場から高く評価されていることは明らかである。書道の作品としての評価とは、美的表現の達成としての評価という意味である。

中文に使用されている表音文字は、中田祝夫による前引の解説にも、平仮名（女手）になる以前の草仮名として位置づけられているが、仮名ないし女手とは、美的な内容を美的な語句や表現で叙述する仮名文を書き記すのにふさわしい洗練された文字であり、こういう実用的文書とは無縁の場で使用されるものであった。ちなみに、「女手」とは、女性専用の文字体系という意味ではない㊟。

6　証拠となる資料が極端に少ないために、仮名が美的な文字体系として洗練されるまでの過程を跡づけることは困難である。しかし、〈草体化〉が漸移的に進行したはずだという前提のもとに、中文のテクストに使用された表音文字の、仮名としての成熟度を測定したりすべきではない。

美的表現を指向したり意識したりして書記テクストを書くことと、所与の書記テクストに美を見いだすこととは別の事柄である。毛筆で書かれた文字を、すべて鑑賞や批評の対象とするのも一つの立場であろうが、この中文の筆者は、文字による美の表現を、すくなくとも一次的には指向していない。

〈借字→草仮名→仮名〉という単線的な発達過程を思い込みで仮定（presume）し、その当時、極草体の仮名が成立していたかどうかを論じたりするまえに、この中文のテクストが、事実上、書道と無関係の文字運用であることを確認しておくべきである。仮名が成立していてもこのような文書に使用されることはないからである。『自家集切』とこの中文とに使用された表音文字を一括して〈男子の草仮名〉とみなし、〈女子の草仮名〉と対比するような「架空論」を立てたりするまえに、それぞれのテクストの書かれた目的がまったく異なることを認識すべきである。

表音文字は、語句のなかに綴られることによって——すなわち、文字連鎖の一環となることによって——、十全に機能する。それぞれのテクストが、どのような目的で作成され、どのような文字をどのように運用して書かれ、テクスト全体がどのような様態を呈しているかを見きわめることが大切である。

従来の諸研究には右のような観点が欠如していたために、それぞれのテクストに使用された〈草仮名〉について、テクストの内容や様態と無関係に、個々の文字の外形や、部分的な連綿などが指摘され、断片的に議論がなされてきたことは反省されなければならない。

大矢透が草仮名文献として紹介して以来、国語史研究でも書道の分野でも、このテクストは、もっぱら草仮名が注目されてきた。「奈世无尔加∧何せむにか」と「末之∧申し」との二つの〈音便〉が使用されていることや、係助詞ナムの古形「奈毛」の残存などが指摘されているが、どちらも和字文で記された部分に認められる現象であって、漢字文で記された部分との関連は考慮されていない。このテクストは日本史研究の資料でもあるが、その領域では、もっぱら、史実との照合に関心が寄せられており、言語レヴェルの理解がおろそかになっている。

7　国語史研究の領域では、過去の日本語に関する情報が記載されている文献を一律に国語資料とか国語史料とかよんでいる。漢字文のテクストは、まず訓読して日本語の文章に直し、仮名文／片仮名文の場合には、現行の平仮名／片仮名と相違する字体を活字体に改め、そのうえで内容を検討するという手順を踏むのが定石になっている。換言するなら、訓読したり翻字したりしたうえでなければ研究が始まらないという考えかたが支配的であるが、そのようにして作成された二次的テクストを事実上の資料として考えることによって、もとのテクストの真の姿が覆い隠されてきたことを認識すべきである。同様に、テクストの文字連鎖から個々の文字を取り出し、字体などについてだけ論じても意味をなさないことを指摘しておきたい。当面の課題に即して言うなら、『讃岐国司解端書』のテクストを鉛筆やペンで書き写したり、あるいは、活字に置き換えたりしたら、行書体の文字も草書体の文字も楷書体に転換され、墨色の濃淡が一律になり、連綿は分離されるために、書き手の態度や心理を反映した筆づかいの細かな相違が捨象されて、この申文の特徴的様態が抹消され、無表情になる。

毛筆で記されたテクストを研究対象とする場合には——ということは、事実上、ペンや鉛筆などの筆記用具が導入される以前の日本における、あらゆる書記テクストに当てはまることであるが——、訓読や翻字に着手するまえに、テクストの様態を観察することが不可欠の手順である。ここにいう〈様態〉とは、擬人的に表現するなら、所与の書記テクストの姿態や表情に相当する。
『法華百座聞書』（一一〇三年）や天草本『平家物語』（一五九二年）『エソポの寓話集』（一五九三年）などのように、口語資料とよばれ、実質的に口頭言語と等価であるかのように扱われている書記テクストもあるが、語彙や語法において口頭言語の特徴が濃厚なだけであって、プロソディーや言語外的諸要因がすべて捨象されているから、発話の忠実な転写ではない。言語外的諸要因とは、強弱／緩急／間《ま》のとりかたなど、要するに、ことばのメリハリである。毛筆によるテクストの場合には、文字の太さ／大きさ／濃淡などを自由に変えることができるので、ペンや鉛筆など、他の筆記用具と比較にならないほど微妙なメリハリをつけることが可能である㊟。

書道の作品では、書体の違いや筆づかいの違いなど、毛筆の操作が美的表現の追究に向けられるが、この中文は、事務的内容を個人レヴェルでインフォーマルに伝達することを目的としているために、毛筆の微妙な操作が、言語外的諸要因を表わすことに向けられている。そういう姿勢が、テクスト全体の様態として顕現しているから、無表情な活字に置き換えたのでは筆者の物腰がとらえられなくなる。

様態は毛筆による書記テクストのインテグラルな要因であるから、活字翻刻はあくまでも便宜的手段にとどまることを確認しておきたい。もとより、それは〈草仮名〉に限らず、広く当てはまる基本原理である。

2　テクストの様態

1　前節で批判的に紹介したように、この文書については、編年的国語史や書道史の観点から特徴的とみられるいくつかの事実が指摘され、また、さまざまの見解が表明されてきたが、もっとも基礎的な事柄を確認することなく、断片的な事象が恣意的に取り上げられてきたことは否定しがたい。したがって、必要なのは、従来の研究を惰性的に延長せず、原点に立ち戻って検討し直すことである。端的にいうなら、蔵の片隅からこの文書を偶然に発見したかのような条件で眺めてみることである。

この文書のテクストから最初に受ける印象は、乱雑と言わないまでも、全体が端正には書かれていないことである。それは、主として墨色に著しいムラがあるためである。個々の文字も、さほど入念には書かれていないようにみえる。といっても、悪筆ではないし、投げやりに書かれているわけでもない。堀江知彦は、草仮名の書風について言及せず、漢字の書風について、「自由に気楽に筆を運ばせている」と評しているが、ともかく、文字を上手に書こうとしたテクストではない。

つぎに気になるのは、たかだか六十字弱の文書のなかで書記様式が一貫していないことである。最初の九字は漢字文であるから、事情につうじていた人物なら斜めに読んでも内容は理解できたはずであるし、現今の我々を含む第三者にも、一読しただけで大略は見当をつけることが可能である。しかし、その直後の「許礼波」以下の部分は、いくつかずつの文字を意味のまとまりごとに順にまとめながら読み進まなければならないから、読み取りの速度が急に遅くなる。ただし、後述するように、途中に出てくる「官」は漢字表記の漢語である。

国語史の研究者も書家も和字文の部分だけを関心の対象にし、それに先行する漢字文の部分と、和字文中で漢字文風に書かれた部分とを軽視し、あるいは、無視してきた。本章で〈包括的解析〉を表題に掲げたのは、そのような〈つまみぐい〉をしたのでは、この文書のテクストを――そして、ほかのすべての書記テクストをも――理解できないだけでなく、個々の事象についても正確な位置づけができないことを具体例について指摘するためである。

この文書は、特定の事柄を特定の相手に伝えようとしたものであり、中文全体が一つのまとまったテクストとして構成されている。具体的にいうなら、漢字文の部分と和字文の部分とは不可分に結び付いている。

右の観点からとらえるなら、この程度の短いテクストで、漢字文／和字文が交用されている理由が改めて疑問になる。すくなくとも、この文書のテクストは、漢字文／和字文が水と油との関係にあったわけではないことを、事実をもって証明している。

たとえば、最初の決まり文句は漢字文で綴れたが、あとが続かず、表音的方式に切り換えたのであろうというたぐいの想定は現実に即していない。このテクストでは、漢字文／和字文の間になんらかの機能分担がなされていると考えるべきである。論述の都合で、二つの書記様式の使い分けに関する原理的な検討は後回しにするが、小論の筆者は、そういう疑問を考察の出発点にするのが自然であると考える。

2　冒頭の漢字文は——解文に添えられた申文として当然ながら、形式としても——、このテクストが公的案件に関わることを示している。しかし、そのあとは公文書にふさわしくない和字文に切り換えられており、しかも、末尾の署名は草書体で「有年申」とあるだけで、官位も姓も、また、宛名も日付も記されていない。解文の筆録者は別人であろうが、その末尾には官位と姓とが記されたあとに、草書体でなく端正な楷書体で「有年」と自署されている。この申文は、解文とともに太政官に提出されることはないという前提で書かれている。

右の諸事実を総合するなら、用件は公的であっても、このテクストは公式に提出されたものではなく、いわば、公的案件について非公式に打診したとか、国司に対して個人的意見を私的に具申したとか、そういうたぐいの申文である。

一般に、書記の一次的機能は、必要に応じて参照できるように情報を蓄蔵しておくことにある。書記テクストを作成する目的は、読まれるため／読ませるためであるから、正確かつ迅速に読み取れることが、もっとも大切な条件である。ただし、この申文のように特定の人物を対象とする書記テクストの場合には、当然、その相手に与える印象や反応も計算されているはずである。

もとより、漢籍や仏典などのテクストを端正な文字で綴ることも原理的には同じであるが、それは一つの類型として把握される。しかし、このような個人レヴェルの文書の場合には、読み手に対する書き手の姿勢がテクストの様態に忠実かつ微妙に反映される。具体的にいうなら、相手に対する姿勢によって特定の書記様式が選択され、その書記様式に適合する語句や表現が選択される。そして、筆記用具が毛筆であるから、そういう姿勢が文字のくずしかたの度合いや全体の運筆にも反映される。解文と別の料紙が用意されていないことは、この申文が、解文と直接に関わる事務的な案件を記したものであることを示唆している。日常卑近の例をとるなら、現代でも、瞥見しただけで、葉書であるか封書であるか、封書なら事務用であるか和紙であるか、ペン書きであるかボールペンで書かれているかなどの違いによって、用件の種類や丁寧さの度合いなどがわかるのと同じことである。時代が変われば手段が変わるだけであって、それは、いつの社会にも共通する現象である。平安時代には、事実上、毛筆が唯一の筆記用具であったから、その運用のしかたに大きなウエイトが置かれているのは当然であるし、読み手もまた毛筆を常用していたから、自己の経験に基づいて、書き手の姿勢を反射的に感じとったはずである。

3　書記テクストそのものを研究対象としたり、あるいは、書記テクストを資料としたりしてなされた従来の研究が、もっぱら書く立場だけで考えられてきたことは、方法のうえで厳しく批判されなければならない。読む立場を考慮せずに書記テクストを綴ることは、事実上、ありえないからである。たとえば、特定の漢字に特定の訓を一対一の関係で対応させて使用するのが『古事記』の撰録者の用字方針であったとか、あるいは、平安時代には撥音や促音を表わす仮名がなかったために無表記になっているとか、そういうたぐいの説明は、読む立場を無視した、——したがって、書記の本質を取り違えた——妄論である。記録された情報を正確に読み取ることのできない書記テクストでは意味をもちえない。

毛筆で記された書記テクストを、話線に従って配列した文字の単純な集合としてとらえるべきではない。表音文字とか音節文字とかいう用語の意味を字義どおり皮相に理解したり、活字に翻刻されたテクストを原テクストと等価とみなしたりすると、そういう誤った認識に陥りやすい。

仮名文の場合には、連綿や墨継ぎなどが、語句のまとまりを標示する機能を果たしている。複数の文字のまとまりが表語機能を発揮する点で、仮名の機能はアルファベットと共通している。この中文の和字文もまた、読まれるために書かれたものである以上、なんらかの形で読み取りの効率が図られていないはずはない。

4　濃淡のコントラストが、この中文のテクストの様態を特徴づけている。濃淡の違いによってブロックが形成されているために句節がとらえやすい。中国語古典文や漢字文の場合には、テクストを構成する個々の文字が意味を表わしており、構文の指標となる文字も随所に交えられているが、この中文の和字文では、濃淡によって区切りをつけた書きかたが、正確で迅速な読み取りに貢献している。もし、これと同じ文字連鎖による和字文を漢籍や仏典などのように端正な様態で書き記したなら、句節の境界を判別するのが困難になり、読み取りの効率は著しく低下するであろう。

3　草仮名とその運用

1　冒頭の漢字文の末尾に「進上」とあるから、これは、上級官庁の責任者にあてた、公的案件に関わる中文である。ただし、この漢字文が楷書体でなく行書体であることは、その案件に関する意見を非公式に伝えようとしたことを示唆している。行書体がインフォーマルな文書であることを端的に示唆しているから、相手は、内容を読むまえに、中文の筆者のそういう態度を、無意識のうちに、しかし、確実に察知したはずである。

2　右の推測が正しいとしても、それ一つだけが漢字文を選択した理由であったとは限らない。「改姓人夾名勧録進上」と同じ内容を和字文で綴ったらどうなるであろうか。あえてここではそれを試みないが、一目瞭然という漢字文の特徴が失われ、手間をかけないと読み取れない文章になったことは確実である。

太安万侶は、『古事記』のテクストの用字方針を、その序文で、つぎのように説明している。

已因訓述者、詞不逮心、全以音連者、事趣更長、是以、今或一句之中、交用音訓

簡単に要約するなら、テクスト全部を漢字文で表意的に表記したのでは、もとの日本語の含みが伝わらないし、逆に、テクスト全部を日本語で表音的に記したのでは、読み解くのに手間がかかりすぎる。いずれにしても実用にならない。そこで、表音的書記様式と表意的書記様式とを交用するということである（→総説）。

『古事記』の撰録者は、「上古之時」の言語に基づく叙述だけに限定して右のように述べているが、二つの書記様式の長短に関わるこの基本原理は汎時的に当てはまる。本来的にいって、漢字文は事柄の記録に適していたが、日本語の含みを生かした伝達はできなかった。

「改姓人夾名勧録進上」という漢字文は、語句の配列が日本語の構文と一致しているから――あるいは、一致させてあるから――、〈改姓する人たちの名簿を記録して提出します〉という趣旨は、訓読するまでもなく容易に理解できる。当時、この程度の漢字文が訓読されることは、事実上、なかったであろう。「改姓人」が、〈改姓した人たち〉であるのか〈改姓を希望している人たち〉であるのかは、事情を知っていればすぐに理解できる。逆に、事情を知らなければ、字面だけでは理解できない。それは、漢字文の曖昧さではない。いずれにせよ、これは、日本語の含みを生かして提示しないと誤解や不都合を生じる事柄ではない。楷書体でなく行書体を選択することによってフォーマリティーの度合いを減じているのは、日本語に限らず、毛筆の運用一般に関わる事柄で

あるし、他の文字体系の運用にも認められることである。

以上を要約するなら、主要な案件を漢字文で書いた理由は二つあったと考えられる。すなわち、その一つは、公的案件であることをこの書記様式で最初に明示することであり、もう一つは、この部分に関して、日本語の含みを生かした表現をする必要がなかったことである。

3　漢字文によって案件を明確にしたあと、申文の筆者は和字文に切り換えている、前項で導かれた帰結に基づくなら、簡潔明瞭な漢字文の長所を捨てて、あえて、読み取りに手間のかかる和字文によったのは、以下に記されている事柄については、日本語の微妙な含みを生かした表現が必要だったためである。すなわち、「已因訓述者詞不逮心」という理由からであった。ただし、当時の人たちなら、この表現の含みが反射的に感得できたはずであるが、表現の含みに細心の注意を払わないと現代の我々にはそれができなくなっている。

この申文が、非公式の、あるいは、半公式の〈もちかけ〉であったとすれば、漢字文だけでなく和字文の文体も、そして、用語や表現も、そういう姿勢にふさわしいものでなければならない。借字を草書体にして連綿や墨継ぎによる語句のまとまりの標示を部分的に導入した草仮名が和字文の表記に使用されている事実も、文体との調和として説明可能なはずである。

大矢透も中田祝夫も、この申文のテクストの草仮名が、借字から仮名が形成される過程の中間的段階にある字体であるとみなしている。この点に関して、財津英次は、つぎのように指摘している。

漢字の草書体から日本独自の仮名が発生していく過程をうかがうことができる。しかも、その書写年代と筆者を明らかにする仮名文の古例として書道史上特筆すべき重要資料である。

また、古谷稔は、つぎのように、仮名の発達過程の一段階を確実にとらえうるものとして、このテクストの草仮名に注目している。

年記のある文書に付された申文の中の草仮名が、九世紀後半の仮名の姿としてとらえられる点で貴重である。楷書／行書／草書という不連続の名称があり、それぞれに典型的書体もあるが、実際には連続している。典型的草書体の域を超えてさらにくずされた仮名の書体は極草とか極草体などともよばれている。

このテクストの場合、漢字文あるいはそれに準じる部分に行書体が選択されたことによって、和字文の表音文字には、漢字文と容易に弁別できるように、行書体よりさらに一段とくずした草書体が選択されている。ということは、漢字文が楷書体で書かれたなら、和字文の草仮名は、この申文のテクストよりもくずしかたの少ない書体で――すなわち、行書体の側に多少とも近づいた書体で――、書かれた可能性があることを意味している。大切なのは、表意的用法の漢字と表音的用法の文字とが外形的特徴を手掛かりにして容易に弁別可能なことであった。ただし、連綿の有無も両者を区別する重要な指標であるから、外形的特徴は書体だけに限らない。

一般に、同一の人物が書いても、フォーマリティーの度合いに応じて文字をくずす度合いは可変であった。また、右に指摘したように、このテクストの場合には、表意的に使用された漢字の書体との相対関係で、くずす度合いが調整されている可能性がある。したがって、このテクストの表音文字が「日本独自の仮名が発生していく過程」にあるというように、時間軸上に単純に定位すべきではない。すなわち、この時期にはここまで草体化が進んでいたとみなすのは誤りであって、申文の内容にふさわしい様態を形成するために、この程度にくずした書体が使用されているとみなすべきである。そうだとしたら、この和字文の草書体は、漢字文の行書体とともに、このテクストのフォーマリティーが高くないことの指標である。換言するなら、有年が和字文を書く場合に、いつでも、これと同じ書体の草仮名を使用したとは限らないということである。

4　大矢透がこのテクストの表音文字を草仮名と規定して以来、それが無条件に受け入れられてきたが、〈草仮名〉という用語が、かなり曖昧に使用されていることを指摘しておかなければならない。『源氏物語』『枕草子』などの仮名文学作品に「さう」という語が使用されており、伝存する書記テクストのなかにも、借字の面影を濃厚にとどめる表音文字を使用したものがあることから、それら二つの事実が安易に結び付けられたために、概念規定が曖昧になってしまったようにみえる。

仮名の源流は上代の借字にある。後世の写本を含めて、上代文献のテクストには楷書体の借字が使用されている。それに対して、標準的な仮名の書体は、草書体というよりも極草体である。

観念的に考えると、楷書体の借字から極草体の仮名にまで発達する中間過程には、行書体よりさらにくずされて、草書体に相当する書体が使用された時期があったと想定される。すなわち、下表に示すような模式による変化である。

上代	平安初期	平安中期
楷書体	草書体	極草体

しかし、伝存する書記テクストに基づいて、そういう漸移的発達過程を跡づけることはなされていないし、できそうもない。吉沢義則が「架空論」とか「日ごろの私の持論」とかいう表現で提示せざるをえなかったのも、伝存する証拠をもって裏付けることができないからである。

小林芳規は、仮名の草体化の過程について、つぎのように述べている（小林②）。

> 万葉仮名の草体化が馴致され遂には元の漢字から独立して国語音を写す独特の仮名に進むには、長い時間と洗練を要したであろうし、個人差もあったであろうから、その過渡の時期には個々の字形としては、草体と一線を画しがたいものもあり、（略）

この文脈における「馴致」の意味は明確でないが、漸移的過程を経たことを意味しているのであろう。「長い時間」の、その長さを具体的には規定できないにしても、徐々に草体化が進行し、日本独自の表音文字が形成されたという、証明されていない前提で考えるなら、文献上の跡づけが可能であろうとなかろうと、相当に長い期間を要するのは当然である。そういう前提が、おそらく、右の推定の根拠になっている。しかし、その推定の盲点は、楷書体の借字と極草体の仮名とを漸移的変化の両端に位置づけ、前者から後者への移行が日本において生じたと思い込んでいるところにある。

初期の片仮名には、省画だけでなく草体化の方向もあったことが指摘されているが、全体としては省画による非漢字化の方向が支配的になり、現今の片仮名の原型（prototype）が形成された。その中間的過程には、多様な字体が使用されており、漸移的過程を経てそれぞれの片仮名の字体が安定した。片仮名の字体が確立されるまでには長い期間が必要であった。その発達過程はつぶさに跡づけられている。

片仮名と平行した発達過程が仮名についても想定されているのかもしれないが、漢字の省画を主として形成された片仮名が漸移的過程で発達したのは、省画が日本で独自になされたからであって、草体の漢字を基本として形成された仮名の場合には、事情がまったく異なっている、本来、草書は中国で発達し、それが日本に導入されただけであるから、仮名の発達を漢字の草体化という用語でとらえることの適否を問い直さなければならない。草体化に長い期間を要したのは中国においてのことである。

5　楷書体の借字を綴った書記様式のテクストでは語句の境界が示されないために、音数律によらない散文を書いても読み解くのが困難であり、実用にならなかった。しかし、草書体に切り換え、連綿や墨継ぎを有意的に使用するなら、語句を分かち書きにできるので、音数律を手掛かりにしないでも容易に読み解くことのできるテクストを書くことが可能であった。中国本土における草書体の形成は漸移的であったが、日本では、既成の草書体に範を求めることができたので、楷書体から草書体に切り換えるだけでよかった。次節に述べる体系としての調整のために、ある程度の期間が必要だっただけである。草体化という用語を使用するなら、それは、草書体ないし極草体への転換という意味でなければならない。

極草体の仮名の形成には、二つの動因が同時に作用した。他の章との反復を避けて要点だけを記すなら、一つの動因は、漢字と交用しても容易に識別できるように、仮名文では、漢字を直線的な楷書体にし、仮名を曲線的な草書体にしたことである。同一のテクストで、表意文字として使用された漢字との混同を回避するには、字源がわからなくなるまでくずしてしまうほうが好都合であった。そして、もう一つの動因は、連綿を系統的に導入して分かち書きをするためには、草書体にする必要があったことである。

6　『古事記』の歌謡に見るような楷書体の借字と、定家自筆『土左日記』に模写された紀貫之所用の仮名の書体とを対置して、「止」は「と」に、「曽」は「そ」にと、すべての仮名が並行的に簡略化されていったという想定のもとに、中間的段階を示す書記テクストを探しても、探し出せるはずはない。

築島裕は、この申文の和字文に使用された表音文字について、つぎのように指摘している（築島①）。

「お」「ふ」「い」「と」など、もはや平仮名と同じ体をしてゐるものもあるが、全体としては、万葉仮名の本姿をまだ失つてをらず、〈草の仮名〉の段階にあるものと考へられる。

「いと」の「い」の字体と、「定以出賜」の「以」の字体との間に顕著な差は認められないので留保が必要であろうし、「万葉仮名の本姿」についても議論の余地がありうるが、全体としてみると、それぞれの仮名ごとに草体化の度合いが一様ではない。

草体化の度合いが一様でないことは、表音文字が体系として運用される以上、当然というべきである。草書体への転換について、前項には二つの動因を指摘したが、文字体系を円滑に運用するには、それぞれの文字の基本字体との間に相互識別可能性を確保することが不可欠の要件である。右に指摘したように、草体化といっても、それは書体の転換にすぎなかったが、すべての仮名字体をいっせいに草書体に転換すれば、相互識別のうえで大混乱を生じることは必至であった。同定の混乱を回避するために、まず、少数の仮名が草書体に移行し、既成の仮名と混同しないように調整しながら、つぎつぎと草書体に転換されたはずである。表現を変えるなら、まず核が形成され、その核がしだいに拡大されて全体に及んだという過程である。順番が回ってくるまで「万葉仮名の本姿」をとどめておかないと、体系としての運用に支障を生じたから、この時期の和字文に使用された表音文字に書体の混在が認められるのは当然である。

右に述べたのは実用的な書記テクストの仮名についてであって、美的表現を一次的目的とする古筆切の仮名と安易に結びつけて論じるべきではない。

極草体について付言するなら、たとえば、唐の懐素筆『自叙帖』にみえる狂草のなかには、日本の仮名と同じような極草体が散見するから、どこからが日本独自であるかは軽々に判断しないほうがよい㊟。

7 伝存する仮名文テクストは、ほとんどが仮名書道の作品であるか、さもなければ、美的表現を随伴する仮名消息などであるために、仮名は、それぞれの筆者によって個性的に使用されている。したがって、それらは、仮名字体の継起的変化を跡づける資料になりにくい。この中文よりもあとの時期に成立した『宇津保物語』(国譲上)や『源氏物語』(梅枝)などに、一人の人物がさまざまの書体を書き分けている叙述がみえることから考えても、楷書体から草書体へ、そして極草体へという単純な発達過程を想定すべきではない。

草仮名テクストの代表の一つとされる『秋萩帖』(図版15)のテクストでは、連綿や墨継ぎが運筆の勢いによっており、語句を単位とする分かち書きになっていない。第二紙以下は模写であるが、その原理は全体につうじている。このテクストは和歌だけであり、和歌は音数律を手掛かりにして区切ることが可能であったから、分かち書きをしなくてもテクストの内容が理解できるという保証のもとに、いわば安心して美的表現がなされている。一般に、和歌のテクストは仮名の発達過程を跡づける資料にならない。

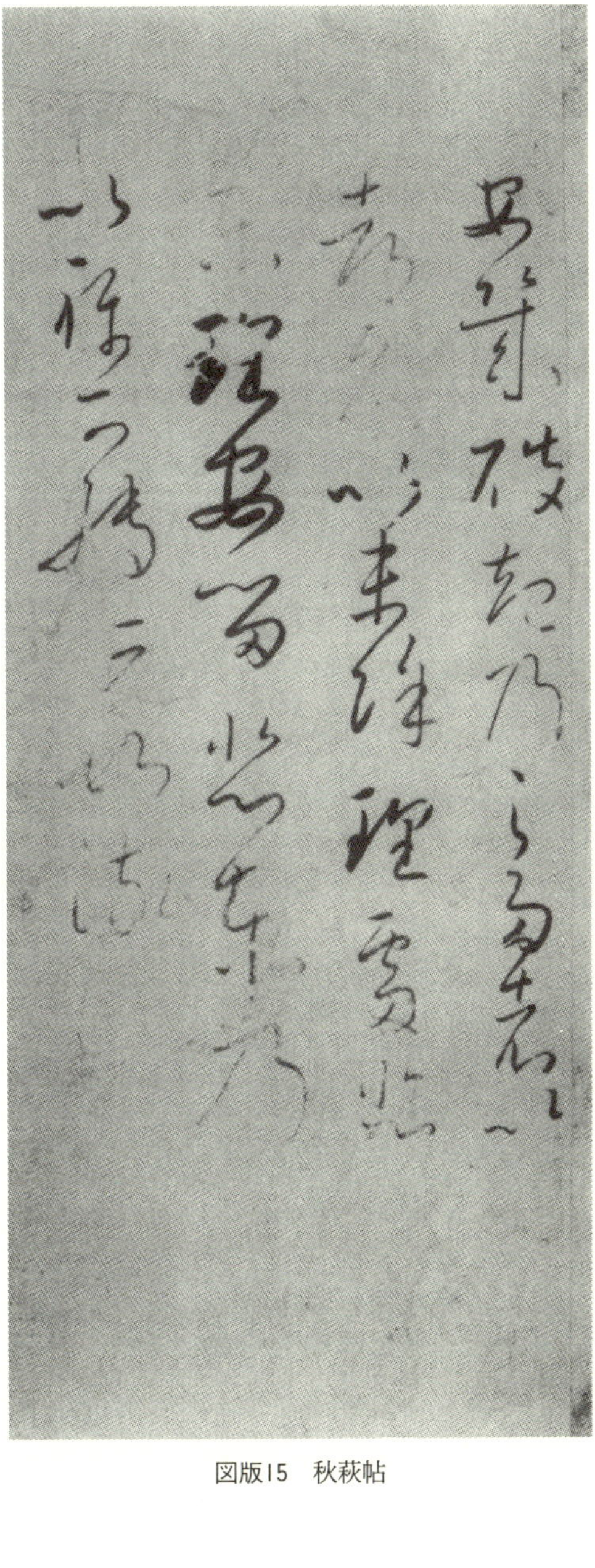

図版15　秋萩帖

あき／はきの／したは／い（ろ脱）つく／いまよ／りそ／ひと／りある／ひとの／いねかて／にする

秋萩の下葉色づく今よりぞ
独りある人の寐《い》ねがてにする

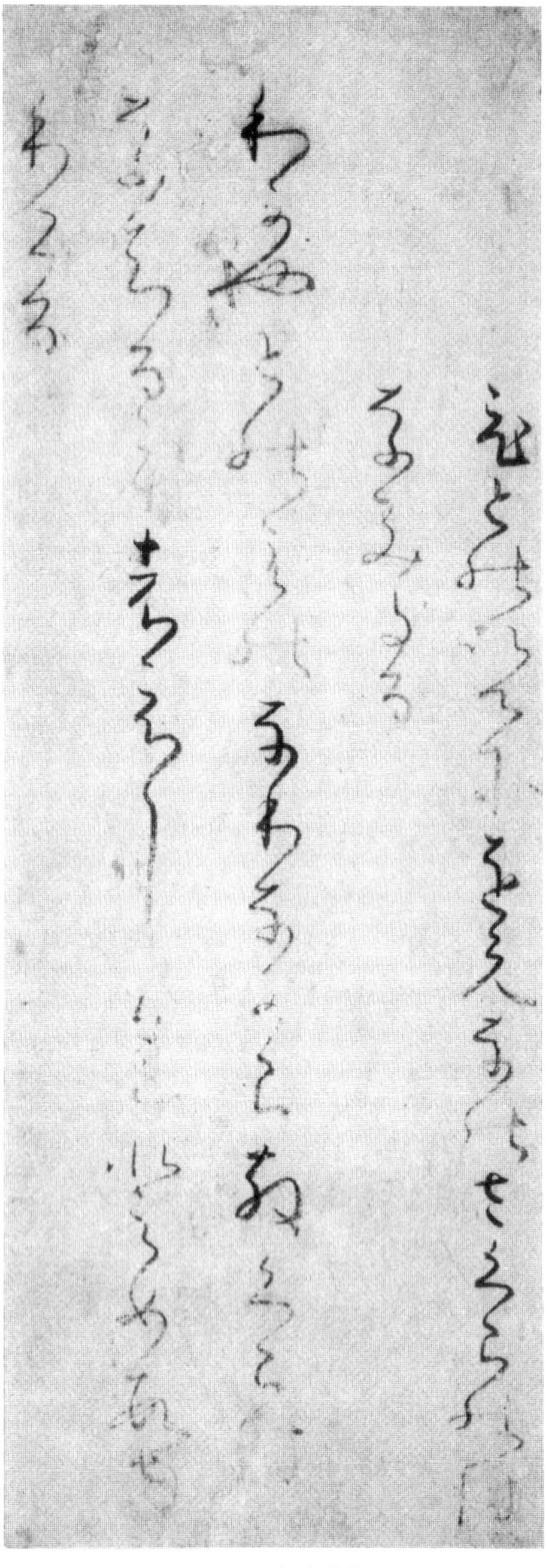

図版16　自家集切

ひとのいへに／をむなの／さくらのは」なみたる
わかや／とのもの／なりなから／さくらは」なちるを／はえしも／とゝめすさ」りける
人の家に女の桜の花見たる
我が宿の　ものなりながら　桜花　散るをは
えしもとどめずざりける

伝貫之筆『自家集切』（図版16）の場合、和歌は書道作品としての運筆であるが、詞書は語句単位の分かち書きになっていることに注目したい。なお、第五句の「さりける」は「ぞありける」の縮約である。

韻文／散文の連綿の有無に関連して、『枕草子』（清水に籠もりたりしころ）に、つぎのような挿話がある。

清水寺に参籠していた清少納言のもとに、帰りを待ちわびた中宮から「さうにて」、すなわち、草仮名で、つぎの消息が届いた。「さうにて」、という断わりは、この場合、仮名の書体よりも、分かち書きをしない書記様式であることが重要な意味をもっている。

やまちかきいりあひのかねのこゑことにこふるこころのかすはしるらむものをこよなのなかゐや

運筆の都合によるランダムな連綿で記されたテクストは和歌のはずである。清少納言もそのつもりで読みはじめたであろう。音数律を頼りに切れば、「山近き／入り会ひの鐘の／声ごとに／恋ふる心の」まで問題なく読める。しかし、そのあとは「数は知るらむものを」となっている。字余りではなく、「数は知るらむものを／こよなの長居や」と散文に移行している。しかし、和歌の第四句のつもりで読んだ部分から、「恋ふる心の数は知るらむものを〜」と読まなければ意味がつうじない。さらに一句ずつさかのぼると「山近き」から「こよなの長居や」までが一貫した文章になっており、散文と韻文との境界はない。

韻文／散文を混然と融和させた巧みな消息が書けたのは、語句単位の分かち書きをしない草仮名の特徴を巧みに利用したからである。ただし、韻文で始まること、そして、あとの散文が短いことが条件になっている。

巻子本『古今和歌集』の仮名序では、『万葉集』から引用された人丸（人麻呂）と赤人との短歌をそれぞれ二首、草仮名で記しているが、いずれも、語句を単位とする系統的な分かち書きになっているので、たいへん読み取りやすい（図版17）。前後の部分は流麗な仮名で記されているが、書体が異なるだけで、分かち書きの方式は共通している。「梅花」は漢字による表意的表記であるが、これも連綿でまとめられている。草仮名の字体は『万葉集』の用字を継承したものではないし、また、より古い仮名の姿をとどめたものでもない。極草体の仮名から擬古的に再構成された書体であるから、いわゆる草体化の逆方向をとって回帰した草仮名である。

右にみた逆方向の草体化は、中文のテクストに使用された表音文字の書体について考えるうえで重要である。

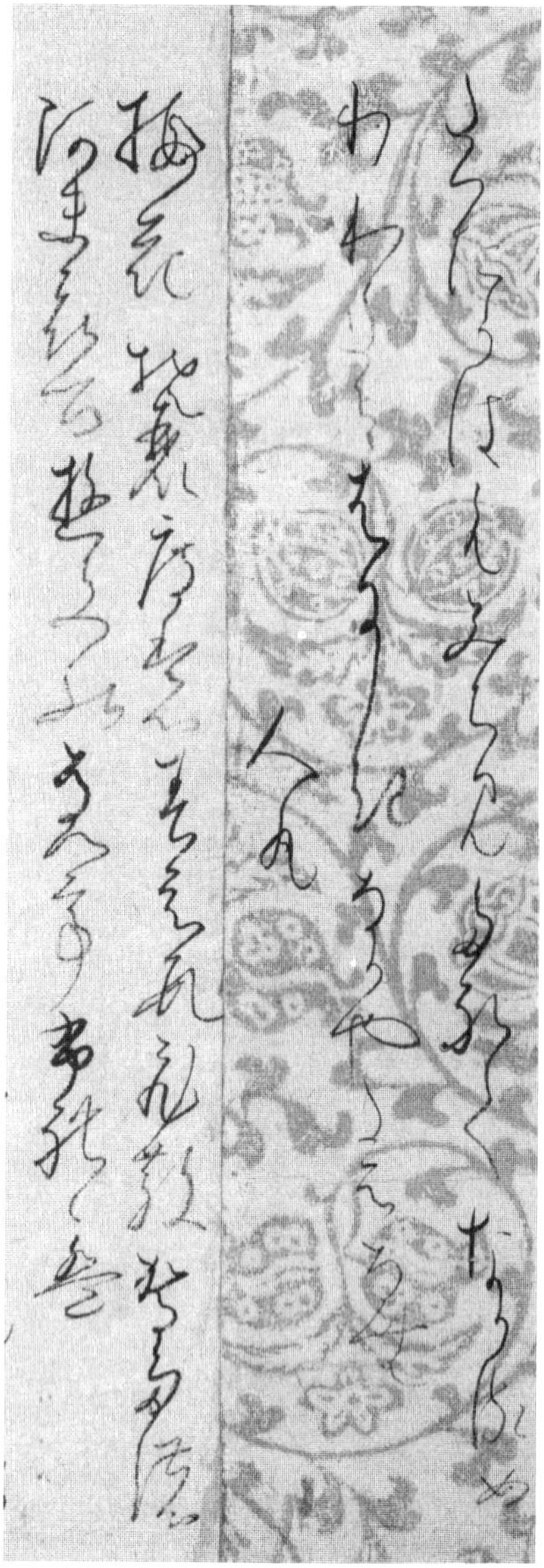

図版17　巻子本『古今和歌集』

梅花／それ／とも／みえす／ひさかたの／あまきる／ゆきの／なへて／ふれゝは

すなわち、巻子本『古今和歌集』の場合には、上代の和歌の雰囲気を出すための草仮名化であるが、改まった態度を表明するために、より硬い字体を使用することが仮名や草仮名の運用においても実際にありえたことを確実に示唆しているからである。

築島裕③は、申文のテクストにみられる連綿について、つぎのように指摘している。

「礼波」「末之」「多末波」「奈毛」「末比」「以止」「良無」などの間の字画が連続しており、いわゆる「連綿草」の体をなしている。これは正倉院文書には見られなかった所で、大きな特徴として注目すべきであろう。ほかに「奈世（无尓加）」「(波) 可り」を追加できそうである。図版についてみればわかるとおり、それぞれ、読み取りの効率のうえで有効に機能してをり、また、『秋萩帖』の和歌にみたような、一つの語句を連綿や墨継ぎで画然と区分したり、二つの語句にまたがったりして、正しい区切りを妨げる書きかたはされていない。

連綿が語句の切れ目に対応しているか否かにかかわらず、美的表現を目的とするテクストの草仮名は基本的に仮名の変異である。そういうたぐいの仮名字体を草仮名とよぶとしたら、申文のテクストの和字文に使用されているような、美的表現を目的としないものを同じ名称でよぶことは適切でない。

4　逐次的検討 I

0　以上の検討の結果を前提にして、申文のテクストを通行の活字体に書き改めて示す。前述したように、毛筆の運用によって表わされた示差的諸要因のほとんどすべてが消えてしまうので、等価の置き換えにはほど遠い。傍線は連綿を表わし、小字の片仮名は小論の筆者の補読を表わす。

改姓人夾名勧録進上　許礼波　奈世
无尓加　官尓末之　多末波无　見太
末不波可り　止奈毛於毛不　抑刑
大史　乃多末比天　定ヲ以テ出シ賜フ　以と与
可良無　　有年申

改姓人夾名勧録進上　これは　なンぜむにか　官にまし給はむ　見給ふばかり　となも思ふ　抑　刑大
史　のたまひて　定ヲ以テ出ダシ賜フ　いとよからむ

以下、この申文の内容に立ち入って検討する。

1　「改姓人夾名勧録進上」に関する歴史的事情はひととおり解明されている（→佐伯）。国語史研究者や書家たちの関心は、事実上、草仮名と、そして、草仮名で記された部分の用語や表現に集中し、漢字文／和字文の緊密な関連ないし融合は——すなわち、テクストのコヘレンスは——ほとんど無視されてきた。管見の限りでは、馬淵和夫が、両者の関係についてつぎのように説明しているだけである。この段階で引用することになったのは、既成の知識を離れてこのテクストを眺めてみようという接近のしかたをとったためである。「この文」とは、漢字文による「表題」を除いた部分をさす。

この文は、「改姓人夾名勘録進上」という表題に続けて書かれているが、勿論表題とは別のものである。表題の九字は漢文であり行書体であるのに対し、以下の文は万葉仮名文の草書体である。草体であるから平仮名に近い字体も見えるわけである。『解』の表題はおそらく太政官に出されることを予想してのものであるが、それに続けて有年の私信が次の如くにある。(略)

ここでは、漢字文の部分が解文の「表題」であり、表題のあとに私信が記されているとみなされている。「勿論表題とは別のものである」とみなす立場は、テクストのとらえかたにおいて、小論の筆者の立場と基本的に一致しない。なお、このテクストの表音文字を、草仮名でなしに、「万葉仮名文の草書体」とみなしていることは、大矢透以来の一貫した説明と異なっている。

最初の漢字文が解文の「表題」であり、「太政官に出されることを予想してのもの」であるとしたら、行書体で書かれていることは適切でない。現に、解文は楷書体で端正に書かれている。また、漢字文が行書体であることは指摘されているが、どうして漢字文であるかについての説明はない。おそらく、表題なので漢字文であるとか、漢字文なので表題であるとかいう解釈なのであろう。

和字文の部分が、「勿論」と強調されるほどに「表題とは別のものである」としたら、解文との間に私信を挟んだりすることはきわめて不自然である。また、表題の書き損じであるとしたら、改行もせず、そのあとに「私信」を続けたりしている理由も説明しにくい。すくなくとも、私信に関わらない漢字文の九字を抹消しなければ、受け取った相手を迷わすことになったはずである。つまるところ、これもまた、従来の研究の多くがそうであるように、読み手がどのように読むかを考慮せずに、書く立場だけで考えられた説明である。

2　漢字文から和字文に切り換えて「許礼波〜」と続けられているのは、後述するように、それ以下に述べようとしている事柄が、漢字文で事務的には表現できないデリケイトな内容であり、日本語の含みを生かして述べる必要があったからである。そのことを念頭において、和字文による叙述をみてみよう。

3　「許礼波」の「許」は、書記様式の転換に気づかずに読むと、〈ゆるす〉という意味の表語文字として理解される。書体も、漢字文の部分と同じ程度の行書体であるから、読む側が一瞬のとまどいを感じることは不可避であったかもしれない。しかし、この「許」は、直前の文字よりもひとまわり大きく書かれており、また、画然とはしていないが墨継ぎによるコントラストも示差的であるから、「進上許」というまとまりにはならない。「許」だけが濃く書かれ、あとは再び薄くなっているが、「礼波」が連綿になっているために、「許礼波」というまとまりとして捉えられる。「許」を先行部分から切り離しても書体を行書体にすることによって、漢字文から和字文へと視覚的な違和感なしに移行させたうえで墨を継ぎ、次行にまたがって、「奈世无尓加、官尓末之多末波无」と濃く太い文字で続けられている。

4　「奈世无尓加」はナニセムニカの音便とみなされている。語形は、ひとまず、ナンゼムニカと再構される。ただし、この時期の撥音は現代語のン以上に先行音節に従属していたと推定される。また、ナニのニが撥音化した語形ならセムのムも並行的に撥音化したはずであるから、音韻論的解釈を加味すれば、再構される語形はナンゼムニカである。

ナニセムニカがナンゼムニカと縮約され、その語形がここに「奈世无尓加」と表記されていることは確実である。しかし、そういう縮約現象を、あるいは、そういう縮約によって生じた語形を、手放しに音便とか音便形とかよぶことは支持しがたい。言語現象の異質の類型を同一の用語でよぶべきではないからである。

この縮約が生じたことによって、ナニセムニカが衰退し、やがて消失したのか、(例。カハ＞カワ) あるいは、ナンゼムニカという縮約形を生じて以後も、ナニセムニカが規範的語形として残り、縮約形は、それと文体の差をもって——すなわち、インフォーマルな文体の語形として——共存したのか (例。ソノヨウナ／ソンナ)、あるいは、もとの語形と縮約形との間に意味の分化が生じていたのか (例。イトオシイ／イトシイ)、そのいずれであるかによって、ナンゼムニカの位置づけは大きく相違する。新旧の両語形が文体の相違で共存していたとすれば、以下に述べる基準から、縮約形の機能は動詞／形容詞の音便形と基本的に共通しているので広義の音便とみなしてよい。しかし、縮約形だけが使用されていたか、もとの語形と意味が相違していたとしたら、広義においても音便ではない。

白金《しろかね》も 黄金《くがね》も玉も 奈尓世武尓 まされる宝 子にしかめやも ［万葉五・八〇三・山上憶良］

何為《なにせむに》 命継ぎけむ 我妹子に 恋ひざるさきに 死なましものを ［万葉一一・二三七七］

「奈尓世武尓」と表音的に表記されているから、ナニセムニの存在が確認できる。この結び付きは「何為」を含めて『万葉集』に七例を数えるが、いずれも、各構成要素の意味の和として理解できる。右の二例をみても、意味が固定していないから、抽象化された、あるいは意味の特殊化された成句になっていたとは認めがたい。なお、「なにせむに」は平安時代の文献に用例が乏しい。

「なにせむにか」の用例が上代の文献に指摘できないのは、韻文に組み込みにくいためかもしれない。

あの書き置きし文を読み聞かせけれど、なにせむにか命も惜しからむ、誰《た》がためにか、何事も用もなしとて、薬も食はず、やがて起きもあがらで、病み臥せり　［竹取物語］

「なにせむにか命も惜しからむ」は、係り結びの呼応で、〈命を惜しんだところで、なにになろうか〉という意味になっている。縮約形の「なせむにか」ではないが、『竹取物語』のテクストにみえる右の表現を、この申文との関連において時期的に定位するのは困難であるし、この作品の場合、伝存するテクストの用語や表現が、成立時期のテクストにどこまで忠実であるかについて疑問が残されるが、テクストをそのままに信じるなら、かぐや姫が書き置いたのは御門への手紙であり、文脈から判断すると、その手紙を翁に読み聞かせたのも御門であるから、翁に、インフォーマルな縮約形ナンゼムニカでなく、フォーマルな語形ナニセムニカを使用させているとみなすべき蓋然性が高い。

5　以上の結果を踏まえて申文のテクストにもどろう。

「奈世」の「奈」の末尾から「世」への筆の使いかたは、事実上、連綿と同様の視覚的効果をもっている。改行されたあとの文字連鎖「无尓加官尓」は一字一字が切り離して書かれ、しかも、「奈世无尓加官尓」のブロックが際だって黒々と書かれている。どの文字も楷書体に近い。それは、意識的にせよ無意識にせよ、このことを相手に強く印象づけたかったからであると解釈したい。そのことを強調したかった理由についてはあとで考える。

「官」は、ほとんどの釈文に「ツカサ」と訓読されている。吉沢義則が「左の如く読むべきものと信ずる」として示した釈文の「ツカサ」という振り仮名が継承されているようにみえる。しかし、築島裕②による釈文には、この文字に振り仮名がない。それは、「官」という漢語であると認定されているからであろう。太政官をさす役所用語として「官」が日常的に使用されており、役人から役人に宛てた文書にそれが使用されたとすれば、この「官」は、漢語クヮンである。役人間の職業用語であれば正式の記録には残らないから、文証が見いだせないことは、右の想定を否定する根拠にならない。

「定以出賜」の「定以」を吉沢義則は「サダメテモテ」と訓読しており、モテとモッテとの違いがあるものの、現在もそれが継承されている。

「定」という一字ではなく、「下之（くだし）」と二字に分けても読まれている（↓佐伯）。無理に読めば外形はそのようにもみえるが、語幹の「下」と活用語尾の「之」との文字のバランスも逆でなければ不自然である。また、クダシだとすれば、このテクスト全体の用字として、すべてが表音的に表記されていなければならない。想定した文脈に都合のよい強引な読みであるから、とうてい支持しがたい。小論の筆者としては、これもまた「官」と同じく、官庁用語として日常的に使用されていた漢語ヂャウとみなしたい。後述するように、〈定められた規則や手順〉という意味である。

中田祝夫による釈文に、「奈世无尔（＝何とかして）、官尔末之多末波无」（＝ムは希求の辞）」と注記されていることについて、馬淵和夫は、つぎのように批判している。

「官（太政官）に勧めていると解している。しかし私見では相手に対してむしろ慎重な取扱いを要望しており、太政官にはむしろ出さない方がよいと言っている様にとれるのである。

そのあとに、『万葉集』から「何せむに」の用例（↓前項）が引用され、つぎの解釈が提示されている（書式を変更して引用）。

（「何せむに」は）元来反語的に使われており、ことにここは「か」があるので、「どうして…するのですか、…しない方がいいじゃないですか」という気持ちであろう。だからここも、「これはどうして太政官に申し出されるのですか。お出しにならない方がいいじゃないですか。」ぐらいの気持であろう。

二者択一なら、「なんとかして〜」でなく、こちらを採るべきである。ただし、右の推定は、ナンゼムニカがナニセムニカと等価であるという、小論で否定した前提に基づいているので、無条件には支持しがたい。また、文体にこだわるなら、あとで指摘するように、中文の筆者は国司に対してかなり丁寧なことばづかいをしているとみなすべき根拠があるので、ここも、「〜じゃないですか」でなしに、〈〜のではありませんでしょうか〉という調子の表現であると理解したい。

「奈世无尔加」の意味をしばらく棚上げするなら、この部分の筋は、〈なんとか太政官にお目にかけてほしい〉という意味（中田）とみなしても、とおらないことはない。しかし、ここをそのように理解すると、「抑刑大史」以下の部分との関係がわからなくなる。「太政官にはむしろ出さない方がよい」（馬淵）という意味なら、あとの部分に素直に続く。

6　「奈世无尔加」という文字連鎖を、相手がナンゼムニカと理解したとするなら、ひとまとまりの成句として――というよりも、事実上の一語として――、その表現が社会的に確立されていたことになる。さきにみたとおり、ナニセムニカ／ナンゼムニカは共存していたとみなすべき蓋然性が高い。前者は構成要素の単純な和として柔軟に使用されていたのに対して、ナンゼムニカのほうは特定の意味に限定された成句としてだけ使用されていたと推定される。
文証に基づく証明はここで暗礁に乗り上げる。なぜなら、ナンゼムニカに相当する語形が、ほかの書記テクストに確認できないからである。確認できない理由としては、以下のような、いくつかの可能性が考えられる。

第一の可能性は、「尓」の不用意な書き落としである。ただし、それは、ほかの可能性がすべて否定されたときに、留保を付して、はじめて検討の対象になる。

ナンゼムニカが、短い期間にだけ使用された語形だったのではないかというのが第二の可能性である。しかし、口頭言語で頻用されなければこのような縮約は生じないから、その可能性も成り立ちそうにない。

頻用度が高かったにもかかわらず書記テクストに見いだしにくいとしたら、それは、もっぱら口頭言語で使用された語形である。それが第三の可能性であり、もっとも蓋然性が高い。

ナンゼムニカという語形は、現代語のナゼニ／ナゼカ／ナゼなどを連想させる。書記テクストに疑問詞ナゼが姿を見せるのは、歌舞伎や浄瑠璃などが早い例のようであるが、起源は明確にされていない。この語形で古くから口頭言語に使用されつづけており、口頭言語の特徴をもつ近世初期の書記テクストにはじめて浮上した可能性は十分に想定できる。もっぱら口頭言語にだけ使用された語形については、当然ながら、書記テクストでたどることができない。現代方言に糸口を見いだせるかもしれないが、小論の筆者は確認していない。

右の第三の可能性で考えるなら、ナンゼムニカはインフォーマルな文体の口頭言語に使用される語形であった。したがって、この申文の和字文はインフォーマルな文体である。そうだとしたら、有年は、漢字文から和字文に切り換えて、〈さて、この件につきましては〉と、打ち解けた相談を非公式に持ちかけていることになる。言い添えるなら、インフォーマルであることは、ぞんざいであることを意味しない。

7　ナンゼムニカが、ナゼニ／ナゼカ／ナゼなどを連想させるのは、「奈世无尓加」がそういう意味であったとみなせば文脈がよく理解できるからである。現代語のナゼと結び付くなら、「どうして…するのですか」という馬淵和夫の解釈が支持される。〈どうして〉とは〈なぜ〉にほかならないからである。どういう理由で上申するのですかと尋ねているのではなく、「官」に上申することの妥当性に疑問を表明した表現である。上司である国司に対して、〈おやめになりなさい〉とストレートに言わずに、〈自分にはその理由が理解できません〉と丁寧に表現したものである。馬淵和夫は、伝統文法の用語で「反語」と説明している。

8　「官尓末之多末波无」の「末之」は、「申し」の音便とされている。もとになった語形にはマヲシよりもマウシを擬したほうが自然である。この当時、マスはマウスと共存していたから、もとの語形マウスよりも、縮約形マスのほうが敬意が軽かったはずである。

「まし給はむ」のマシは国司が太政官に上申する行為をさしている。国司の行為について、マウスより軽いマスを使用することによって、国司と太政官との落差が縮められている。すなわち、太政官がより低く、ないし、国司がより高く、位置づけられている。

ナンゼムニカもマシタマハムも、ともに親しみをこめた表現であり、インフォーマルである点において整合している。

5　逐次的検討 II

1　「見太末不波可り、止奈毛於毛不」は、一つのまとまりであるが、前半の「見太末不波可り」は薄く書かれ、後半の「止奈毛於毛不」は対蹠的に濃く書かれている。最初のミに当てられた表意的用法の「見」による一種の違和感が区切れの効果を発揮している。

2　「奈毛」は係助詞ナムの古形である。そういう古形が八七六年の書記テクストに確実に残存していた証拠として指摘されてきた。

係助詞ナモの分布には書記テクストの種類による偏りが大きく、しかも、これと同類の書記テクストに使用例が乏しいから、この「奈毛」の語形について確定的なことは言いにくい。

この助詞の本来の語形はナモであり、平安初期ごろにナムに変化したとされている。その推定が大筋で正しいなら、この申文が書かれた時期には、語形変化が進行していたことになる。一般に、言語変化が進行しつつある時期には古い語形のほうがプレステージが高いから、ナムよりもナモを使用するほうが丁寧なことばづかいになる。そういう一般的なありかたを当てはめるなら、国司に対して、かなり丁寧なことばづかいをしていることになり、他の箇所の表現とも整合する。また、『東大寺諷誦文』（八三〇年）などにこの語形がみえる理由などとも合わせて、単に古形の残存というだけでない、積極的意義づけが可能である。

言語変化を跡づける場合、これまで、新しく現れた語形は、書記テクストの年代だけを基準にして配列されてきた嫌いがある。しかし、同時期における変異については、社会言語学的観点から見直すことが必要である。ともあれ、ナモでもナムでも、構文上の機能には変わりがなかったとみなしてよい。

係助詞ナムは、叙述の大きな区切れがその直後にくることを予告する。ここでは、ナモで叙述の大きな区切れが予告され、「於毛不」で結ばれているから、そのあとに続く叙述は新しい展開としてとらえられる。

係助詞ナモで大きな区切れを予告する構文では、末尾部分が自然に強調される。この場合についていうなら、係助詞ナモの直前にあるのは「見太未不波可り」であるから、その部分が強く印象づけられる。そのうえ、「止奈毛於毛不」の部分がきわだって濃く大きな文字で書かれているために、その印象がいっそう増幅されている。そういう二重の印象づけによって、この「於毛不」は強い希望の表明になっている。すなわち、一つの表現をとるなら、「思ふ」でなく「欲ふ」として印象づけられる。それに加えて、ナムよりも丁寧な語形であったはずのナモによって、〈なにとぞ〉という含みが込められている。ただし、ひとまとまりの叙述の末尾を予告する助詞であるから、その部分を強調的に印象づける効果があることに相違はない。

馬淵和夫は、「見太末不波可り、止奈毛於毛不」について、「あなたが御覧になるだけで私はよいと思います〈官に出すのでなくて〉」と解釈しているが、右に指摘した含みを加えて真意を読み取るなら、〈ぜひ、御覧になるだけにしておいてください〉、〈なにとぞ、上申するのはおやめください〉、といった表現として理解すべきことになる。

6 逐次的検討 Ⅲ

1 「那毛」の係り結びで前半の叙述がしめくくられたあとに、「抑、刑大史、乃多末比天、定以出賜、以と与可良無」という後半の叙述が続いている。「刑大史」は「刑部大史」で、円珍と近い関係にあった刑部真鯨をさすという(→佐伯)。
「刑大史、乃多末比天」は、ふつうなら、〈刑部大史がおっしゃって〉という意味になる。しかし、馬淵和夫は、従五位下の有年が七位相当であった刑部大史の行為に「のたまふ」を使用するのは「敬意の度が過ぎる様に思われる」という理由から、国司が刑部大史に「のたまひて」と「とれないこともない」と述べたうえで、「〈乃多末比天〉から墨付が変わっているから、ここで〈に〉という格助詞をうっかり落としてしまったとも解せる」という解釈を提示している。

注意して書かれた書記テクストでも、不用意な書き落としが生じる可能性はつねにつきまとう。有年は、この申文を読み返したであろうが、自分自身が書いたものについては、書き誤りに気づきにくいことも事実である。したがって、「刑大史」のあとに「尓」が書き落とされた可能性を積極的に否定すべき根拠はない。

一般に、書記テクストを資料とする場合には、理解の及ばない箇所が出てきても、書き誤りではないと仮定して解釈を考えるのが正統の方法である。誤脱の可能性は、その試みが行き詰まった段階で慎重に導入すべきである。そういう正統の手順を踏まずに、目前の解釈に都合のよい誤脱の可能性に飛びつき、アド・ホックな説明をすべきではない。

前述したとおり、「奈世无尓加」は無条件に〈音便〉と認められてきた。しかし、「刑大史」のあとに「尓」の脱落を想定することが許されるなら、同じように、「奈世无尓加」についても、「奈尓世无尓加」の「尓」が脱落した可能性を排除できなくなる。あるいは、排除しなくてもよいことになる。誤脱の可能性を安易に導入すると、テクスト全体にわたって解釈が恣意的になってしまうから、「尓」の脱落を想定するまえに、この字面のままで合理的に説明する方法を探らなければならない。

2　わずか四字にすぎないが、「抑、刑大史」の部分は漢字文である。仮名文や片仮名文では格助詞ニが省略されることはないが、漢字文では格助詞を明示しないのがふつうである。格助詞は先行する名詞に膠着するから、ここでは「刑大史」に膠着したニは表記されなかった。文章を書く場合、長いまとまりを最後まで脳裏に整えてから書きはじめるとは限らない。有年は、「抑刑大史」まで書いて、そのあとの表現には、国司の行為にノタマフを使用するのが適切であると判断して和字文に切り替えたとすれば、このような形になる。そのあとは、また、漢字文に戻っている。なお、中国古典文でなく漢字文であるから、この語順に問題はない。

右のように考えるなら、「刑大史」のあとに「尓」がないのは、うっかり書き落としたためではない。ただし、右のような心理が書き手にはたらいてこのような字面になったとしても、中文を受け取った国司が、テクストに顕在しない格助詞ニを自然にそこに読み取れなかったなら、結果は、うっかり書き落としたのと同じことになる。

ここで考慮すべき条件は、書き手と同様、読み手もまた、漢字文を日常的に読み書きしていたという事実である。この場合についても、書き手と同じ心理が読み手にもはたらき、抵抗なく「刑大史ニ」と読んだはずだと考えてよい。それが、書記の社会性にほかならない。

「抑刑大史、乃多末比天」という文字連鎖を国司がどのように理解したかについて考える場合、もう一つの大切な条件は、「乃多末比天」という表現が、この申文では、だれの行為を表わしたかである。いわゆる尊敬語の機能は、敬意を表明するだけでなく、行為者を特定することであった（→第六章）。この場合の選択肢は、国司か刑部大史かに限られるから、馬淵和夫の指摘するとおり、国司でしかありえない。申文が国司に宛てたものであり、〈あなた（様）がおっしゃって〉ということなら、「刑大史」のあとに格助詞ニが自動的に補われる。「乃多末比天」の「乃」が、大きく、しかも、楷書に近い書体で書かれている理由については、いくつかの異なる説明が可能である。一つには絞りにくいが、「のたまふ」の敬意を強め、また、ぜひそうするようにという気持をこめてこのように書かれたという説明が穏当のようにみえる。いずれにせよ、右の推定と矛盾することはない。

7　逐次的検討 Ⅳ

1　「定以出賜」は、「定めて以て出だしたまふ」とか「〜出だしたまはむ」とか訓読されてきた。ただし、この文脈をどのように理解したうえでの訓読であるかは判然としない。〈確定して〉という意味なら、〈この解文に書類上の不備があるので〉という含みになるであろう。そうだとしたら、有年は書類を十分には整備せずに国司に「進上」していることになる。

前述したとおり、この「定」は、非公式の官庁用語であり、〈役所仕事として定まっている規則や手順〉、すなわち、ルーティン・ワークといった意味で使用されているようにみえる。「定」の文字が、目立って大きく書かれていることは、「官」とともに一字の漢語とみなすべき根拠の一つになる。漢字文であるから、「定以」という語順は、右の解釈の支障にならない。

「定以出賜、以と与可良無」とは、〈役所仕事のルールに従って太政官に提出なさるなら、それがたいへんよい方法でしょう〉という意味である。「いと、よからむ」の「いと」には、〈ほかにもよい方法はあるでしょうが、いちばんよいのは、おそらくそうすることでしょう〉という譲歩の含みが込められている。上司に対する礼儀として、柔らかく表現したものであろう。結びのこの表現には、国司に対する遠慮が感じられる。

結びの「以と与/可良無」は二行に分かれているが、「以と」と「可良無」とが、それぞれ、滑らかな連綿になっている。和字文に先行する部分の筆づかいと比較すると、用語の柔らかさとともに、この結びは「女手」とよぶにふさわしいような柔かな印象である。文字/文体の調和として、単一のテクスト内におけるこのような変異にも注目したい。

そういう観点から見直すなら、「奈世无尓加官尓」のブロックでは、最初の二字に不完全な連綿が認められるだけで、一字一字が濃く太く、少しずつ離して書かれている。連綿の有無によって借字と草仮名とを区別するという定義を単純に適用すれば、このブロックは借字で書かれていることになるが、草仮名とは、個々の文字ではなく、テクストのレヴェルでの概念であることを確認しておきたい。「個人差もあったであろうから」(小林②)などというまえに、一つのテクスト内におけるこのような変異に着目すべきである。

定家自筆『土左日記』の末尾に紀貫之自筆テクストの一部分が模写されており、そこにみられる文字が草仮名から脱皮した仮名の古形であるとみなされている。そういう前提で、『讃岐国司解端書』の「草仮名」を、仮名に至るまえの段階を示しているとみなす考えかたが優勢である。すなわち、「後の平仮名の原初形態を示しているもの」(米田)という位置づけである。しかし、これほど短いテクストのなかで、右のように、書かれる事柄に即した硬軟の書体の使い分けが明瞭に認められる事実からみても、そのように単純な筋立ての〈仮名発達史〉の線上にこのテクスト所用の表音文字を定位することは危険が大きい。

すでに述べたように、このテクストは、もっぱら、〈草仮名資料〉として知られてきたが、書記テクストの内容と切り離された文字は形骸にすぎない。その「草仮名」を使用することによって、どういう事柄がどのように表現されているかに思いを及ぼすなら、「草仮名」の書体のユレや、漢字文／和字文の機能分担などが自然に目にとまるはずである。

2　「許礼波、奈世无尓加、官尓末之多未波无」、「見太末不波可り、止奈毛於毛不」、「乃多末比天」、「以と与可良無」などという表現についてみると、それぞれに程度の差はあるものの、いずれも、漢字文では表現できない、日本語の繊細な含みが込められている。

「改姓人夾名勧録進上」、「抑刑大史」、「定以出（賜）」などは、日本語のもつ微妙な含みを込めて表現する必要がなかったので、視覚的にとらえやすい漢字文や、それに準じる書記様式で記されている。

この申文のテクストが、漢字文／和字文の恣意的交用ではなく、それぞれの書記様式の長所を生かし、また、欠点を補った、二つの書記文体の補完的な使い分けであり、コヘレントなテクストとして構成されていることは、もはや十分に明らかである。

8　類似と相違と

1　園城寺文書の一つとして、『大師御病中言上草書』と外題の付された文書が知られている。清書された言上書は差し出され、このテクストは手元に残った下書きということであろう。「大師」は智証大師円珍をさす。

言上書の草稿の一部とみなすべきであるが、先行部分とひとまず切り離して考える場合には、『円珍病中言上書草稿覚書』とでもよぶべきであろう。漢字文で箇条書きに記されており、末尾に「病僧圓珍言上」とある。『大日本史料』では、円珍が入寂した寛平三年（八九一年）に位置づけられている。『讃岐国司解端書』よりも十五年ほどあとに当たる。

箇条書きの本文が終わったつぎの行の中央部に、「覧之了、必入々火々」と、走り書きのように記されている。言上書の最後の条が、「以□要□□記進上、覧之了早入火、莫留机□切々好々」と書きはじめられていることと関連するメモであろう。延暦寺の僧侶の和上（阿闍梨）昇進人事に関わる事柄などが記されており、「早入火」では弱いので、清書では、このように表現を改めようというメモであろうか。そして、さらにそのあとに改行して記されているのが「図版18」に示す一文である。

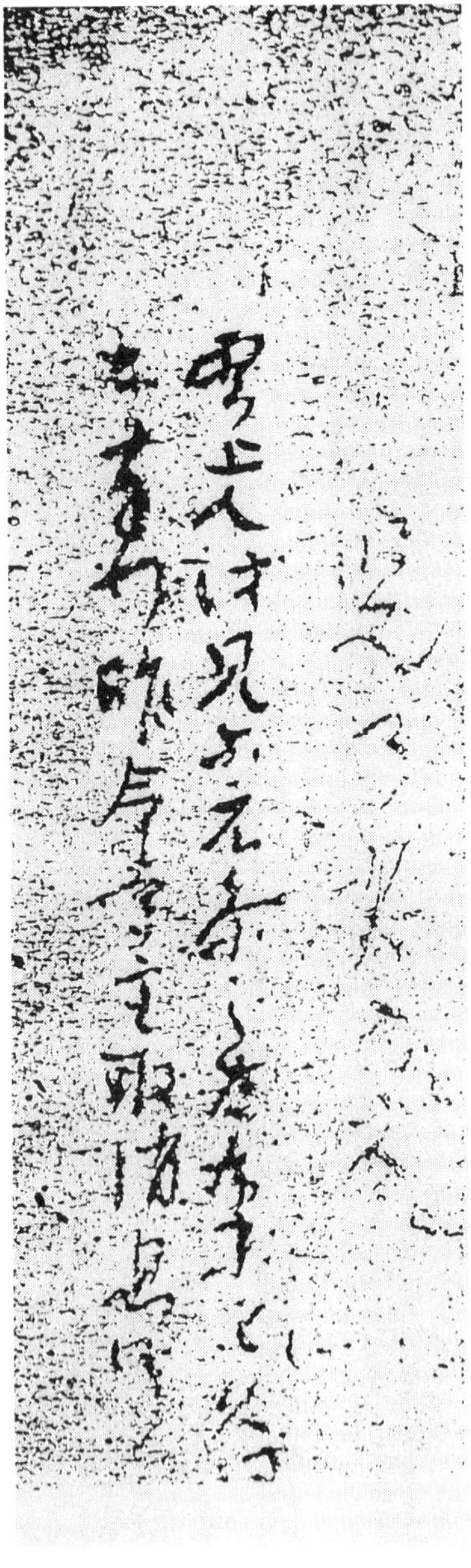

図版18　『円珍病中言上書草稿覚書』

小論の筆者の力量不足に加えて、七十八歳の病中の老人による草稿という条件まで重なっているので、判読困難な文字がある。しかし、『讃岐国司解端書』と「同時代の草仮名資料として貴重なものである」（吉沢①）とか、「男子所用の草仮名」（吉沢②）とか規定されているテクストであるから、この小論の立場としては、理解の及ぶ限りで私見を述べておくべきであろう。

2 最初の六字を『大日本史料』は「雲上人波見等」と読み、吉沢義則は「雲上人波見奈」と読んでいる。吉沢義則の解説には、一九四〇年の名宝展に「出陳されたのが初見であって、それ以前には紹介されたことのなかった文書である」とあるから、『大日本史料』（一九二二年）の「雲上人波見等」を参看することなく、独自に「雲上人波見奈」と読んだようである。

両者の相違は、文字のレヴェルでいうなら、第六字を「等」と読むか「奈」と読むかである。ただし、その文字をどちらに読むかによって、語句のレヴェルでも、また、テクストのレヴェルでも、大きな相違が出る。「雲上人波見等」であれば、「波見」は漢語のようにみえる。しかし、そういう漢語は所見がないし、字面から意味を推定することも難しい。「波見等」のいずれかの文字が円珍の誤記かもしれない。下書きであるから、誤記に気づいても訂正しなかったのかもしれない。その可能性で考えるとしたら、どの文字かを訂正して理解することになる。しかし、十分な吟味を経ずに簡単に誤記の可能性にとびつくべきではない。

誤記ではなく、どの文字かを誤読しているのかもしれない。ただし、史料編纂所の熟練した専門家が誤読したとしたら、小論の筆者がそれを訂正することなどできるはずもない。権威主義ではあるが、古文書について無知に近い立場としては、あえてそう言わざるをえない。漢字文の部分でも「昨」のつぎの文字は『大日本史料』も吉沢義則も「令」と読んでおり、それで文意はつうじるが、小論の筆者には「今」のようにみえる。「昨今」で文意はつうじる。

もう一つの可能性として、『大日本史料』の誤植もありうるが、もしそうだとしたら、これは議論のしようがない。

「雲上人波見奈」、すなわち、「雲上人は、皆」なら、自然な日本語である。しかし、この第六字の字形は、はたして、「奈」と読めるであろうか。部分的に意味がつうじても、正しい読みであるという保証はない。

右の二つの読みの相違は第六字だけであるが、この文字だけについて、どちらが正しいか、あるいは、どちらも正しくないかを議論するのは適切な接近ではない。既存の読みを白紙に戻して、「雲上人」のあとの三字をテクストのなかに位置づけて各個に検討すべきである。

○第四字……小論の筆者には判読できない。「はべたぶ」の「は」（第一行、下から三字目）と比較すると偏と旁とが離れすぎており、また、最初の横の線が余分である。断言の限りでないが、「波」よりは「披」の草書体とみなしたほうが自然のようにみえる。手偏なら最初の横の線も説明可能であるが、偏が内側に湾曲していることに疑問は残る。「披」の草書体の用例を書体字典の類で検索するとこれに似た字体があるが、そのまま一致する字体は採録されていない（→赤井）。

○第五字……「見」のようにみえる。「見」は〈見る〉の意味で使用するのがふつうである。『讃岐国司解端書』でも、「見太未不波可り」と使用されている。

○第六字……「等」の草書体として頻用される字体に一致しており、「奈」の草書体としては不自然にみえる。「なり」の「な」（第二行、三字目）とは字体が極端に相違している。

右の検討の結果を総括すると、吉沢義則は、文字の字体に即さず、その部分が「～は、見x、～」として日本語になるようにxを求めた疑いが濃厚である。第四字をハとみなすことに疑問はいだかれていない。また、そのように読むことによって、テクスト全体が矛盾なく理解できるかどうかも検証されていない。

疑問のある二字を疑問符にして活字体に置き換え、意味が取りやすい表記に改めると、つぎのようになる。

雲上人　?・見?　衣　参之太布末之久波へ太／布　奈利　昨令《?》寺主取消息了

（雲上人?・見?、え参じたぶまじくはべたぶなり、昨、令《?》寺主、取消息了）

連綿が生かされていることや、一字漢語の「参」が大きく書かれ、サ変動詞の「之」が小さく書かれて「参じ」となっている。

「披見」だとすれば、「雲上人、披見等」は、〈雲上人たちが、この言上書を開いて見ることなどは〜、という意味である。

「参ず」とは、〈参上する〉意に使用されるのがふつうである。雲上人にとって、参内するのは日常的行為であるから、「雲上人は、皆、参じたぶまじくはべたぶなり」で、全員が参内なさるべきではないと存じますという表現になる。ただし、宮中で何かが行なわれる場合に雲上人がそろって欠席すべきだというのは穏やかではない。宮中以外の場所での非公式の催しでもありうるが、文面に表われていないので推測のしようがない。ともあれ、この覚書が言上書と一体であるとしたら、そのほうに、雲上人が参上するかどうかが問題になるような事柄はまったく記されていない。また、この文章は雲上人たちにあてたものでもない。

延暦寺で重要な人事があることを雲上人が知ったなら容喙してくる可能性があった。一般論でなく、特定の人物の行動が想定されているのかもしれない。

延暦寺の人事を自律的に行なうために極秘裡に進めましょう。この言上書を雲上人に披見させるために参上したりなさるべきではありません、という意味なら、「覧之了、早入火」と書いたうえで、「覧了、必入火、入火」と改めようとしている警戒的な姿勢と符合する。また、言上書を持参して参上するということなら、「参ず」のふつうの用法の範囲内である。

歯切れのよい解釈は提示できないが、右の理由から、多くの留保をつけた試案として、「雲上人披見等」を提示しておく。

3　漢字文／和字文が交用されている点で、このテクストは中文のテクストと共通している。和字文の「参之太布末之久波へ太布奈利」は、たいへん丁寧で上品な感じの口頭言語的表現である。漢字文は事柄を客観的に記録する書記様式であったから、エを先行させた否定表現の柔らかい含みも、助動詞マジのもつ含みも、タマフよりも軽いタブの含みも、すべて表わす必要がなく、したがって、それらに当てるべき適切な漢字もなかった。ここでは、日本語のそういう細かい含みを生かすために和字文による叙述が選択されている。それに対して、後半の漢字文は事柄を簡潔に伝達している。

4　この覚書のテクストの筆づかいには、中文のテクストと違って、メリハリがほとんど認められない。和字文の分量は二十字、「え」以下はわずか十四字であるから、メリハリのつけようがなかったかもしれない。しかし、それよりも、これは下書きであるから文面だけに神経が集中し、テクストの様態など、どうでもよかったからであろう。同じく〈私《し》〉でも、そこに私信と私的な覚書との相違がある。ただし、和字文末尾の「なり」は、ゆったりと、そして、目立って大きく書かれている。あえて主観的印象を付け加えるなら、これは、ひとまとまりの文を綴り終わった解放感を思わせる。

漸移的草体化の過程を前提するなら、この文書の表音文字のほうが中文よりも草体化がずっと進んでいる。しかし、十数年の間にこれほど進行するのは不自然である。テクストの年代だけでなく、有年と円珍との年齢を考

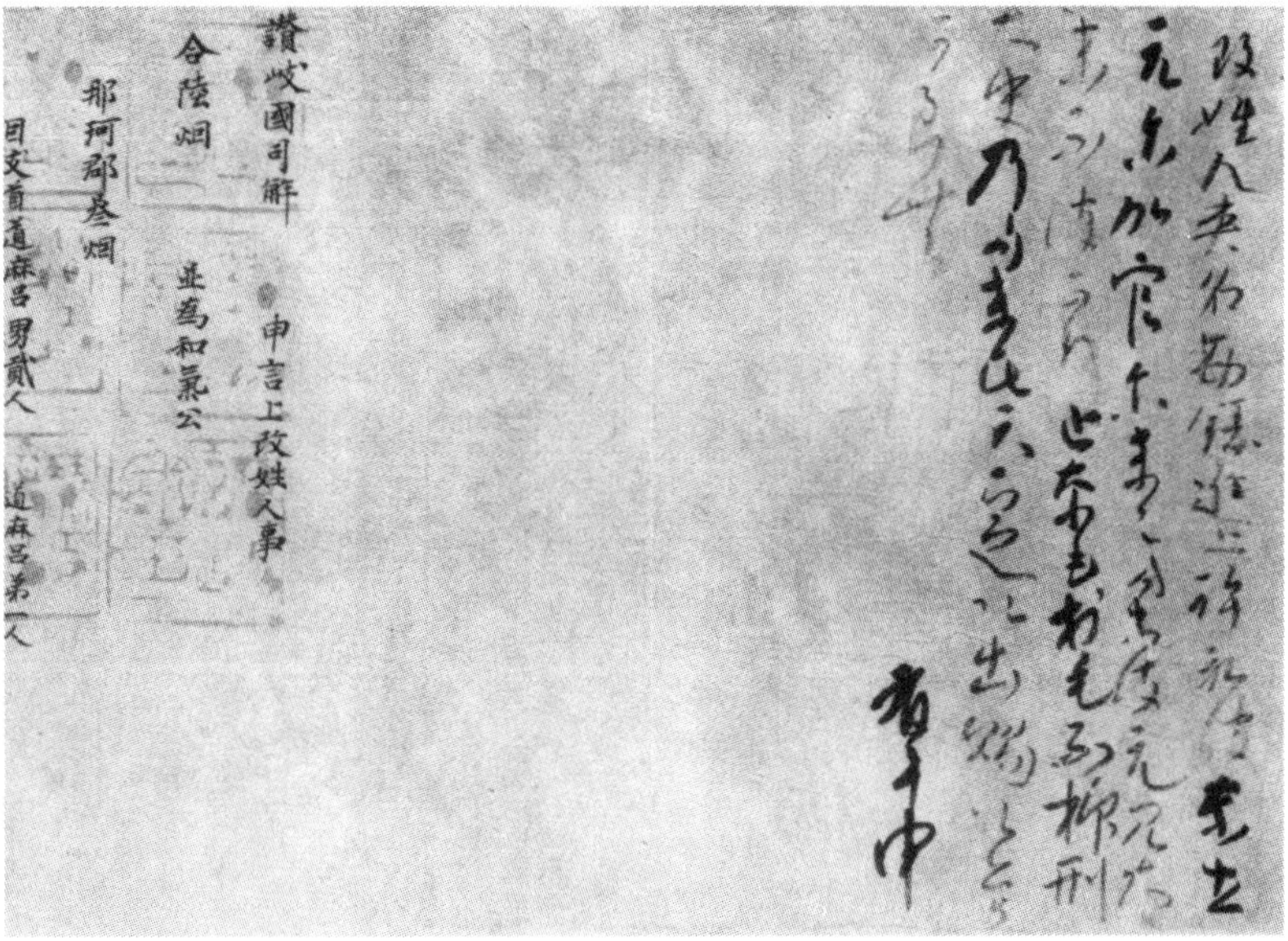

図版19　『讃岐国司解端書』

慮するなら、申文のほうが逆行していることにもなりかねない。円珍のこの手跡は草稿であるから、社会的制約が加わっていない。そういう場合にどのような字体が使用されていたかを示す資料として、この覚書は貴重である。ただし、一つの事例に基づいて多くを言いすぎるのは危険である。

補記1　一九九六年十月、訓点語学会研究発表会で、この小論と同趣旨の発表をした。発表の副題を「有年申文を例にして」としたが、築島裕氏から、解文の端に書き添えられていることは、インフォーマルな添え書きであることを示すものであろうという示唆をいただき、呼称を改めた。御指摘に感謝申し上げる。解文の最初の部分と端書きとの位置関係を「図版19」に示す。解文の書体との極端な違いに注意していただきたい。

補記2　小林芳規氏から、発表の副題に「有年申文を例として」とあり、また、レジュメに、〈漢字文では日本語の微妙な含みが表現できないし、和字文は事柄の記録に適していない。『有年申文』には、漢字文と和字文とが、それぞれの特質を生かして使用されている〉とあるが、類例は指摘できるかという趣旨の質問があった。発表者は、あえて言うなら、すべての書記テキストが類例であり、『古事記』序文の「已因訓述者詞不逮心、全以音連者事趣更長、是以今或一句之中交用音訓」という原理が汎時的に当てはまると答えた。類例として、『円珍病中言上草稿覚書』をあげる理由もなかった。しかし、質問者のいう類例とは、漢字文／和字文の交用されている書記テキストという意味であった。しかも、『讃岐国司解端書』に使用された「草仮名」が紀貫之自筆『土左日記』の仮名にそのままつながることが前提されていた。『国語学大辞典』の解説とまったく同じ考えである。草仮名を、個々の文字でなしにテクストのレヴェルでの概念として規定し、仮名文と質的に異なる書記様式として和字文とよんだ意図はまったく無視されていた。

質問者には、主題の意味するところも、また、発表の内容も理解されていなかった。そうでなければ、「例として」の範囲を右のように限定することはありえなかったはずであるし、また、そのように限定したとしても、類例という表現をするなら、それは、包括的にとらえた場合における特徴の類似や一致を意味したはずである。

発表の趣旨との極端な食い違いに当惑していると、質問者は、最近に発見された二つの文献の存在を発表者に教示したうえで、自分が二つのものを見てやっとわかったことを、発表者が一つだけ見て見抜いた眼力はたいしたものだという、皮肉きわまる賛辞で発言をしめくくった。調べの足りない学生の演習に対する批評を思わせたが、質問者が二つのものを見てどういうことを会得したのかは、そして、皮肉とはいえ、どういうことをほめられたのかも、小論の筆者にとっていまだに謎である。

謙虚な研究者なら、発表者が一つの書記テクストだけを見て得た知見を発表したなどと公然と口にする驕慢さは持ち合わせないであろうし、狭隘な視野から我田引水の文献を引き合いに出し、発表者の姿勢を批判したあげく、発表者の指摘した事実を、発表者よりも確実な根拠に基づいてすでに知っていたという含みをこめて発言したりすることはないであろう。これは、学的倫理に関わる事柄である。

〔引用文献〕

赤井清美『行草大字典』（東京堂出版・一九九〇年）
大矢　透『音図及手習詞歌考』（一九一八年／勉誠社・一九六九年）
財津英次「有年申文」（『書の日本史』第二巻平安・平凡社・一九七五年）
小林芳規①「有年申文」（『国史大辞典』1・吉川弘文館・一九七九年）
小林芳規②「平仮名」（『国語学大辞典』一九八〇年）
小松英雄『やまとうた』（講談社・一九九四年）
佐伯有清『円珍』（人物叢書・吉川弘文館・一九九〇年）
築島　裕①『平安時代語新論』（東京大学出版会・一九六九年）
築島　裕②「仮名とヲコト点の発達」（『書の日本史』第二巻 平安・平凡社・一九七五年）
築島　裕③『仮名』（『日本語の世界』5・中央公論社・一九八一年）。
築島　裕④『平安時代訓点本論考ヲコト点図／仮名字体表』（汲古書院・一九八六年）
東京大学史料編纂所『大日本史料』第1編之一（東京大学出版会・一九八八年：初版一九二二年）
中田祝夫「有年申文」（国語学会編『国語史資料集』武蔵野書院・一九七六年）
古谷　稔『秋萩帖と草仮名の研究』（二玄社・一九九六年）
堀江知彦「讃岐国戸籍謄本有年申文」（『日本名筆全集』平安時代篇巻第十六・書芸文化院・刊年欠）
馬淵和夫「〈有年申文〉について」（『国語教室』四六・一九九二年五月）
吉沢義則①『昭和新修日本古筆名葉集』（白水社・一九五二年）
吉沢義則②「日本書道史3／平安二」（『書道全集』第一二巻・平凡社・一九六五年）
米田雄介「平安時代の文化」（橋本義彦編『古文書の語る日本史』2平安・筑摩書房・一九九一年）

第八章　匂字考

1　「匂」字と「匀」字

現行の漢和字典の類によると、ニオウ（ニホフ）／ニオイ（ニホヒ）に当てられる「匂」字は国字となっている。つぎの二つが、国字という認定の根拠であろう。なお、以下には、動詞ニオウ／名詞ニオイを区別せず、一訓として扱う。動詞カオル（カヲル）／名詞カオリ（カヲリ）についても同様である。

①『康熙字典』にさえ、この字形の文字が収録されていない。

②「匂」字には、漢字の三要素のうち、音が欠如している。

しかし、ここで、改めて浮上するのは、ニホウに当てる文字として、どうして、この特定の字形が案出されたのかという疑問である。

この小論は、右の疑問を出発点として、ニホフに「匂」字が当てられるようになった経緯を解明しようとするものである。

1　諸橋轍次編『大漢和辞典』(初版)で「匂」字を検索すると、国字と規定されたうえで、「韵の省画の匀を譌した字」である旨の解説が加えられている。「韵の省画の匀」ということについては、同字典の「匀」字の項目に、「匀、与韵通、今作韻」という注記が『正字通』から引用されているから、いちおうの裏付けはなされている。また、「匀」字の語義解説の最後の項目には、「にほふ、色つやがよい」をあげ、用例として、白居易の「和夢春遊詩」から、「朱唇素指匀、粉汗紅綿撲」という一節を引用している。

この字典が「匂」字を国字とみなしているのは、「匀」字をこういう字形に「譌した」ためであるから、もとの字形のままなら中国における用法の踏襲にすぎないことになる。したがって、前項に設定したところの、小論の主要課題は、すでに九分どおり解決されていることになる。しかし、字典の解説という制約のためか、十分に理解できない点が残されている(↓補記)。

2　「匀を譌した」という表現の意図は、必ずしも明確ではない。「匀」という本来の字形が、なんらかの作為によって変形されたのか、使用されている間に、いわば、自然発生として形成された略体なのかが問題であるが、この表現からは、いずれのつもりであるか推知できない。もし、後者の場合であれば、中国で撰述された字書／韻書の類が規範として存在するために、字形の転譌が抑制されたことが考えられるから、前者の場合のほうが高い蓋然性をもつであろう。しかし、それならそれで、なぜ、そういう変形が必要であったのかが解明されなければならない。

3　「匀」字に、日本語のニホフに相当する用法があるという字典の解説も、どこまで確実なのか疑問が残る。字典としての制約から、用例を一つだけあげたのかもしれないが、「朱唇素指匀」の「匀」は、この文字の、よりふつうの用法であるところの〈整っている／均斉がとれている〉という意味として理解できないであろうか。もとより、色つやがよいことは、美意識の重要な要因には相違ないであろうが——。

「朱唇素指匀」という表現についての字典の解釈がさほど確固たるものでないとしたら、「匀」字と日本語のニホフとの結び付きの由来を中国に求めることにも留保が必要である。なお、「韵の省画の匀」について言うなら、ニホフという意味の場合、すくなくとも日本においては、どうして、省画された字形のほうしか使用されていないのかも説明されなければならない。

『万葉集』にはニホフの用例が少なからず見いだされるが、大部分は表音的に表記されている。表意的に表記されている場合にも、「艶／染／薫／香」等の諸字が使用されており、「匂」字はもとより、「韵」字や「匀」字をニホフと訓ずべき事例はない。もし、「匀」字にニホフという意味があったとすれば、これは、いささか不自然である。

漢字の種類は、事実上、無限であるから、『万葉集』の時期には、まだ、日本語のニホフに当てるべき最適の文字が見逃されており、平安時代以後になって、その結び付きが成立したという可能性も、可能性のレヴェルで論じるかぎり、あたまから否定はできないが、その淵源を『万葉集』に求めることができるなら、そのほうがいっそう自然である。

以上の諸点から考えて、『大漢和辞典』の解説には、問題が残されていると認めざるをえない。以下には、それにとらわれず、独自に考察を試みる。

2　平安時代の「匂」字

1

「姢」という文字は、ふつうに通用していないので、たいていの人にとって判読不能である。しかし、それが、elevator girl の国字であると聞かされれば、それ以上の説明は必要としない。遊戯的作字かもしれないが、国字の象徴的事例である（→ Chao）。

もとより、過去に作られた国字のすべてが、このように単純明快であるとは限らない。『新撰字鏡』の「小学篇字」木部を例にとると、木偏に「神」あるいは「祀」を添えて「佐加木」であるとか、木偏に「薪」を添えて「奈良乃木／枯木」であるとかいうたぐいの、説明を要しないものもあるが、木偏に「頼」を添えて「加志乃木」であるとか、木偏に「悪」を添えて「須木」を表わしたりするような、造字の理由づけが必ずしも客観的でないものも少なくない。ただし、そういう事例の場合でも、木偏の文字である以上、樹木名であるか、さもなければ、木工に関する語であることは明らかである。そのことは、女部／艸部／魚部／鳥部／虫部の「小学篇字」にも当てはまる。要するに、すくなくとも範疇だけは確実である。

2 国字の構成にはいくつかの類型があるが、総括的に言えば、会意あるいは会意的であって、〈義符＋義符〉という構成であるか、すくなくとも、構成要素の一つは瞭然たる義符であることを共通の特色としている。疑似字音を表わす国字さえ、その原理の例外ではない。

「匂」字が右の原理に基づいて構成された国字であるとすれば、どの部分が義符に相当するのであろうか。常識的に言って、この文字に義符はない。その常識は、この場合、そのまま通用するはずである。この文字自体としては、「勹」の部分、すなわち、〈包む〉である。ニホフの基本的意味は、内に包んでいたものを発散することであるから、一脈つうじるようでもあるが、考えようによっては正反対でもある。いずれにせよ、「勹」が〈包む〉の意味であるというのは字書レヴェルの説明であって、そのことを根拠にして「匂」字の成立を論じるのは強引にすぎる。「匂」字が国字であることは動かないにしても、ほかならぬこの字形によってニホフが表わされた理由を、この文字の構成から説明することは不可能に近い。

3　「匂」字が国字としての条件をひととおり充足しているようにみえることは、冒頭に述べたとおりであるが、文字の構成のうえで疑義が生じた以上、改めて吟味が必要である。

『康煕字典』の収録字数は膨大であるから、所与の文字が収録されているかどうかは、国字であるかどうかを判定するための有力な目安である。ただし、絶対的な基準にしてよいとは限らない。確実な判断は、中国の古典籍についての広範な調査にまたなければならないが、それは小論の筆者の及びがたいところなので、ここには、『大広益会玉篇』『刊謬補缺切韻』『広韻』『集韻』など、代表的な字書／韻書に、「匂」という字形の文字を求めえなかったことを述べるにとどめ、もっぱら、日本で撰述された字書類を資料として考えてみる。

空海撰『篆隷万象名義』の「勹」部には「匀」字と別に「匂」字があり、「古類反、乞也、行請求也」と注されている。原本『玉篇』に基づいたこの字書に国字は収録されていないはずであるから、中国に典拠があるに相違ない。ただし、字形は一致していても、注記がニホフに結びつかないから、偶合とみなすべきである。

『新撰字鏡』の勹部にも、「匀」字と「匂」字とが別々に立項されているが、後者には「非作」と注記されている。その直前にある「匂」字のほうが正しい字形だという意味である。この文字には、「古曷／古類」という二つの反切が示されているが、『篆隷万象名義』の「匂」字と同義であることは注記から明らかである。ちなみに、原本『玉篇』の現存部分には、勹部が欠けているが、慧琳撰『一切経音義』などに引用された佚文には「匃」という字形になっている（↓岡井）。

4　観智院本『類聚名義抄』の勹部のなかに、つぎの項目がある。

匂　　カヽル　アナクル　カホル（上上上）
　　ニホフ　マカル　　　　　　［法下・五八］

「匂」字とニホフとの結び付きが確認できるという意味で注目すべきであるが、つぎの二つの問題を看過すべきではない。

「カホル」という表記について言い添えるなら、この語の古い語形はカヲルであり、語形は変化していないが、平安末期以後、表記は「かほる／カホル」となって定着し、定家仮名遣にもその綴りが継承されている。「かをる／カヲル」から「かほる／カホル」への移行はニホフによる牽引であろう。こういうところにも、二つの語の親縁性が表われている。なお、右の事情から、以下の叙述において、この語の表記はゆれることがある。

第一の問題は、標出字と、最初の和訓「カヽル」との間に不自然な空白が置かれていることである。

ふつう、この位置に期待されるのは反切または同音字による音注であるから、おそらく、あとで音注を補うつもりで、ひとまず、和訓だけを記しておいたものが、最後まで空白のままに残ったと推定される。転写を重ねたテクストなので断言のかぎりでないが、もとのテクストにそのようになっていたものを忠実に写し取ったとみるべき蓋然性が高い。

いちばんもとになった原撰本『類聚名義抄』でどのようになっていたかは、対応する項目があったかどうかを含めて不明である。かりにあったとすれば、和訓に出典が記されていたはずなので、当面の課題にとって有力な手掛かりになりえたはずであるが、小論の帰結にてらすなら、そのような文字は収録されていなかったとみるのが妥当であろう。

編纂の過程で、注記すべき音注がただちに見いだせなかったことは、この文字が正統の字書／韻書、あるいは音義などから抄出されたものではないことを意味している。ただし、現実に通用している文字として、ひとまず採録しておいたといったものでないことは、後述の理由から明らかである。

音注を記入する位置が空白に残されていることは、なんらかの典籍にそれを求めうるはずであるという期待があったからに相違ない。換言するなら、撰者はこの文字を国字とは考えていなかったということである。

もし、この項目が『篆隷万象名義』や『新撰字鏡』などにみえる「匂」字に結び付くものであれば、「古頼反」であれ「古曷反」であれ、音注は容易に求めえたはずであるし、また、この項目に、「乞也、行請求也」に対応する「コフ」「モトム」などの和訓が記載されていないところからみても、無関係と認むべきである。

第二の問題は、この項目における五つの和訓の構成である。

末尾の「マカル」は〈曲がる〉で「句／勾」字の和訓に相当するものであろう。「カヽル」の語義を一義的には確定できないが、これもまた、「句／勾」字の和訓とみて矛盾しない。「アナクル」を勹部の文字と結び付けるのは困難であるが、しいて言えば、三巻本『色葉字類抄』（阿部・辞字門）の「アナクル」の条に「詢」字があり、〈詮索する〉という意味として説明可能であるから、そのような文字と混同された可能性も考えられる。いずれにせよ、それらは、「カホル」「ニホフ」と無関係とみなしてよい。要するに、互いに字体の紛らわしい文字の和訓が一つの項目にまとめられたということである。そうだとしたら、正統の典籍に、それらの和訓を統合する音注を求めえなかったのは当然である。

この項目の五つの和訓のなかで、声点が加えられているのは「カホル」だけで、そのあとの「ニホフ」には声点がない。この字書の凡例に、「片仮名有朱点者、皆有証拠、亦有師説」とあるから、信頼すべき根拠をもつ和訓は「カホル」だけであったことになる（→小松）。

当該漢字の音注が見いだせなかった和訓に「証拠」や「師説」があったとすると、そもそも、「証拠」や「師説」とはどういうものであったかについて再考が必要になる。これは、当面の課題と切り離しても解明すべき一般的問題であるが、主題からの逸脱を恐れて、さしあたり、事実の指摘にとどめておく。

三巻本『色葉字類抄』（加部・光彩門）の「カホル」の項目は、「匂／薫同」となっている。この語に当てる漢字として「薫」字よりも「匂」字が先行していることは、観智院本『類聚名義抄』の「匂」字の項目で、正統の和訓であることを保証する声点が「カホル」だけに加えられている事実と符合する。一方、三巻本『色葉字類抄』（仁部・辞字門）には、「ニホフ／ニホヒ」の項目の最初の漢字として「匀」字をあげたあと、一字を隔てて、「薫」字をあげ、合点を加えている（↓舩城）。

「匂／カヲル」「匀／ニホフ」という対応関係は、前田本／黒川本ともに共通しているから、これら二つの字形が自由に互換可能であったとみなすことはできない。

3 「匀」字の和訓

1 「匂」字と密接不可分の関係において「匀」字をも考察の対象とすべきことが明らかになったので、再び観智院本『類聚名義抄』に立ち戻ると、勹部に「匀」字が見いだされる。

匀　聿衡居旬二反　遍

ヒトシ（平平上）　ニホフ（平平上）　是歟　（法下・五七）

音注以下、「ヒトシ」までは、後述するように、この文字に対する他の字書類の注記と一致している。また、「ヒトシ」に、正統の和訓であることを示す声点が加えられていることも、当然、期待されるところである。

「ニホフ」に声点が加えられているのは、「匂」字に対する「カホル」の場合と同じく、「匀」字を「ニホフ」と訓むことに関して「証拠」や「師説」があったことを意味しているから、「是歟」とは、この和訓をこの項目に——すなわち、「聿衡居旬二反」という音注が添えられ、かつ、「遍」とか「ヒトシ」とかいう意味であることの示されたこの文字に――、まとめてよいかどうかについて、疑義を表明したものと解すべきである。換言するなら、「匀」字をニホフと訓むことは確実であるが、その文字はヒトシとも訓まれているので、一つの文字が二つの意味をもっているのか、互いに無関係なのか、判断しにくいということである。

観智院本『類聚名義抄』の「匂」「匀」両字の項目を対比すると、三巻本『色葉字類抄』とちょうど並行的に、「匂／カヲル」「匀／ニホフ」という対応関係が認められる。学問的背景を異にし、撰者を異にし、目的を異にするこれら二つの字書に認められる対応関係の一致は、平安末期において、この書き分けが社会的慣習になっていたことを示唆している。

この対応関係は、『運歩色葉集』（京都大学蔵・元亀二年本／静嘉堂文庫蔵本）でも同じであり、また、『節用集』諸本をはじめとする中世末期の字書類でも、おおむね、ニホフに「匀」字を当てていることが確かめられる。ただし、後述するように、カヲルが日常語でなくなったためか、字書類のほとんどにその項目がなく、直接の対比は不可能である。

2　「匀」字と「匂」字とは字形が酷似しているので、観智院本『類聚名義抄』では、どちらにも「ニホフ」という和訓が添えられている。この事実は、運用上、なんらかの混乱があったことを示唆している。

「匀」字に「声衡反／居旬反」という二つの反切が添えられていることは、とりもなおさず、その背後に中国の典拠があったことを意味している。『康熙字典』所収の『説文』には、「匀」字に、「少也、從勹從二、指事也」「曰均也」とある。ただし、徐鉉本には「指事也」以下がなく、反切も「羊倫切」となっている。『集韻』（四部集要本）の平声諄韻には、「俞倫切、説文少也、一曰均也」とある。「ヒトシ」という和訓は、この「均也」に相当する。

『篆隷万象名義』の「匀」字には、「辞遵反、均也、課也、時也、遍」と注記されている。「均也」は、『康熙字典』や『集韻』などの「匀」字と結び付きそうである。また、『新撰字鏡』では、「匀」字に、「翼旬居旬二反、少也、斉也、遮也」と注記されている。「居旬反」は、観智院本『類聚名義抄』と字面が一致している。

以上の検討から明らかなように、「匀」字は中国起源の文字であるが、すくなくとも平安初期の段階では、ニホフに結び付きそうな注記が加えられていない。それなのに、どうして、平安末期の三巻本『色葉字類抄』でニホフに当てられるようになっており、観智院本『類聚名義抄』で、正統の和訓としてニホフと訓まれるようになっていたのであろうか。

平安時代の間にどういうことが起こったのか。それを解明するのがつぎの課題である。

3 文明本『節用集』(仁部・態芸門)には、「匂」字の右傍に「ニホフ」、左傍に朱書で「イン」とあり、さらに、上平声の声点が加えられている(→湯沢)。「ニホフ」の項目には他の文字が併記されておらず、ただ、「発越」とも書くという旨の割注が添えられているだけである。この字書にも「カヲル」の項目がないので対比は不可能であるが、「ニホフ」に「匂」字を当てているのは、『節用集』諸本のなかでは例外のようである。

この字書の場合、それ以上に注目に値するのは音注である。「匀」字なら、『広韻』『集韻』ともに上平声の諄韻に配されており、反切も、それぞれ、「羊倫切」「兪倫切」となっているから、「イン」という音注も、また、上平声の声点も、それらに一致しているので、『切韻』系韻書に基づいて注記されたに相違ない(→湯沢)。したがって、ここに「匂」字があげられていたとしても、実際上、それは、「匀」字と等価とみなされているはずである。ちなみに、文明本『節用集』のほかに、この文字に音注を加えたものを小論の筆者は知らない。

4　慶長十五年版『和玉篇』の勹部には、「匀」字の右傍に「イン」という音注を記し、「ニヲウ／ニウヒ／ヒトヘニ／ミダル／マレナリ」の五訓を添えている。「ニウヒ」は「ニヲヒ」に相当する。この字書は、基本的に『大広益会玉篇』を下敷きにして編纂されたものであるから、国字が入り込む余地はない。右と対応する『大広益会玉篇』の項目は、つぎのようになっている。

匀　弋旬居旬二切、少也、斉也（勹部）

『和玉篇』では、「居旬切」が無視され、また、原拠にない「ニヲウ／ニヲヒ」を、原拠と対応する和訓に先行してあげている。換言するなら、『大広益会玉篇』の注記を優先させず、「匀」字を、一次的に「ニヲフ／ニヲヒ」を表わす文字として位置づけていることになる。「この慶長整版本の内容は、すべての点について、『大広益会玉篇』の内容を反映しているとはみとめられないことから、ただちに、直接の「倭訳大広益会玉篇」を意味するものとはいいがたい」という指摘もある（↓北）。「ミダル」の出自は不明である。

4　混乱解消の方略

1　前節までの調査から明らかなように、文献上の証拠を追跡しても「匂」字ないし「匀」字がニホフを表わすようになった事情は――というよりも、より正確には、ニホフにこれらの字が当てられるようになった経緯は――、解明しがたいので、一つのシナリオを提示してみたい。結論的に言うなら、ニホフに当てた「匂」字が「韵」字に由来しているということである。ただし、以下に述べるところから明らかなように、その帰結は『大漢和辞典』にいうところの「韵の省画の匀を譌した」に近いようにみえても、根拠はまったく違っている。

2　ニホフの概念は、ある事物から漂い出るとか発散されるとかいう意味において、ヒビクに一脈かようところがある。比喩的に言うなら、ニホヒとは、耳に聞こえないヒビキである。この比喩を文字の構成に当てはめるなら、「韵」字から聴覚的要因を表わす義符「音」を引き去って残るのが「匀」である。風韻や神韻の「韻／韵」なら、いっそうそれに近い。そういう発想に基づいて、本来の「匀」字と無関係に、もう一つの「匀」字が日本において創出されたとすれば、前節までに指摘したもろもろの疑問や矛盾は一挙に解決する。

右のようなとらえかたのもとに形成された「匀」字は、中国起源の文字に基づいていても、正統の字書のなかに位置を占めがたかった。字形は一致しても、中国で撰述された字書や、それらを日本で改編した字書にみられる「匀」字に注記されている意味とは無縁だったからである。

観智院本『類聚名義抄』の祖本の撰者が、「匀」字の項目の末尾に「ニホフ」を置いて、「是歟」と注記した理由は、右のように解釈することによって理解できる。

ずっとあとの時期になって、享保二年（一七一七年）刊『書言字考節用集』（第八巻・言辞上）には、「ニホフ」として、「馥」字をはじめ、七字をあげ、その末尾に「匀」字を置いて、「今按ニ斉《ヒトシ》キ也均也。支那用テ為ニ音匀ノ字ト一本朝ノ俗為ニ香馥之義ト者未レ穏」と注記している。これもまた、右の「是歟」につうじる疑問である。「音匀」とは「音韻」のことであり、これなら、「韵」字から左傍の「音」を引き去らなくても、ヒビキ／ニホヒの抽象的共通性を利用して「匀」字を転用したと考えることが可能である。古くは、「韻／韵」字でなく「均」字がその意味に使用されており、その「均」字は「匀」字につうじるとされているから、それでもよさそうである。しかし、日本の文献資料に関するかぎり、「均／韻／韵」の諸字をニホフに当てた事例が見あたらないから、中国における等式がそのままには当てはまらない。もし、文字の通用というだけなら、規範意識から言っても、また、衒学的動機に基づく変異の追求からも、「匀」字に代わってそれらの文字が使用される機会はいくらもあったはずである。そういう事実が見あたらないのは、ニホフに当たる「匀」字が、中国における「匀」字と等価ではなかったからである。

3　ヒビクから聴覚的要因を捨象した概念として捉えられるのは、ニホフだけではなかった。それときわめて意味の近かったカヲルもまた同様であった。これら二つの語の微妙な関係は、たとえば、左の一節によく表われている。

かしらは、つゆくさして、ことさらに色とりたらむ心ちして、くちつきうつくしうにほひ、まみのひらかにはつかしうかほりたるなとは、なをいとよく思ひいてらるれと［源氏・横笛］

平安時代になって用域を拡大したカヲルには、それを表わす適切な漢字が必要であったが、ニホフと類義であったために、しばしば、ニホフと同じ文字を求める結果になった。前述の「薫」字や「馥」字などがその例である。「匀」字が造り出された動機は、そのような共有関係を解消して、それぞれを別個の文字に結び付けようとしたことにあるとみるべき公算が大きい。ともあれ、意味が近似しているために、一方が「匀」字と結び付けば、他方もそれと結び付くのは自然な過程であった。そのために、これら二つの語に関しては、意図したとおりに訓まれる保証が失われた。したがって、どちらに訓まれてもかまわない場合を除いて、これら二つの語に関しては、当てる漢字がない状態に陥った。

4　こういう不都合が生じれば、不都合を解消する方策が講じられる。この場合についても、いくつかの方策がありえたはずであるが、実際に採られたのは、二つの文字を定めて、一方を甲に当て、他方を乙に当てて混乱を解消することであった。「薫／香／馨／芳／馥／郁」というたぐいの文字では交通整理ができないので、選ばれたのは、「匀」字と「匂」字とであった。「匀」字は、「韵」字から聴覚的印象を捨象して形成されたが「匂」

字のほうは、ニホフとの意味の近さを字形のわずかな違いで象徴する字形として新鋳された文字であった。きわめて近いけれどもまったく同じではないということである。このようにして形成されたのが「匂／ニホフ」「匂／カヲル」という使い分けである。「薫／香／馨／芳／馥／郁」などを使用することは自由であるが、確実な同定は保証されない。しかし、交通整理に従えば、そのリスクを避けることができる、という仕組みである。

既成のテクストを訓む規範にはならないが、書く場合にはたいへん有用である。

言語変化に個人の工夫や作為など、入り込む余地はないが、書記は人工の道具であるから、言語の場合とは事情が違う。

この振り分けは、特定個人の思いつきであったに相違ないが、観智院本『類聚名義抄』で、それぞれの和訓に声点が加えられていることは、その特定個人が権威ある人物であったことを、あるいは、権威ある人物によって支持され、採用されたものであることを意味している。三巻本『色葉字類抄』でも、それと平行した振り分けがなされていることは、当時、この使い分けが社会慣習になっていたことを意味している。きわめて巧みな解決法であったために、社会的に受け入れられ、急速に普及したのであろう。

一般化するなら、語Aのために造られた文字Gに、それと類義の語Bも結び付く傾向が生じ、文字Gが語A／語Bのいずれに当てられたか判別できなくなったために、文字Gを変形した文字Hを新鋳して語Bに当て、混乱を解消したということである。右には、二つの文字が対として造られたという仮定のもとに考えてみたが、可能性のレヴェルにおける想定であり、いろいろの変異がありえたはずである。しかし、それらの変異を列挙して、それぞれの蓋然性を評価してみても意味がない。いずれの場合にも、事態のありかたは同じだからである。大切なのは、混乱の原因がどこにあり、その混乱がどのように解決されたかである。ただし、変形して造られたと考えられる「匂」字がカヲルに当てられているから、どのような過程をたどったにせよ、ニホフの側に先取特権があったことは確実である。

確認しておくなら、現在、ニオウに当てられている「匂」字は、本来、カヲルに当てるために造られた文字であったから、平安末期から現代に至るまでに、これら二つの語と二つの文字とに、小さなドラマがあったことになる。

5　対比的使用の解消

1　「匂／匂」の両字によって、それぞれ、ニホフ／カヲルを表わすという巧みな方式は、中世末期まで行なわれた形跡が認められるが、二つの語が存続しているにもかかわらず、この方式は結果として放棄されている。具体的にいうなら、「匂」字は使用されなくなり、カヲルに当てられていた「匂」字が現今ではニオウに当てられ、中国起源の「薫／香／馨／芳／馥／郁」などがカオルに当てられている。この間の事情については説明が必要である。

『日葡辞書』には、ニヲウ／カヲルの両項が、つぎのように記されている。

Niuoi, ô, ôta. cheirar（=to smell).

Cauori, u, tta. P. i. Niuô. cheirar, ou recender（=to give forth an aroma).

これによると、どちらも、芳香を発する、という意味である。カヲルのほうに〈詩語〉とあるから、文体による使い分けとして捉えられている。ニヲウの項目には、『平家物語』から「花は色々にほへども～」という一節が用例として引用されているが、その部分のポルトガル語訳は、Posto que as rosas cheirão となっている。天草版『平家物語』の相当部分（巻第四、三五二頁）の表現から花の種類は特定できないが、原拠とされた文章では、主として視覚的な美についての表現になっている。『日葡辞書』でバラと意訳されているのは、ニヲウが嗅覚を主とする語として理解されていたことを示唆している。

ニヲウ／カヲルの同義化と文体による乖離とが、「匂／匂」両字の均衡に影響を与えた可能性も、いちおうは考慮に入れなければならない。文体による乖離によって混同の危険がなくなったために、使い分けの必要がなくなり、また、字形の微妙な差による対比の効果も失われたことは十分にありうるからである。ただし、それだけでは、ニオウが「匂」字から「匂」字に移行した経緯までは説明できない。

2　「匂／匂」両字を一対としてニホフ／カヲルに割り振った直接の動機は、同群の漢字をこれら両語が共有することによって生じる不都合を解消することにあったというのが、小論の筆者の解釈である。振り分けの試みは社会的に受容され、慣習として成立したが、現実には、それまで結び付いていた中国起源の文字もまた、ニホフ／カヲルに当てて使用されていたことが、観智院本『類聚名義抄』や三巻本『色葉字類抄』などから十分にうかがわれる。

「匂／匂」両字の使い分けが成立して以後、ニホフが「匂」字との結び付きをいっそう強固にし、一対一の対応の方向をとったのに対して、カヲルは「匂」字になじまず、以前から続いていた中国起源の文字との結び付きを復活した。

かつて、同群の漢字に類義の二語が結び付いて衝突を生じたために二つの国字が対として割り振られたことは事実であるが、カヲルに当てるのに適切な文字であったからこそ自然に結び付いたのであるから、結び付きの復活は、むしろ、当然の成り行きでもあった。カヲルが中国起源の文字との結び付きを復活したことによって、「匂」字は不要になり、それがニヲウに当てられるようになったものと推定される。比喩的に表現するなら、カヲルが捨てた「匂」字をニオウが拾ったということである。

ヤドカリがもっと快適な殻に引っ越したとすれば、見かけはよく似た殻なのに、どうして、「匂」字よりも「匂」字のほうが、ニオウにとって住みやすかったのかが説明されなければならない。

ニヲウが「匀」字を嫌って「匂」字に居を移したのは、中国起源の「匀」字と、国字としての「匀」字との不自然な二重像を分離しようとしたことが理由であろう。漢字は、つねに中国の字書／韻書などと照応され、修正されるからである。中国の字書／韻書などに「匀」字がありながら、ニオウに対応する注記が見いだせないことは、『書言字考節用集』に言うように、「未穏」だったからである。

3 前項に指摘した不自然さを解消する必要があったとすれば、カヲルが「匂」字との結び付きを維持し、ニヲウが中国起源の文字との関係を復活するのが、もう一つの選択であった。結果としてその方向をとらなかったのは、二分の一の確率による偶然だったのであろうか。

現代語のカオル／カオリが芳香をさすのに対して、ニオイ／ニオウのほうは幅が広く、悪臭のほうに大きく傾斜している。プラスの評価であっても、〈花のカオリ〉は適切であるが、〈夕食のおいしそうなカオリ〉は適切でない。芳香ではないからである。ニオウ／ニオイには、「匂」字よりも「臭」字を当てる用法のほうが優勢である。中国起源の「薫／香／馨／芳／馥／郁」などは、いずれも芳香をさす字であるから、ニオイ／ニオウに当てるにはふさわしくない。類義語に生じた意味の両極化が背後にあったとしたら、新しい結び付きは、二分の一の確率で生じた恣意的現象ではありえない。

6 帰結

1 ニホフに当てた「匀」字は、「韵」字から義符を除き、声符を残したものであるというのが小論における解釈である。六書のなかに、そのような構成法は含まれていないし、類例を提示することも困難であるが、そのことが小論の弱みにはならないであろう。

「韵」字は、本来、形声文字であったが、ここで重要なのは、ニホフに当てるべき文字として「匂」字を新鋳した人物は、それを会意の文字に見立てていることである。形声文字としての「韵」字から聴覚的要因を表わす義符「音」を引き去れば、残るのは音符「匀」である。しかし、国字としての「匂」字はニホフという日本語だけを表わしている。それは、「匂」の部分が意味をもっているからである。文明本『節用集』や慶長版『倭玉篇』などの音注「イン」は、中国の字書／韻書の「匀」字の反切を片仮名に書き換えたものであって、国字としての「匂」字とは無関係である。

会意としての「韵」字から「音」を引き去った部分が表わすのは、〈縹渺と漂う〉という抽象化された概念である。もとより、それは、直感に基づく仮の見立てである。

右のように考えるなら、国字としての「匂」字は、会意と逆の、削意によって造られた文字である。

補記　○諸橋轍次編『大漢和辞典』(初版)所引の「朱唇素指匀、粉汗紅綿撲」という白居易の詩の一節について、内山知也氏に教示を仰いだところ、原拠に遡り、かつ『佩文韻府』を参照した結果、この文脈において、日本語のニホフに相当するとみなすのは無理であろうとのことである。本章の原論文との関係は確認していないが、同字典の修訂版では、この用例が削除されている。○北原保雄氏の教示によって、時枝誠記『国語学原論』の現代語の用例に、「匂」字が「にほふ」に当てられていることを知った。○佐佐木隆氏の見解によれば、「匂」字に近い字形として「匃」字が新鋳されたのは、意味的に無関係であっても、「掲」字など、いわば、漢字としての類型にならったためであろうとのことである。

〔引用文献〕

岡井慎吾『玉篇の研究』（東洋文庫論叢第十九・一九三三年／一九六九年）
北　恭昭「漢和辞書の系譜における慶長整版倭玉篇」（『国語学』第77集・一九六九年六月）
小松英雄『日本声調史論考』（一九七一年・風間書房）第一部第二章。
舩城俊太郎「三巻本色葉字類抄につけられた朱の合点について」（『二松学舎大学論集』昭和五十年度）
諸橋轍次編『大漢和辞典』（大修館書店・一九六〇年／修訂版・一九八四年）
湯沢質幸「文明本節用集の朱声点について」（『国語学』第91集・一九七二年一二月）
CHAO, Yen Ren : Language and Symbolic Systems. Cambridge University Press. 1968.

＊『佐伯梅友博士喜寿記念国語学論集』（表現社・一九六七年）に基づく。

付章　証拠と論と

0　俗諺に、論より証拠という。実証的研究の基礎は、証拠とすべき事実の確度が的確に査定されていることにある。その証拠に基づいて実り多い成果を導くためには、理論的支柱と論理の一貫性とが不可欠の要件である。きわめて非生産的なこの小論をあえて公表するのは、一つの極端な例をとりあげて黒白を明らかにし、研究の質について問題を提起したいからである。みずからの研究の質をも同時に問われるから、両刃の剣である。

1　桜井茂治は、観智院本『類聚名義抄』（以下、観智院本）を主資料として、平安／院政時代における日本語のマ行音が「かなりの鼻音性をもち」、濁音として認識されていたことを証明しようとしたものである。その根拠は、和訓の仮名の右側にさされた朱点についての独自の解釈にある。

この字書の和訓の仮名に加えられた朱点のほとんどは仮名の左側に集中しており、右側にはまれである。金田一春彦は、「誤ってこの位置に施されたと目される例が少なくない」として、二例以上、見いだされるものだけを去声点と認定している。その後、小松英雄は、十余例の複点を、声調と分離された濁点と認定したが、単点のなかには、依然として、誤写／誤点としか認めようのないものが残されていた。

桜井茂治の右の論文は、仮名の右側にある朱点のすべてを統一的に説明しようとしたものである。もし、その説明が正しいなら、積年の疑問が氷解する。しかし、当該論文は、証拠とする事柄の事実認定においても、また、立論においても基本的な過ちをおかしており、見解の相違を超えた絶対的誤謬と認めざるをえない。

2　まず、提示された証拠を吟味してみよう。

桜井論文には、観智院本から、仮名の右側に加点されたと認められた百十八例が、分類のうえ列挙されている。分類基準の適否についてはあとで検討することにして、そのまえに問題にしなければならないのは、立論の基礎とされている個々の証拠の認定である。以下には、指摘された事例だけを検討の対象とし、見落としや誤脱は無視することにする。

当該論文では、右側の点が▽で示されているが、複製本で検するかぎり、すくなくともつぎの七例には、そのような点の痕跡すら認められない。各項の番号は省略して引用する。

Ⓐイクバク（平▽平平）……平平平平
Ⓐシタガフ（○▽平平）……○○平平
Ⓑアザ（○▽）……○○
Ⓒオユ（平▽）……○○
Ⓓムツマシ《フ（平）》（上▽○○）……ムツブ（上上平）／ムツマシ（上上○○）
Ⓔウス（平《▽》上）……平上

Ⓔシタガフ（上上上▽）………上上上○

つぎの二例も、はなはだ疑わしい。

Ⓐカウハシ（上上平▽○）……汚れか

Ⓓイサム（平平上▽）………汚れか

せめて、そのあたりに汚れでもあればともかく——といっても、最後のⒹなど、仮名の右上の汚れは小さくて、しかも、仮名から離れすぎているが——、なにも見えないところに、まさに、それについて論じようとする星点をこれほど多く見いだしているのは、奇異としか表現しようがない。

こういう結果をもたらした原因の一つは、正宗敦夫の校訂したテクスト（以下、正宗本）に依拠したことにあるらしい。たとえば、Ⓒオユがそういう疑いのある例の一つである。正宗本では、仮名の声点に星点と圏点とがあるが、圏点は校訂者が、おそらく、見やすいように星点の位置に加筆したものである。校訂者が声点について専門的知識をもたなかったために、こういう加筆をしたのであろう。正宗本のテクストの声点を全般的に調査すれば、頼りなさに気づかないはずはない。観智院本の声点について論じようとする場合、写真複製によるべきことは、この領域における常識である。

誤謬の一因は正宗本に依拠したことにあるが、右に抽出した諸例の多くが、正宗本にもそのようになっていないことは、ほかにも原因があることを示唆している。右には、仮名の右側にある朱点だけを取り上げたが——といっても、実際には、なにもないのに、そこに星点があると認定されているのであるが——、仮名の左側の星点に、もっと多くの誤認がある。たとえば、Ⓒに「ナクモガ（▽平○○）」として二つの項があげられているが、前者は［去平上上］であり、後者は［去平上平］である。一事が万事であるから、類例の指摘は省略する。

3　立論の根拠とされた証拠がこれほど杜撰に集められているのは、当該論文の筆者に、個々の事例を理解しようという姿勢が欠如しているからである。その姿勢は、つぎの事例に象徴的に顕現している。

Ⓔ「ヒサガクタ（平平平平上▽）」には、正宗敦夫が「ヒサクガタか」と注記しているむねが記されている。ただし、そのあとの部分では、「ヒサガクタ」として考えられている。

問題の箇所は、観智院本の写真複製で「図版20」のようになっている。「ク」の右上の符号は返点であり、片仮名「ク」を、その上にある「◦」の位置に、すなわち、「サ」と「カ」との間に挿入すべきことを示している。要するに「ク」と「カ」との入れ替えである。その指示に従うなら、この和訓は「ヒサクガタ」となる。正宗敦夫が「か」という疑問を添えているのは、指示どおりに訂正すると「ヒサクガタ」になるはずであるが、確言できないということであろうか。

返点と「◦」印とによる文字の入れ替えは観智院本独自の方式ではなく、他の書記テクストにも散発的に使用されているから、多少とも写本に親しんでいれば右のような理解はありえないであろう。

原本系の図書寮本（玉部）では、それに対応する部分が「火珠／塔乃比散久賀太（平平平平上）」となってい

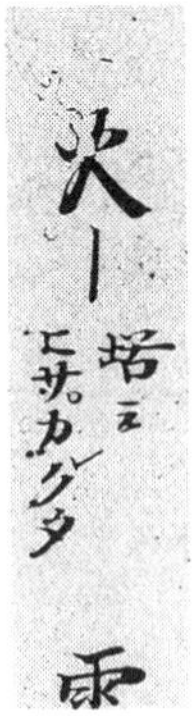

図版20

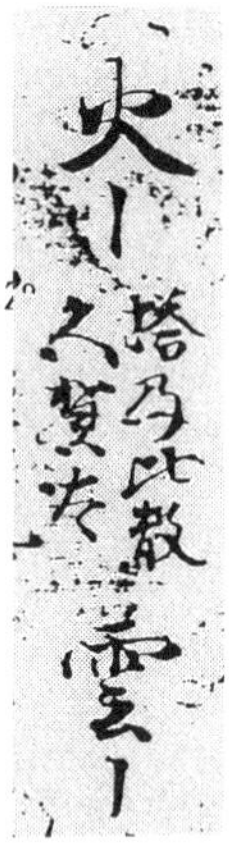

図版21

れている。

る（図版21）。『和名類聚抄』（巻十三・仏塔具）からの引用である。三巻本『色葉字類抄』（飛部／雑物門）にも引用されている。

片仮名「ク」の右上の符号は朱書でなく墨書であり、形状も星点とは明確に異なっている。それを「▽」と認定し、しかも、その右上にある「◦」印を無視しているのは、杜撰というほかはない。

「ヒサガクタ」という片仮名の連鎖がどういう意味であるのか理解できなければ、図書寮本や『和名類聚抄』『色葉字類抄』などに当たってみるのは、この種の書記テクストを扱う場合の定石である。

©ナスミ（▽○平）は、正宗本で［▽▽平］となっているが、「無」字の和訓であるから、これは、明らかに「ナミス」の誤写である。©「ナクモガ」の直前に「ナミス（去平○）」があるが、当該論文の表には採録されていない。

©「ヨクル」は、文字から見ても「ヨクス」であるし、Ⓓ「イクモイ」は、どちらも蜘蛛の巣を意味する二つの和訓「イ／クモイ」である。「ヒサガクタ」をはじめ、不可解な和訓を不可解のままに証拠として提示したりせずに、まず、それを理解したいという欲求をもち、それを解明するための知識と能力とを身につけ、実際に調査する努力を払わなければ、価値ある成果の達成は期待できない。

4　前節までの指摘から明らかなように、当該論文は、観智院本のテクストにおける誤写／誤点の可能性をまったく考慮に入れていない。このテクストに誤写がきわめて多いことは、岡田希雄によって具体的かつ詳細に指摘されており、学界の共通理解になっている。声点についても同様である。このテクストを書写した人物が声点について知識をもたなかったことは内部徴証から明白である。それにもかかわらず、当該論文の筆者は、機械的に採録した諸例をもとに、誤認までも含めて、大胆な議論を展開している。

立論の都合で、観智院本よりもはるかに優位にある図書寮本の声点を誤写として譲らなかったり、意味不明の和訓の声点をそのまま採用したり、ということでは議論にならないが、この論文を読むと、その理由がわかる。なぜなら、一覧表の分類基準によれば、たとえどれほど不思議な和訓が出てきたところで、〈濁音節前のかな〉とか〈ナ行のかな〉とかいう条件でAからEまでのいずれかに組み込まれており、処理に困ることはないからである。そのようにして採録され、分類された諸例のなかから都合のよいものを恣意的に選択して利用したうえで、最後に残されたⒺ群の二十三例を——すなわち、一音節語十三例と「特別条件なし」とした十例とを——、一括してつぎのように説明すれば、不都合な事例は一つも残らない。

このⒺに属する二三例は、一応、鼻音とは関係なく、純粋に音節の長さについての特徴をとらえて標示したもので、これこそ、いわゆる〈去声点〉として処理できるのではないかと思われるのである。

当該論文の筆者は気づいていないであろうが、もし、このような結論が認められるとしたら、これまでのアクセント史研究の成果はすべてを御破算にして再出発しなければならなくなる。第2節に指摘したとおり、「シタガフ（上上上▽）」は誤認であるが、当該論文の筆者はそのように認定しているわけであり、これを「いわゆる〈去声点〉として処理できる」ということなら、そのアクセントは［高高高昇］という、これまで存在しないとされてきたところの、高い部分を二箇所にもつ型として再構されることになる。確かに、当該論文のどこにも去声点が上昇調を示すとは書かれていないし、〈去声点〉に「いわゆる」が冠せられていることも気になるが、改めてそのことについて言及がない以上、学界の共通理解に従っているとみなしてよいはずである。

「シタガフ」と前節の「ヒサガクタ」とを例にして、「一応、濁音節の直後という条件ではあるが、これを鼻音と結び付けることは無理であろう」と判断し、「いわゆる〈去声点〉」として「処理」しているのであるから、誤点ではすまされない。これは、無批判な機械主義の破綻である。

5　証拠について吟味しているうちに、話題が論の内容に及んできた。しかし、前項までに指摘したような事実が明らかになった以上、やはり、論より証拠であって、当該論文に提示された論の内容を正面から検討する興味は失われた。小論の筆者の旧稿も歪曲して引用されているが、それを訂正する意義もない。ただし、抽象的にそのように言っただけでは、いわれのない誹謗として受け取られかねないから、一つの点だけについて、根本的な疑問を提示しておこう。

当該論文の筆者は、「カガミ／カガミル」の「ミ」に濁声点が加えられた事例があることをもとに――といっても、前者は誤認であり、後者は誤点と認むべきであるが――、つぎのように述べている。

この例でも明らかなように当時のマ行の子音は、かなりの鼻音性をもち、しかも、その鼻音が濁音の音声的な弁別的特徴として意識されていたことが、同時に明らかになるのである。

マ行子音について言う場合、どうして、「当時の」と限定しなければならないのか、小論の筆者には理解できない。現代語のマ行子音などよりも鼻音性が強かったから濁音として認識されたということなら、当時の日本語には、清音と対をなさない濁音が存在したことになるから、それは、日本語の音韻体系の基本に関わる重大な問題である。観智院本の和訓にはマ行の仮名が無数に近くあるにもかかわらず、特に、これら二例だけに濁点が加えられている理由を当該論文の筆者は、音韻論のレヴェルで説明できると考えているのであろうか。また、「濁音の音声的な弁別的特徴」という表現の意味するところも理解しがたい。

分布の不規則性を、このテクストの「複雑な転写過程」などに帰すべきではない。そのように表現するまえに、その場合の「複雑な」という形容が、具体的にどういうことを意味するかについて考えてみるべきである。

6　当該論文に提示された証拠の信憑性は限りなくゼロに近い。また、その証拠に基づいて展開された論には、理論的支柱が欠けており、音韻論に関する基礎的知識の欠如が浮き彫りになっている。論理の一貫性もない。まさに、論外である。

［引用文献］
岡田希雄『類聚名義抄の研究』（一条書房・一九四四年）
金田一春彦「類聚名義抄和訓に施された声符に就て（『国語学論集』一九四四年・岩波書店）
小松英雄「声点の分布とその機能（II）②」（『日本声調史論考』一九七一年・風間書房／原論文・一九六八年）
桜井茂治「平安院政時代における日本語の鼻音について——〈観智院本・名義抄〉を中心として——」『国語国文』一九七三年十二月）

＊『国語国文』（一九七四年五月）所載の同題の論文に基づく。

後記

本書は、『日本語書記史論考』として構想されたが、初校を終了した段階で、笠間書院の橋本孝／岡田圭介両氏から、〈論考〉を〈原論〉に改めてほしいという強い要請があった。書記史の概念を確立し、研究の方法を実践的に提示しようとする著書なので、その名称がふさわしいということである。高飛車な印象になることを嫌って抵抗を試みたが、最初の読者からそのような評価をいただけたことに感謝して改題した。

藤原定家によって整定された仮名文テクストの文字遣いがきわめて特徴的であることに興味を引かれて調査したのは、一九七〇年代から八〇年代にかけてのことであった。その主題に関わる三篇の論文を、その後、『仮名文の原理』（笠間書院・一九八八年）の第I部に組み入れたが、その段階では、〈用字原理〉という用語を使用していた。しかし、十年を隔てた本書に、その用語は使用されていない。

筆者を〈用字原理〉から〈書記史〉へと転換させたのは、Albertine Gaur : *A History of Writing*（書記の歴史）の冒頭に記された、All writing is information storage.（すべての書記は情報の蓄蔵である）という明快な一文であった。それが眼に写った瞬間、筆者は電撃的衝撃を受けた。ちょうど、パソコンで〈アイコンの整列〉をクリックしたように、頭のなかに雑然と散らばっていたさまざまの知識や解釈が、整然と配列されるのを感じたからである。それまでは、横向きや斜め向きになったファイルも少なくなかった。一九八六年前後のことなので、マックは使ったことがなく、ウインドウズもなかったから、〈アイコンの整列〉は、もとより、あとからの経験に基づく比喩である。書記について格別の問題意識をもたなければ、すらりと読み流してしまうさりげないことばであるが、筆者にとっては、以後、Gaur が女神になった。

こういう意味の writing に相当する適切な日本語が見あたらない。有力候補の一つは〈記録〉であったが、日常語としての用法や記録体／記録文などとの衝突を回避して〈書記〉にした。

打てば響くという成句があるが、打たれて響いたのは、筆者のなかに、響くものが累積されていたからである。響くものとは、文献資料に基づく日本語史研究の方法がどのようにあるべきかという問題意識にほかならない。みずからアイコンを整列させたいと努力していたので、クリックにすぐに反応した。

筆者がはじめて Gaur の著書を引用してコメントを加えたのは、一九八八—八九学年度、カリフォルニア大学バークレイで担当した日本語史の講義であった。日本語に既成の訳語がないことは前述したが、英語の場合には日常語としての writing が speaking/reading とセットになっているので、やはり、術語としての意味を限定する必要があった。『仮名文の原理』が刊行されたのは、その期間のことである。

残念な挿話を一つ—。

近所の区立図書館で、Y. F. /O. M.訳『文字の歴史 起源から現代まで』（原書房・一九八七年）という訳書を見かけた。タイトルが気になって手に取り、内容を瞥見して啞然とした。案の定、「すべての文字は情報貯蔵である」で始まっている。既成の訳語がないからといって、ほかならぬこの書の writing を〈文字〉で置き換えるのは言語道断である。表音文字は意味を担わないし、表語文字も単一の意味しか担わないから、事実上、情報を貯蔵することはできない。（→序章）。script/writing の区別が曖昧では、わけがわからなくなる。そもそも、〈文字は情報貯蔵である〉という舌足らずの日本語を理解する日本語話者がいるであろうか。要所要所の訳文をみると、明白な誤訳や不適切な表現が少なくない。わからない翻訳も困るが、独り合点でわかったりしたらもっと困る。図書館から借り出して、次回の講義で取り上げ、原文と対比しながら、女神にかけられた泥を丁寧に拭ったことを記憶している。

書記／書記史の概念が筆者のなかでしだいに醸成されたので、書記テクストの捉えかたが前著の立場とは大きく変わってしまった。そういう折に橋本孝氏から、前著の第Ⅰ部／第Ⅱ部を切り離して刊行したらという提案があった。改稿したかったのは第Ⅰ部のほうだったので、さしあたり、新たに執筆した「導論」を第Ⅱ部に加え、必要な変更を加えて『仮名文の構文原理』（笠間書院・一九九七年）という表題で刊行した。

第Ⅰ部は新たに出発することにして「総説」を執筆するとともに、学界に広く知られる二つの書記テクストを選んで方法の実践を試みた（第六章／第七章）。初歩的な事柄にも言及したので、両方とも、かなり長くなったが、それよりも、厄介なのは前著の五つの章の書き換えであった。ともかくも仕事に取りかかったが、能率は上がらなかった。同一の事象でも、観点が変われば、史的な位置づけや評価も、それに応じて変わるからである。前著の当該部分を笠間書院でtxtファイルにしてもらって加筆したが、新規に執筆したほうが仕事も速く、叙述もすっきりしたであろうというのが、終わったあとの感想である。辞書の改訂作業の場合、もとの項目を手直しすると、それに引きずられて不徹底になりやすいのと同じように、どっちつかずになってしまったが、指摘した事実と、その事実に関する解釈とは、それなりの意義をもちうると考えている。

前著を承けて公表された論文がいくつかあるが、それを組み入れると収拾がつかなくなるために、原則として触れていない。福島直恭／伊坂淳一／今野真二／中川美和氏らにそれぞれ、注目すべき論考があり、さらなる発展が期待される。ほかに、筆者がそういう事例を見逃したわけではなく、予知可能性の指摘で十分と考えた事柄についての調査報告もある。

「総説」と本論各章との叙述に多少の重複があるのはやむをえないとして、前著を下敷きにして改稿した第一章から第四章については、各章の独立性を保持しようとしたばかりに変奏を整理しきれなかった。不手際をお詫びしたい。

「総説」は、一九九三年、筑波大学で開催された国語学会春季大会で発表した内容を骨子にしている。同大学を定年退官するのを機会に研究から引退しようと考えていたので、若い世代の人たちに言い残しておきたいことを話したつもりであったが、あれから四年を経過しているので、それなりの進歩があればと願っている。

筆者は、マクロな視野でマイクロな事象を捉えようと講義でよびかけてきた。「総説」には、筆者の考える意味でのマクロの視野の一端を提示したつもりである。

第六章は、一九九二年秋、愛媛大学法文学部の集中講義で、予定していたのに扱い残した『法隆寺金堂薬師仏光背銘』についての私見を『愛文』に寄稿した三十枚前後の論文を核にして大幅に増補改訂したものである。いわゆる敬語が書記テクストのなかでどのように機能しているかに関する私見を、ぜひ、批判していただきたい。筆者としては、敬語史の枢要な部分が書き換えられることを望んでいる。

第七章は、一九九六年秋、松山市で開催された訓点語学会秋季大会で発表した内容に基づいている。「図版14」に表われた文字の相対的大小／切れ続き／書体の微妙な違い／濃淡／文字のカスレなどに、非公式文書の息づかいや、執筆した人物の物腰などを読み取っていただきたい。「図版19」は、端書と本文との位置関係、および、書体の極端な相違を確認するために示したものである、

第八章のもとになった論文は二十年以上もまえに公表したものであるが、筆者の知るかぎり、『国語学』の学界展望以外、一度も引用/言及されたことがない。取り柄がなかったからだと反省すべきかもしれないが、筆者の自己診断では、これまで公表した論文のなかで、特に低レベルであるとも考えにくい。引用/言及されない理由の一つは、類似の主題の論文が少ないことにあるが、人目に付きにくいところに公表したことが、もう一つの理由かもしれない。意味の微妙な差を字形の微妙な差で象徴したところに表語文字の巧みさがあるし、そのほかにも、いくつか、重要な問題の萌芽を含んでいると考えている。ただし、書記史研究としての方向づけに不満があるので、末尾の章とした。

最後に付章を添えた。証拠も論も粗雑すぎることに憤激して書いた一文なので、鬱憤をはらしたあとは忘れていたが、近年、数人の若い友人から、大学院のころ、あれを読んで、と言われて思い出した。本書にぜひ収録するようにと手紙をくださった先学もおいでになる。筆者としては、主題が主題だけに、現在でも完全には古くなりきっていないことを残念に思う。批判の対象があまりに低水準なので、番外に位置づけた。

低水準といえば、第五章で批判の対象とした論文の一つもそれに負けず劣らずである。言語と書記との両面に洞察の欠如した、奇想天外の長大な文章を読んでいるうちに、土足で踏みつけられた仮名文テクストが不憫になってきた。年末に提出された卒業論文の査読を棚上げしてひたすら筆を走らせ、新年早々に『国語国文』編集部に郵送したことを記憶している。ただし、付章と違って、多少とも新見を盛り込んだつもりである。

筆者は、三十年以上もの間、右と同じ筆者による、しどけない論文を批判しつづけてきた。本書にもそういう箇所がいくつもある。三十年はすでに歴史であるから、控えめに言っても、いくつかは、筆者の指摘の正しさが証明されているはずである。しかし、その筆者は、以後、同じ事柄に言及しなくなるだけで、反論をしたことはないし、些細な非さえ認めたことはない。「幻の〈来し方〉」も、もはや黒白は明白である。筆者としては、ただ、研究対象を無惨に切り刻まずに、撫でさする愛情をもって接すべきことを、そして、価値ある研究成果を産み出すには、手足だけでなく、頭も少しは使う必要があることを理解してほしいだけである。天才のことばを裏返すなら、一％のヒラメキで凝固させなければ、すべての努力（perspiration）は垂れ流しに終わる。これは、もとより、研究の基本姿勢に対する批判であって、個人攻撃ではない。

仮名に清濁の区別がない理由については、敬慕してやまない亀井孝先生の御見解と解釈が一致しなくなった。理由は、書記／書記史という概念を導入したことにある。先生のお考えをぜひともおうかがいしたかった。いちいち御論考を引用しないだけで、実のところ、本書全体が河野六郎先生の操り人形の一つにすぎない。人形の動作が鈍すぎるので、きついお叱りを覚悟しなければならないが、仰ぎ見て畏れる師をもつ至福をいつもかみしめている。

執筆途中で心臓が停止したら、出来た部分までのフロッピーを笠間書院に引き渡し、出版まで面倒を見てほしいと、昔からのよしみで、筑波大学の林史典／湯沢質幸両教授にお願いしてあった。結果は杞憂に終わったが、頼れる杖が両脇にあったので、安心して仕事を進めることができた。

原稿の大部分は駒沢女子大学の研究室で執筆した。たっぷりした時間と快適な研究室とを与えてくださった駒沢学園／駒沢女子大学の御高配に深謝したい。

本書とほとんど平行して、『日本語はなぜ変化するか』という表題の小冊を、小説と同じようには楽しめない程度の一般書として書き上げ、二冊分の原稿を笠間書院に同時に引き渡した、そちらは、ささやかな日本語史研究の総括のつもりである。日本語史の現代的意義について、筆者の導いた帰結を身近な事例で提示しておいたので、御批判を仰げれば幸いである。

まだ、書きながら考えてみたい主題はいくつか残っているが、ともかくも二篇の遺書を書き終わったので、どんな仕事でも最後は途中で切れるものだという、さばさばした心境になれた。

二冊の原稿を同時進行で書きとおせたのは、ほとんど喧嘩腰で仕事をセーブさせつづけた妻正子のおかげである。また、一瞬の油断に付け込んで舌戦を挑んでくる、娘陽の理屈や屁理屈も、古希に近い頭脳の老化防止に貢献してくれた。

最後になったが、いつでも快くお世話いただいている笠間書院の池田つや子社長と橋本孝氏、そして、細かく気を使ってくださった岡田圭介氏に篤くお礼を申し上げる。

一九九八年四月

笠間書院先代社長、故池田猛雄氏のさわやかな温容を偲んで、

小松英雄

補訂版後記

在庫が乏しくなったので増刷をということになった。筆者として、提示した考えかたを少しでも多くのかたがたに理解していただき、また、発展させていただきたいと願っていたのは当然であるが、このような主題の著作が一年あまりでなくなるとは思いもかけなかった。しかし、そうなると欲が出て、出版社の迷惑にあえて目をつぶり、補訂版にしたいと申し入れた。初版の少なからぬミスや、書き落としが気になっていたからである。

初版が出た直後、芳名は省略させていただくが、何人もの知友が、あちこちにミスがあることを指摘してくださった。穴があれば入りたい思いではあったが、さっそくお読みいただけたことがうれしかった。

そのほとぼりも冷めたころ、菊地圭介氏から分厚い封書が届いた。開いてみると、鄭重かつ謙虚きわまる御懇書のあとに、おびただしいミスが指摘されていて、恥じ入るばかりであった。それらの多くはワープロ原稿の処理ミスやスキャナの読み取りミスに起因するものであり、正誤表がなくても正しい形が導けるものであったが、テクストの写し誤りや筆者の思い違い、あるいは、知識不足なども少なくなかったし、誤解のもとになる独り合点の不透明な表現もあった。じっくりと時間をかけ、写本と照合して仮名と連読符との相違まで洗い出してくださった綿密さに教えられるところが大きかった。ほかのみなさまに指摘していただいたミスも、菊地氏のリストにすべて含まれていた。筆者に欠如しているのは熱意の顕現としてのネバリであることを思い知らされたが、すでに古希を迎えた身に染みついたそそっかしさは直しようもない。補訂版の〈訂〉の部分は、菊地氏の御芳情に負うところが絶大であることを明記し、衷心から謝意を表したい。形式の不統一や〈表示／標示〉の混在などの訂正は、やむをえず、見送ることにした。校正が極端に苦手なので、今回の補訂版にも同様のケアレスミスが出そうである。無責任ではあるが、先取りしてお詫びしておきたい。

正倉院蔵の、いわゆる万葉仮名文書についても、初版に一章を設け、第六章／第七章と同じ方法による詳しい解析を予定していたが、一冊の分量が多くなりすぎるので割愛した。同一の名称で一括されているが、二つのテクストの様態の違いは一目瞭然である。どうして、「布多止己呂乃」に始まる甲文書は読み解きやすく、「和可夜之奈比乃」に始まる乙文書は読み解きにくいのか、確実な方法に基づいてその理由を解明することは、日本語書記史研究の最重要課題の一つである。もはや書き下ろす気力はないが、筆者の考えの片鱗は「日本語の歴史（書記）」（亀井孝他編著『言語学大辞典』第2巻・三省堂・一九八九／同『日本列島の言語』三省堂・一九九七）に提示してある。

すでに公表した文章を読み返すことは、小論の筆者の場合、拷問にもまさるが、約一年を経過しても、基本的な考えが変わっていないことを確認した。自分自身が到達できる限界ということであろう。ただし、補足したい事柄はたくさんある。際限がないのでほどほどにしたが、本書に提示した方法の基本さえ理解していただければ、あとは応用であり、発展である。

この補訂版は、笠間書院の池田つや子社長の御理解を得て実現することになったが、実務に関しては、初版と同様、橋本孝氏と岡田圭介氏との連携による親身な御助力をいただいた。篤くお礼を申し上げたい。

一九九九年十二月

小松英雄

新装版後記

一九九八年の初版から二〇〇〇年の補訂版を経て、このたび、より広い読者へ届けるために、入手容易な新装版として増刷されることになった。本書で提示した書記史研究の方法が学界に認知され、市民権を確立しつつあることに心から感謝したい。

今野真二「文字・表記（史的研究）」（一九九八・一九九九年における国語学界の展望）（『国語学』二〇〇一・二〇〇〇年九月）では、「この分野の後学の必読書と言えよう」と、おもはゆい批評をいただいたが、その二年後、本書に対する、というよりも著者に対する拒絶反応を露呈した、石井久雄による書評が、同じ機関誌（『国語学』二〇八・二〇〇二年一月）に掲載された。これまで無視してきたが、図らずも重版の機会に恵まれたのでそれにふれておきたい。以下に記すのは、研究者の倫理に関わる事柄であって、反論ではない。

「本書は、漢字と仮名とを日用の具とするなかで、うみはぐくんだ論である」という難解な性格づけに始まり、「私は、しかし、著者のよい読者ではない。（略）書評は、対象が読みたくなるように記すべきであるであろうが、この文章はそうなっていない」という断りのもとに書かれたこの一文は、学会誌の書評として、きわめて特異な内容であった。

評者は、「極言するなら、従来の国語史研究には、目的がなくて対象だけがあり、方法がなくて処理の手順だけがあった」云々という本書の一節を引用したあとに、「対象と手順とのみのつみかさねが、私はすきである」

と、方法の必要性をあからさまに否定している。研究に方法は不要であり、無力でもあるということなら、評者は本書に提示された帰結が誤りであり、無価値であることを立証する責任がある。本書の筆者が批判しているのは、まさに、このような人たちの研究？　姿勢である。「私はずぼらにいきるさ」（書評前文）という評者の投げやりな開き直りを筆者は断固として容認しない。

評者は、みずからを「著者のよい読者ではない」と規定しているが、書評の対象は所与の著書であってその著者ではない。書評を執筆する資格のある「よい読者」とは、批評の対象となる著書の内容を正確に理解し、提示された成果を的確に査定できる人物である。「対象が読みたくなるように記すべきである」とは、書評の読者がその著書を読みたくなるように書くべきだという意味だとすれば、そのようにできない理由は、①本書が書評の対象とする価値がないか、さもなければ、②本書の内容を理解する能力がないか、そのどちらかであるから、執筆を拒絶あるいは辞退すべきであった。

本書では、《文字》（script）と《書記》（writing）とを峻別する。その立場は、「後記」に記したとおり、*All writing is information storage.* という A. Gaur のことばに支えられている。評者は、この大切な概念規定を、「話すこと、聞くこと、あるいは読むことは、情報を発信し受信することであり、あるいはひきだすことである、ともなりうる」とでたらめに拡大解釈し、「ことばは、話し聞こうが書き読もうが、情報を載せて運ぶにすぎず、問題としてちいさい」と、あらぬかたに歪曲して卑小化しているが、「〜ともなりうる」などという恣意的解釈が許容されてよいはずはない。

Gaur：*A History of Writing* の邦訳『文字の歴史』は誤訳だらけなので、原書を参照したかどうか評者に問い合わせたところ、いいかげんな英語の力で原書を読むよりも訳書で読んだほうがよいという趣旨の返事を受け取った。

「writingを〈文字〉と訳したことについても、(訳者は)無理があることをみとめてことわっている。本書の著者はその訳語をけなしているが、「書記」がそれほどにすぐれたものであるか、建設的な接しかたというものもあるはずである」と評者はいう。厳正な学的批判を「けなしている」、ケチをつけていると低俗化して捉える評者の学的資質に筆者は疑念をいだかざるをえない。筆者が主張しているのは、writingとscriptとを用語で峻別すべきだということであって、みずからの定義に基づく「書記」がすぐれた用語であるなどといっていない。「無理」を承知で明らかに読者を誤導する訳文を提示することが許されてよいはずはない。無意味な言い訳をしている訳者を弁護して著者を批判するのは不当である。「建設的な接しかた」の意味するところは推知しがたいが、評者がこの著書に「建設的な接しかた」をしていないことだけは確かである。

「才のほどすでにあらはれにたり、今はさばかりにて候へ、ゆかしきところなし」という源有房のことばを借りてこの批判をしめくくりたい。

評者は勤務先の業績録に右の書評をあげているが(web検索)、学会と自身との名誉のために、このような駄文を一覧表から削除することを勧めたい。これほどまでに低レベルの感想文を書評として掲載した学会機関誌の編集委員会にも、著者としてではなく会員のひとりとして苦言を呈しておく。筆者の立場としては、たとえば、天草版『エソポの寓話集』と『平家物語』との不可分の関係を論証した部分(総説3)などに着目してくれるような、知識と見識とを兼備した研究者に批評してほしかった。方法の適否、優劣は、その方法に基づいて導かれた結果によって端的に査定可能だからである。

幸いなことに、専門研究者の多くには、「書記」「書記史」という概念を受け入れてもらうことができた。論文のなかでこれらの用語を使用する研究者が目立ってきたし、すでに犬飼隆『木簡による日本語書記史』（笠間書院・二〇〇五）のように、「日本語書記史」と銘打った卓越した研究も世に出ている。この領域の今後の発展に大いに期待したい。

◇今野真二『文献から読み解く日本語の歴史【鳥瞰虫瞰】』（笠間書院・二〇〇五）の註にも、右の書評への言及がある。
◇平安初期の仮名文字とその運用の実態を明らかにしようと試みた『古典再入門―土左日記を入りぐちにして』（笠間書院・近刊）、および、執筆を始めたばかりの『女手で描いた和歌の心―散らし書きを解読する』（仮題）は、いずれも本書の延長上にある。

二〇〇六年四月

小　松　英　雄

小松　英雄（こまつ　ひでお）

＊出　生　1929年，東京

＊現　在　四国大学大学院文学研究科講師
筑波大学名誉教授。文学博士。

＊著　書

日本声調史論考（風間書房・1971）
国語史学基礎論（笠間書院・1973：増訂版・1986）
いろはうた（中公新書558・1979）
日本語の世界7〔日本語の音韻〕（中央公論社・1981）
徒然草抜書（三省堂・1983：講談社学術文庫・1990）
仮名文の原理（笠間書院・1988）
やまとうた（講談社・1994）
仮名文の構文原理（笠間書院・1997：増補版2003）
日本語書記史原論（笠間書院・1998：補訂版2000）
日本語はなぜ変化するか（笠間書院・1999）
古典和歌解読（笠間書院・2000）
日本語の歴史（笠間書院・2001）
みそひとと文字の抒情詩（笠間書院・2004）

●本書は2000年に刊行した『日本語書記史原論　補訂版』の新装版です。

日《に》本《ほん》語《ご》書《しょ》記《き》史《し》原《げん》論《ろん》　補《ほ》訂《てい》版《ばん》　新《しん》装《そう》版《ばん》

2006年5月30日　初版第1刷発行

著　者　小松英雄
装　幀　笠間書院装幀室
発行者　池田つや子
発行所　有限会社　笠間書院
東京都千代田区猿楽町2-2-5［〒101-0064］
電話　03-3295-1331　Fax　03-3294-0996

ISBN4-305-70323-8

シナノ印刷
（本文用紙・中性紙使用）

出版目録は上記住所または下記まで。
http://www.kasamashoin.co.jp

用語索引

● あ

● い

● う

● え

● お

● か

書名索引

人名索引

補　注

凡例　「★018」は18ページの補注であることを表わす。付注した段落の末尾（この例の場合は、18ページの後ろから４行目）に㊟の符号がある。

★018　ESOPONO FABVLASは、天草版『伊曽保《イソホ》物語』という名称で言及／引用されるのがふつうである。複製本もそういう表題になっているが、国字本の表題を流用すると両者の関係が誤解されやすいので、『エソポの寓話集』とよぶ。

『平家の物語（FEIQE NO MONOGATARI）』は、「世話にやわらげ」られており、また、対話形式をとるなど、『平家物語』の諸伝本と質的に異なるので、『平家の物語』とよぶことにしたいが、初版のままにしておく。

先行する『平家の物語』に「読誦の人に対して書す」とあり、そのあとの『エソポの寓話集』に「読誦の人へ対して書す」とあることと、前者の扉にNIFONとあり、後者の扉にNipponとあることとを並行的に捉えるなら、京の基層社会方言で、「へ」よりも「に」が優勢であったと理解される。『ロドリゲス日本大文典』（1604-8）に「京 ye, 筑紫 ni, 関東，すなわち，阪東 sa.」（邦訳、p. 408：原書、p. 110表、他）とあることはそれと矛盾するようにみえるが、「京 ye, 筑紫 ni」の「京」とは、京の京らしい言いかたを、すなわち、上品な言いかたをさしているとみなすべきである。『エソポの寓話集』は宣教師が説教の素材として利用できるように編纂されたために、上品な言いかたで「読誦の人へ」となっている。

★019　『エソポの寓話集』の「目録」のあとに、「この平家物語と、エソポのファブラスのうちの分別しがたきことばの和らげ」がある。二つのテクストが「この」と一括され、区別なく扱われていることは、それらが一体として編纂されたものであることを証している。

★061　個々のテクストごとに片仮名字体表が整備されており、また、字母ごとに片仮名字体の変化が跡づけられているが、同一テクストのなかで、あるいは、同時期の社会において、個々の片仮名の弁別可能性がどのように保持されていたか、という観点からの検討が欠如しているようにみえる。今後の課題は、相互弁別可能性を保持しながら、体系として、どのように発達してきたかを、すでに収集されている証拠に基づいて跡づけることである。

★064「清少納言こそ、したりがほに、いみじう侍りける人、さばかりさかしだち、真字《まな》書き散らして侍るほども、よく見れば、いとたへぬこと多かり」（紫式部日記）という評言は、二人の才女を対比する場合に決まって引用される。この一節は、ふつう、「あれほど利口ぶって、漢字を書き散らしておりますが、その程度はよくよく見れば、まだまだ不足な点がたくさんあります」（新日本古典文学大系・岩波書店・1989、脚注）というように理解されている。女だてらに漢字をやたらに書いたりしてひけらかすのは、はしたないが、その学力は知れたものだ、ということである。しかし、それは、確認されていない事柄を前提にして導かれた帰結であるから説得力がない。すなわち、「真字書き散らして」とは具体的にどういう行為をさしているのかを、まず、明らかにすべきである。上引の注釈に「その程度は」とある「その」がどういうことをさしているかも判然としない。「よく」を「よくよく」としたり、「いとたへぬこと」を「まだまだ不足な点」と言い換えたりしていることの妥当性にも疑問がある。

「真字書き散らして侍る」という表現がさしている行為については、当時の社会慣習との関わりにおいて考える必要がある。

「よく見れば、いとたへぬこと多かり」とは、よく見ないと欠陥が見破れないことを意味しているから、誤字だらけであるとか、筆づかいが稚拙であるとかいう、文字の外形に関わる批判ではない。ちなみに、上引の注釈書に先行する叢書には、「漢学の才をひけらかすことをいう」（秋山虔校注・日本古典文学大系・1958）と、簡潔で的を射た頭注がある。

「よく見れば～」とは、紫式部が、自信をもって欠陥を指摘できる学力があることを自任した表現にほかならない。上引の注釈書は「よくよく見れば」としているが、〈よく見た程度では見逃してしまうが、さらに念入りに見ると〉という意味になるから、清少納言との学力差が紙一重であることを認める含みになる。しかし、この表現をそのように理解することは、紫式部の本意に反するであろう。

「真字」は漢字であるから、「真字書き散らして侍る」とは、漢字をあれこれと、やたらに書きまくっていることであると、単字レヴェルで捉えるべきではない。文字の機能は、社会慣習に従って配列されることによって発揮される。清少納言が「書き散らし」たのは、たとえ断片的でも、漢字を綴った文章だったはずである。

「真字書きちらして侍る」とは、あれこれと無秩序に漢字を書くことではなく、いかがわしい文章を平気で書きまくることである。もとより、好意的表現ではない。「侍る」が添えられているから、知識も教養も豊かな貴人の面前で臆面もなく、ということである。

「漢字を書き散らしております」といった理解を正当化しているのは、「女性は漢字を知らないはずなのだから」とか「(平かなは) 漢字ばなれの独立文字体系である」(p. 63、引用書) とかいう、アカデミックな領域にまで浸透している抜きがたい俗信であるが、以下に一端を指摘するとおり、上代や平安時代にも、中国語古典文を自在に読めた女性は少なくなかった。識字層が支配階級に限られていた時代であるから、もとより、最上流の女性の場合である。専門家の間でそういう事実がよく知られているにもかかわらず、せいぜい和歌や仮名書状ぐらいにしか当てはまらない事実を不当に一般化した、上記のような俗信が支配している。

12世紀初頭の『法華百座』には、法会の主催者らしき内親王天下 (殿下) が写経に精励し、周囲にも勧めていることに対して、最大級の賛辞が呈されている。信仰のあかしとしての写経は、さらに古い時期までさかのぼるであろう。

漢学について言えば、光明皇后が、『杜家立成雑書要略』と『楽毅論』とのテクストを書き残している事実がある。漢字の意味は知らずに、外形を模してテクストを写すことはことはありえない。現に、『楽毅論』の末尾には「藤三娘」という署名がある。また、『和名類聚抄』の序文には、醍醐天皇の皇女、勤子内親王が「天然聡高」であり、漢学の蘊奥《うんおう》を極めた女性であったことが記されている。

清少納言を「真字書き散らして」と批判した紫式部もまた、『長恨歌』や『白氏文集』などを『源氏物語』に取り入れている。読み手に理解できないことを承知で文章を綴ったとは考えがたいから、物語の享受者であった女房たちもまた、その程度の素養をそなえていたはずである。中国語古典文や漢字文が読める女性たちを例外的存在として無視したりせず、俗信の妥当性に疑問をいだくべきである。そもそも、漢字を知らなければ、『古今和歌集』も『源氏物語』も、タイトルすら読めなかったはずである。女性に仮託された『土左日記』にも、少なからぬ漢字が使用されている (→第2章)。

上述の事実から明らかなように、中国語古典文を理解できる女性たちは少なくなかったが、女性が創作したり、書写したりした中国語古典文や漢字文のテクストは、伝存していない。散逸したからではなく、彼女たちはそういう書記様式のテクストを書かなかったからである。そこに、当面の課題を解く大切なカギがある。

A. Gaur によると、書記は権力に結びついていたために、エジプトでも中東でも上流階級の女性たちは、書記に携わらないのが社会習慣であったという (「女性と書記」の節)。中国でも、また、漢字文化圏の一員に組み込まれた日本でも、事情はそれと同じであったから、8世紀に光明皇后が書写した漢字文のテクストは、世界的にも珍しい例外になりそうであるが、彼女の場合には権力の中枢にあった人物

であるから、Gaur による指摘が日本に当てはまらないと考える必要はない。

女性が書記に携わらないという原則は他の諸文化と同じであっても、日本の場合、書記様式が三つに分化し、美的表現のために、美しい曲線の仮名を主とする仮名文が発達したことが、女性を書記に結び付けた。仮名文で書かれる事柄は、本来的に権力と無関係であったから、女性が書いても、はしたない行為として批判されることはなかった。仮名が女手とよばれたのは、社会慣習による制約を受けることなく、女性でも自由に書くことの許される文字という意味であったと筆者は考える。仮名文に漢字が交えられるのは当然であった。

以上の事実を勘案するなら、「さばかりさかしだち、真字書き散らして侍る」とは、清少納言が、得意になって、高貴な人物の前で、いいかげんな詩文などを平気で書く、という意味に理解すべきである。

「いとたへぬこと多かり」、すなわち、とうてい読むにたえないものだと清少納言を批判した紫式部は、中国語古典文についての学識を自負していたはずであるが、学識があっても、書いたりしないのが上流女性のたしなみであったことを、この一節は我われに教えている。

「白き扇の、墨黒に真字の手習ひしたるを差し出でて」という「虫めづる姫君」の行動も、社会慣習からの著しい逸脱であり、「蝶めづる姫君」との相違を際だせるものであった（小松英雄『徒然草抜書』第 2 章)。「真字の手習ひ」とは、漢字を覚えるための練習ではない。

本書の主題には関わらないが、事のついでに言い添えるなら、他の女房をこのような形で公然と誹謗した紫式部の人格が疑問視されずに、清少納言の人柄が「さばかりさかしだち」という表現どおりに受け取られていることもまた、源氏物語礼賛症候群の症状の一つなのであろう（→第 5 章)。この「日記」が読者を想定して書かれていることは、冒頭の凝った表現からも明らかである。

★099　仮名で表記された「しはすのはつかあまりひとひのひ」は、「十二月廿一日」という漢字表記の日付と等価ではない。なぜなら、「十二月廿一日」という日付が、「十二月廿日」の翌日、「十二月廿二日」の前日をさすインデックスにすぎないのに対し、和語の「しはす」には、年の暮れという含みが込められており、それも、二十日を過ぎたとなると、新年を迎える準備にあわただしい時期である。この文脈における「しはすの〜」は、日記の日付としてではなく、「〜の日の戌《いぬ》の刻《とき》に門出《かどで》す」と続けられている。現今になぞれえるなら、〈元日の 2 時に初詣に出かけた〉というたぐいの続きかたである。酷寒の時節、月もまだ出ない暗闇のなかの

門出である。土佐で最後の新年をゆっくり過ごしてから旅立とうという心の余裕もない。帰心矢の如しという切実な気持ちが伝わってくる。日記がこのような表現で始まっているからこそ、船出の遅延や、船旅の途中の長い足止めによる焦燥などが実感をもって伝わってくる。

定家自筆本では、「〜の日」のあとに「の」がないために、年月日と時刻とが分離されている。定家としては、「の」が連続するしまりのない表現をすっきりさせたつもりだったのであろう。「しはすのはつかあまりひとひのひ」は「十二月廿一日」と等価の日付であり、「戌の刻に門出す」は記事であるというのが定家の認識であったから——すなわち、「十二月二十一日、戌刻門出」という漢字文に脳裡で置き換えられているから——、日付と記事とを結ぶ「の」は、不要でもあり不自然でもあったであろう。しかし、この「の」を削除したことによって、年の暮れぎりぎりの、それも、夜中に、という原文の含みは失われている。すなわち、漢字文では表現できない繊細な含みが、この処置によって破壊されている。「廿二日に／九日のつとめて／十三日のあかつきに」などの助詞「に」や「の」は生かされているが、定家がそういう表現のもつ含みを的確に読み取っていたかどうかは疑問である。

定家がこういう表現の機微を見逃してしまったのは、彼自身が『名月記』の筆者であり、漢字文の日記の形式が身にしみついていたためであろう。彼が新古今調のすぐれた歌人であったからこそ、仮名の線条に基づく『古今和歌集』の和歌の表現類型が理解できなかったのと同じことである。

年も押し詰まった日の深夜に門出をしたという叙述から読みとれるのは、早く京に戻りたいという切ない気持ちである。

「それのとし」と、漠然と表現されているのは、年を特定する必要がないことを認識させるためである。事実、「しはすの、はつかあまりひとひのひ、いぬのとき」の含みは、いつの年でも同じである。日記なら必ず記載されるはずの年を故意に曖昧にすることによって、紀貫之は、以下に述べられる内容が「日記」の既成概念に合致しないことを—すなわち、事実の忠実な記録ではないことを—、認識させようとしたのであろう。事実の忠実な記録でないなら虚構が含まれることになるが、読者は、個々の事例が事実か虚構かを判別することができないから、基本的には全体が虚構になる。したがって、「ある人」の固有名詞などはどうでもよい。

事実と虚構とを渾然一体として叙述することは、記録を目的とする漢字文には許されなかったが仮名文では可能であった。仮名文は、インフォーマルなテクストを書くための書記様式だったからである。

モデルがあろうとなかろうと小説や絵画は自律的な作品である。そういう意味で、

最初に「それのとし」と記されていることの意義はきわめて大きい。

この日記が事実の記録であるとしたら、不思議な登場人物が多すぎる。不思議な、という表現が適切でないなら、不自然な、あるいは、都合がよすぎる、と言い換えてもよい。それぞれの場面に、幼い子供や老人、田舎歌人、その他、お誂え向きの人物が登場して、上手な和歌を作ったり、下手な和歌を作ったり、場面にふさわしい舟歌を歌ったりする。この日記に基づいて乗船名簿を作成したら、そういう不自然さは一目瞭然である。任国の土佐で亡くなった幼い女児がほんとうにいたと信じるよりも、哀傷歌の模範が提示されていると考えたほうが真実に近い。地名にも都合のよすぎるものが、あるいは、都合よく利用されているものが目立つ。

定家は、この日記が実録であるという思い込みのもとに、「あがたのよとせいつとせ」が何年から何年までであったかを考証したし、導かれた帰結は現行の文学史や注釈書にもそのまま継承されている。しかし、その表現から読み取れるのは、京に住み慣れた人物が海を隔てた辺鄙な「県《あがた》」に派遣され、3年経っても4年経っても召還されず、5年を過ぎて6年にさえなりかねないという危惧から解放された安堵感である。この文脈における「県のよとせ、いつとせ」とは、〈地方での四五年〉という漠然たる表現ではなく、辺鄙な田舎での4年も5年もにわたる不便な生活にほかならない。そういう思いがあるからこそ、思わぬ手落ちをして戻ってくる必要がないように、「例のことども、みなし終えて、解由などとりて、住む館《たち》より出でて、船に乗るべき所へ渡る」と、まるで不安神経症のように、いちいち確認する表現がとられている。現代になぞらえれば、〈窓を閉めて、パスポートを確認して、鍵をかけて〉というたぐいの表現である。「解由などとりて」の「など」は「例のことどもみなし終えて」の「みな」と心理的に呼応している。解由をはじめ、離任に必要な書類をすべてそろえて、という含みである。

「それの年」と書いてあるのに、具体的な年を注記したりすることは、無意味なだけでなく、大切な事柄であるかのように思いこませる点で、作品の本質を見誤らせるノイズである（小松英雄『やまとうた』『仮名文の構文原理』）。

仮名文でなければ表現できない繊細な表現が多いからこそ、仮名文が選択されているという当然の事実を改めて確認しておきたい。

★105 「拗音は、すでに日本語の音韻体系のなかに確立されていた」ということに関して説明を加えておく。

現代日本語の語彙は、擬音語（擬声語）／擬態語と、その他の語との二つの群に大別される。以下には、後者を一般語とよび、前者を描写語とよぶ。

一般語の語形は固定的（solid）であるが、描写語の語形は流動的（liquid）であるから、すべての変種を網羅することはできない。たとえば、雨のしずくはポツリがふつうであるが、ポッツリ／ポツリン／チョッピン／ピチピチなどと即興的に変形しても、たいてい、円滑な伝達が成立する。抑揚も弾力的である。

古代語の音韻体系について考える場合には、そのような特性をもつ描写語が豊富に潜在していたことを計算に入れてかかる必要がある。潜在していたとは、韻文や和文のテクストにはほとんど姿を見せない、という意味である。片仮名文には使用されているが、自由な変異まではわからない。

上代日本語で、ラ行音節や濁音音節が語頭に立たなかったことは、日本語音韻史の常識であるが、「馬声《い》蜂音《ぶ》石花《せ》蜘蟵《くも》荒鹿《あるか》」（万葉12・2991）の「蜂音」をブと訓じさせている事例があったり、また、韻文語彙の制約を無視して生活の苦しさを訴えた山上憶良の貧窮問答歌のなかに、鼻がビショビショでという意味の「鼻眦《び》之《し》眦《び》之《し》尔」（万葉5・892）という表現があったりする。

描写語は韻文からも和文からも排除されて、美的表現を基調とする文学作品では日陰に置かれていたが、体系の周縁に位置づけられる音や、一般語にない語音結合則の貯水池でもあった。膨大な漢語語彙が摂取され、ラ行音節や濁音音節が語頭に立つようになったのは——というよりも、ラ行音節や濁音音節を語頭に立てることによって、膨大な漢語語彙を摂取することが可能になったのは——、描写語に限られていた語音結合則を一般語にも拡大した結果である。拗音や促音／撥音なども、日本字音の体系化や音便形の形成などのために、必要に応じて描写語から汲み上げ、一般語の音韻体系の構成要素として市民権を与えたものである。日本語の音韻体系のなかに確立されたとは、そういう意味である。

★133「定家が手を染めなかった諸作品のテクスト」という表現は紛らわしい。なぜなら、伝存するテクストのなかには、全部自筆の証本もあるし、冒頭部分だけ自筆したあとを身辺の人物に書き継がせたものや、身辺の人物に書写させたテクストのあちこちに加筆したものなど、さまざまあるからである。たとえば、尊経閣蔵『源氏物語』（柏木）の場合、高低の違いによる「を／お」の仮名の書き分けが前半部に認められるのに、後半部に認められないのは、前半だけが定家自筆だからである（→大野）。ここでは、定家自筆の証本テクストや、定家の用字原理が明白に認められるテクストだけを、手を染めたと認めることにした。

定家の筆跡が伝存しない作品のテクストについては、もっぱら内部徴証が判断の基準である。『枕草子』のテクストのなかにも定家の用字原理の片鱗らしきものが

認められるものはあるが、閾値に及ばないので除外した。

★153　三条西家本の、三条西実隆による奥書には、「土佐日記以貫之自筆本、依或人数奇深切所望書之、古代仮名猶科蚪、末愚臨写有魯魚哉、後見察之而已」と記されている。「科蚪（蝌蚪／科斗）」とはオタマジャクシのような形の字体をさす。現存する三条西家本は、実隆が臨写したテクストを「仮名一字不変」という方針で書写したものである。ただし、「仮名一字不変」という表現が具体的に意味するところはさまざまである。この場合、仮名字母や仮名字体までは原本を踏襲していないから、誤字や書き落としがないことを、また、みずからの判断でテクストに手を加えていないことを意味している。

「古代仮名猶科蚪」とあるが、定家の臨写した貫之自筆本の仮名は、オタマジャクシを髣髴させる字体ではない。おそらく、「末愚」が臨写したために誤りがあることを言うための象徴的比喩であろう。「読不得所々多」という定家自筆テクストの奥書の表現と、実隆の「古代仮名猶科蚪」という比喩的表現とを重ね合わせると、貫之自筆テクストの仮名は判読困難であった、と理解すべきことになりそうであるが、定家による証本整定の基本方針を考えるなら、この場合の「読不得」とは、貫之によって意図された語が同定できない、すなわち、意味が確定できない、という表現として理解すべきである。

★171　契沖の『和字正濫抄』以来の国学者たちの仮名遣は国粋的復古思想の所産であり、書記による情報伝達の媒体として、借字や仮名がどのように運用されていたかという観点からの検討が等閑に付されている。そのために、機能の差を無視して、借字と仮名とが同列に扱われてきた。

効率的に運用できる仮名正書法はどのようにあるべきかについての議論がないままに復古的仮名遣が原理として確立され、明治期になると、国粋主義の風潮のなかで学校教育に取り入れられた。太平洋戦争終結にともない、復古的仮名遣の原理をそのままに継承し、対応規則を設定して表面的に手直しした現代仮名づかいが制定された。現代仮名づかいで、逢坂山が〈おうさかやま〉になり、大阪が〈おおさか〉になっているのは、歴史的仮名遣の「あふ」を〈おう〉に改め、「おほ」を〈おお〉に改めるという書き換えがなされたからである。歴史的仮名遣が「あふぎ」であることを知らなければ、ワープロソフトで「扇」に変換するための現代仮名づかい「あうぎ」を導くことができない。

朝鮮半島の言語のための表音的文字体系として15世紀に創案されたハングルは、

太平洋戦争後、民族意識を高揚するために、もっとも合理的かつ科学的な、世界に誇るべき文字体系として政治的に位置づけられた。その結果、いっそう効率的な運用を指向する道が閉ざされている。すでに完璧であることは改善する必要がないことを意味するからである。ちなみに、ハングルとは、〈大いなる文字〉を意味する新しい名称である。情報は乏しいが、早い時期にハングル専用に踏み切った北朝鮮も、その点では韓国と同じであるようにみえる。もとより、文字体系について、合理的とか不合理とか、科学的とか非科学的とかいう評価基準はありえない。文字体系も書記様式も、使用の場で洗練されるという当然の事実が、日本の場合と同様、韓国の指導者にも認識されていない。平仮名が自然な過程で発達した仮名の延長線上にあるのに対して、ハングルは人工の所産であるが、どちらも漢字と交用することを前提にして形成された表音文字であることを明確に認識することから、新しい正書法のありかたが模索されなければならない。一般に、文字は表音性と表語性とを兼備しなければ十全には機能できない。

★209　訓読文献や片仮名文では「ユク」が基本で「イク」は使用されなかったが、仮名文では「ゆく／いく」が、フォーマリティの差をもって共存していた。したがって、語形のうえでは、『日葡辞書』の Yucusuye が口頭言語に基盤をもつ可能性を否定できないが、「キシカタユクスヱ」という結合は、明らかに雅語として形成されている。

★232　林大氏から、「造不堪者」の「者」字に関し、「ちょっと余計な興味をもちました」と言い添えて、「後代の文書のテヘレバにあたる引用符、たぶん中国伝来の用法かと思います」という御意見を私信で頂戴した。本節に述べたところと直接には関わらないが、感謝の意を込めて記しておく。

★264　平安時代の漢字文における「労」字の用法が「イタハル」に固定していたとみなすべきことを、峰岸明氏に実例をもって教示していただいた。

観智院本『類聚名義抄』（仏下末・火部）に、「労」字に「ツトム／イトナム／イコフ／モノウシ／ヤス／イタハル／イタハシ／ツカマツル／タシナフ」の10訓が示されているが、「イタハル／イタハシ」の2訓だけに声点がある。同書の凡例に、「片仮名有朱点者、皆有証拠、亦有師説、無点者、雑々書中、随見得注付之」と記されているから、権威に保証された和訓は「イタハル／イタハシ」の2訓だけであったとみなしてよい（小松英雄『日本声調史論考』）。また、前田家蔵三巻本

『色葉字類抄』（伊部・人事）には「労」字に朱の合点を付して「イタハル／イタハシ」と注記され、そのあとに12字が列挙されているが、どの文字にも合点はない。同書の跋文に、「詞字少々加朱点、為要文不迷也」と記されているから、「イタハル／イタハシ」に主として当てられていたのは「労」字であったことがわかる。これらの事実は、峰岸氏による指摘の正しさを裏付けている。鎮国守国神社本『三宝類聚名義抄』には、「労」字に「イタハル／ツカル／ヤスシ／イタヅカハシ／ヤマシ／ツカマツル／ネギラフ」の７訓があり、「ツカマツル／ヤマシ」を除く５訓に声点がある。最初に置かれているのが「イタハル」であることは注目されるが、観智院本から導かれる帰結が、このテクストにそのままには当てはまらない。なお、高山寺本『三宝類字集』は、火部が欠落しているので、対比できない。

「イタハル」は中核動詞ではなく、また、「労」字も漢字文に頻用される漢字ではないから、７世紀に、平安時代と同じ対応関係が確立されていたとは即断しにくいし、もし訓読するとしたら、という条件での選択であるから、本章に述べたところは、さしあたり、そのままにしておく。

この文脈における「労」字が、「病」字に代替されているとしたら、観智院本『類聚名義抄』で声点のない「イコフ／モノウシ／ヤス（痩）」などの和訓も、用字の意図を理解するうえで重視すべきである。

この銘文における「労」字を無理に声に出して読むなら、「ラウス」と音読せざるをえなかったであろう。それと違って、「崩」字は、荘厳な語感をともなう漢語動詞「ホウズ」に対応していたと推定される。

★282　「女手」の概念規定については、★64を参照。

★285　日本語教科書としての天草本『平家（の）物語』と『エソポの寓話集』との関係については、pp. 18-19、および★018／★019を参照。

★296　中国の草書に関しては、石川九楊編『書の宇宙９』（『言葉と書の姿・草書』二玄社・1997）所収のつぎの２篇を参照。石川九楊「〈誤字〉が書の歴史を動かす」「図版＋鑑賞のポイント」。また、日本化した草書で書かれた漢字文の消息に関しては、同上『書の宇宙11』（『受容から変容へ・三蹟』同上・1997）所収のつぎの２篇を参照。石川九楊「書の、何が縮小されたのか」「図版＋鑑賞のポイント」いずれにも、実例に即した懇切かつ示唆に富む解説がある。

漢字文消息の一例として、藤原佐理筆『頭弁帖』の末尾４行を「図版１」に示す。

10世紀末であるから、初期の仮名よりも時期はあとになるが、仮名が草書体の中国語古典文や漢字文のテクストと密接に関わることを証している。

「為／之」などの草書体は、同時期における「ゐ／し」の仮名と区別がないことに、そして、漢字間の意味の断続と無関係に、もっぱら運筆の都合で連綿がなされていることに注目したい。

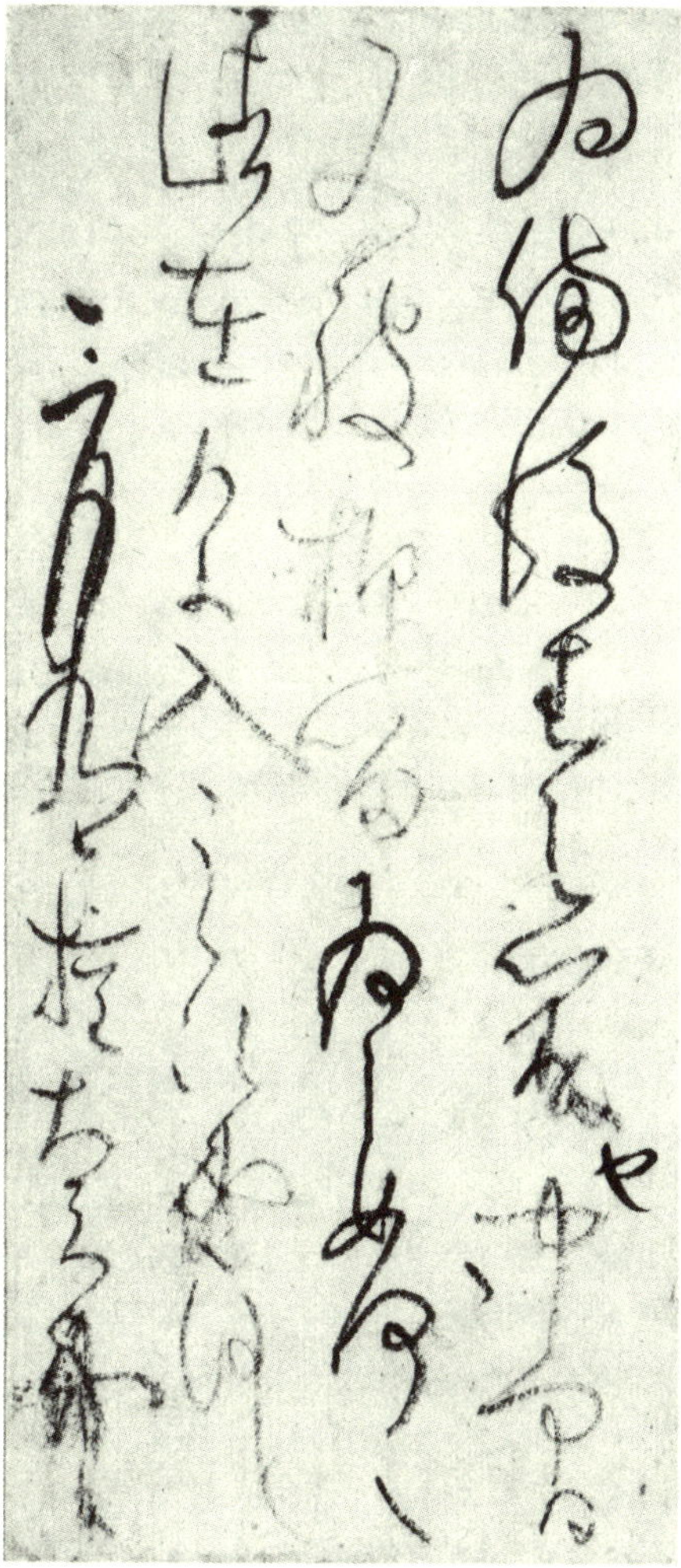

図版 1

為　備後生之弁也　中間
又被　抑留　為之如々何々
為之如々何々
諸在　参　入　之次佐理　謹言
三月九日　権　太夫　佐理

○「佐理」と翻字したのは、草書体の署名である。

○「如々何々」と翻字した二つの「々」は、上下のひと組が「如何」の反復符号である。蛇足を加えるなら、複数の文字を反復する場合の、「く」を長く延ばした形の反復記号は、この方式の書きかたに由来している。

○活字に写せない黒色の濃淡にも注意したい。

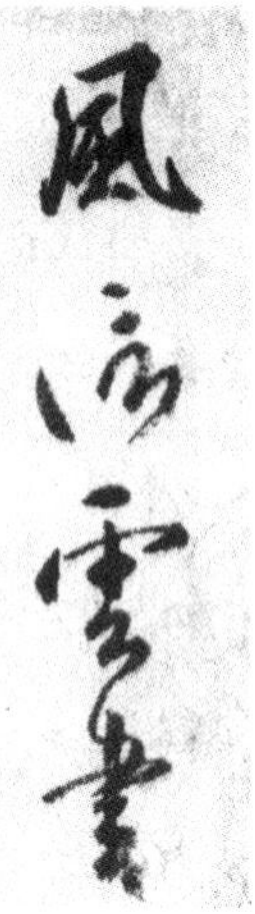

図版 2

空海（774-835）から最澄にあてた３通の書状は真筆と認められており、最初の書状の書き出しをとって『風信帖』とよばれている。

第１の書状は、最澄からの書簡に対する返書である。お手紙をありがたく頂戴いたしましたという趣旨のお礼のことばを「風信雲書、自天翔臨」と表現しているが、「雲書」が連綿になっている「図版２」。最澄あての書簡なので、書き出しのことばを慎重に選び、「雲書」という語が脳裏にひらめいて、一気に書いたために生じた連綿であろう。

「図版３」に示すのは、第３通の冒頭である。

忽恵 書札 深 以 慰情 香

等 以 三日 来 也 従 三日 起

連綿が意味の区切れと一致しているのは、やはり、適切なことばを選びながら書簡を書きはじめた過程の反映とみなしてよいであろう。２行目の「三日」（２個所）は、不可分に認識されていたことによる自然な連綿である。11行からなるこの書状では、ほかに、第３行の「至九日」、末尾の「沙門」「遍照状上」「九月五日」が連綿になっている。

空海が仮名を創案したという伝承は積極的に否定されるべきであるが、『風信帖』に認められるこれらの事実は、どのような経緯で仮名が生み出されたかを明確に示唆している。

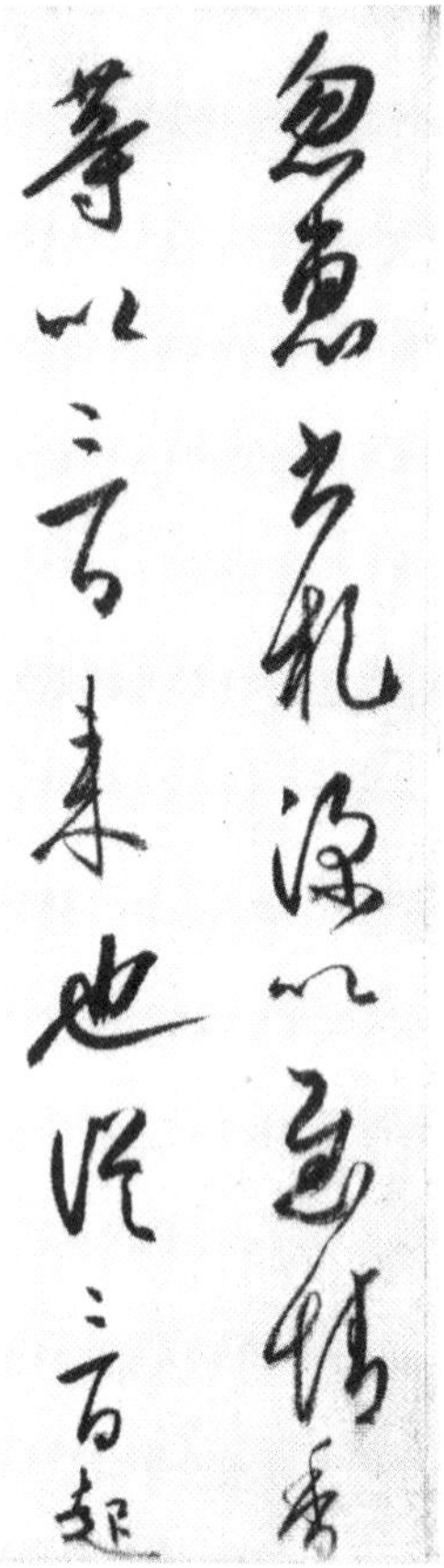

図版 3